Klaus König / Markus Adam (Hrsg.)

Governance als entwicklungspolitischer Ansatz

Forschungssymposium vom 29. bis 30. September 2000

Speyerer Forschungsberichte 219

Klaus König / Markus Adam (Hrsg.)

GOVERNANCE ALS ENTWICKLUNGSPOLITISCHER ANSATZ

Forschungssymposium vom 29. bis 30. September 2000

FORSCHUNGSINSTITUT FÜR ÖFFENTLICHE VERWALTUNG
BEI DER DEUTSCHEN HOCHSCHULE FÜR VERWALTUNGSWISSENSCHAFTEN SPEYER

Die Deutsche Bibliothek - CIP-Einheitsaufnahme

Governance als entwicklungspolitischer Ansatz : Forschungssymposium vom 29. bis 30. September 2000 / Forschungsinstitut für öffentliche Verwaltung bei der Deutschen Hochschule für Verwaltungswissenschaften Speyer. Klaus König/Markus Adam (Hrsg.). - Speyer : Forschungsinst. für öffentliche Verwaltung, 2001
  (Speyerer Forschungsberichte ; 219)
  ISBN 3-932112-57-1

Herstellung:
FORSCHUNGSINSTITUT FÜR ÖFFENTLICHE VERWALTUNG
bei der Deutschen Hochschule für Verwaltungswissenschaften Speyer

Alle Rechte vorbehalten

Umschlagentwurf:
© 8/97 TRIFTY ART Grafik Design • 67550 Worms • Hauptstr. 32 • Tel.: 0 62 41/95 15 38

Vorwort

Seit Beginn 1999 leite ich im Forschungsinstitut für öffentliche Verwaltung bei der Deutschen Hochschule für Verwaltungswissenschaften Speyer ein Forschungsprojekt mit dem Arbeitstitel „Staat und Verwaltung aus globaler Sicht: Die Perzeption der Vereinten Nationen, der OECD und der Weltbank". Zu dieser Themenstellung bin ich durch die langjährige Zusammenarbeit mit den drei genannten Organisationen und darüber hinaus durch die Erfahrungen angeregt worden, die ich im Internationalen Institut für Verwaltungswissenschaften, Brüssel, und in der bilateralen Verwaltungszusammenarbeit mit Entwicklungs- und Transformationsländern insbesondere im Rahmen der Deutschen Stiftung für internationale Entwicklung, jetzt Bonn, gesammelt habe. Für die Durchführung des Projekts konnte ich *Markus Adam* als Forschungsreferenten gewinnen. *Christian Theobald* und *Benedikt Speer*, ehemalige bzw. jetzige wissenschaftliche Mitarbeiter der Hochschule, haben sich ebenfalls an dem Vorhaben beteiligt.

Es entspricht den Gepflogenheiten des Forschungsinstituts, Zwischenbilanz zu einem Projekt in einem Forschungssymposium in Kooperation mit auswärtigen Partnern von Wissenschaft und Praxis zu ziehen. Die deutsche Verwaltungsförderung von Entwicklungsländern hat sich seit den 1960er Jahren von Zeit zu Zeit und von Ort zu Ort einen guten Namen erworben, und zwar trotz so einflussreicher Mitspieler wie die alten Kolonialmächte Frankreich und Großbritannien und wie die neuen Missionsmächte Vereinigte Staaten von Amerika und früher die Sowjetunion. Diese Stellung in der internationalen Verwaltungsgemeinschaft ist über die politische Programmatik und die organisatorische Unterstützung hinaus durch das persönliche Engagement deutscher Promotoren der entwicklungspolitischen Verwaltungszusammenarbeit geschaffen worden. Für dieses Engagement steht der Arbeitskreis „Entwicklung und Verwaltung", ein eher informaler Zusammenschluss von Persönlichkeiten aus der Verwaltungspraxis von entwicklungspolitischen Vollzugsorganisationen, Stiftungen, Universitäten, Hochschulen, der die freie Diskussion einschlägiger Themen pflegt. Es war mir auch ein persönliches Anliegen, den Arbeitskreis als Kooperationspartner zum Forschungssymposium vom 29. und 30. September 2000 nach Speyer einzuladen.

In diesem Sinne danke ich besonders *Friedrich Bolay*, der *Markus Adam* bei der Vorbereitung der Veranstaltung unterstützt hat, und *Reinhard Koppe*, der die Teilnehmer für den Arbeitskreis „Entwicklung und Verwaltung" freundlich und sachkundig begrüßt hat. *Markus Adam* und ich sind allen Referenten und Diskutanten des Symposiums für die gute Zusammenarbeit verpflichtet. Wir sind *Benedikt Speer* und *Christian Theobald* dafür dankbar, dass sie trotz anderweitiger beruflicher Inanspruchnahme unserem gemeinsamen Forschungsvorhaben verbunden geblieben sind. Mit der Vorlage der Referate des Forschungssymposiums ist auch allen Mitarbeitern von Forschungsinstitut und Hochschule zu danken, die Veranstaltung und Forschungsbericht mit ihrer Arbeit begleitet haben.

Speyer, Januar 2001 *Klaus König*

Inhaltsverzeichnis

Vorwort
Klaus König V

Zum Governance-Begriff
Klaus König 1

Governance als Ansatz der Vereinten Nationen
Markus Adam 11

Zehn Eckpunkte zu Good Governance
Christian Theobald 35

**Das SIGMA-Programm der OECD:
Ein Governance-Ansatz für Mittel- und Osteuropa?**
Benedikt Speer 67

Rechtsstaatliche Verwaltung und Demokratie, Chancen und Risiken der entwicklungspolitischen Partnerschaft der Hanns-Seidel-Stiftung im Maghreb
Jürgen Theres 89

Local Governance und Verwaltungskultur in Entwicklungsländern
Klaus Simon 99

Erfahrungen mit Dezentralisierungsprojekten
Jörn Altmann 127

Governance Outreach in the OECD
Albrecht Stockmayer 141

Governance als Ansatz der GTZ
Markus Steinich 157

Perspektiven der Verwaltungszusammenarbeit im Kontext zukunftsfähiger Entwicklung
Hinrich Mercker 177

Zur Steuerungs- und Werteproblematik
Klaus König 189

Programm 201

Teilnehmerliste 203

Zum Governance-Begriff

von *Klaus König*

Wer „Governance als entwicklungspolitischen Ansatz" diskutiert, muss sich in einer Einführung darüber Rechenschaft geben, welche Verständnisschwierigkeiten wir mit diesem Begriff in der deutschen Sprache haben. Governance kommt wie heute viele anderen Leitbegriffe zu Staat, Wirtschaft, Gesellschaft aus dem Anglo-Amerikanischen, der neuen Lingua franca auch in Verwaltungsangelegenheiten. Eine Übersetzung ins Deutsche scheint kaum möglich. Die Gleichsetzung mit Regierungsführung – „Good Governance" als gute Regierungsführung – auch in amtlichen Dokumenten ist bedenklich.[1] Es wird der Gedanke situativer Verhaltensmuster nahegelegt. Dabei geht es in der internationalen Diskussion vor allem um institutionalisierte Handlungsmuster, nicht zuletzt unter Einfluss der Institutionenökonomie. Überdies wird von vornherein auf staatliche Institutionen begrenzt. Die Übersetzung von Governance als Ordnungspolitik – „Global Governance" als Weltordnungspolitik – ist ebenfalls problematisch.[2] Das deutsche Konzept der Ordnungspolitik hat sich etwa als „regulatory policy" nicht in den anglo-amerikanischen Sprachkreis übertragen lassen. Überdies geht es bei Governance nicht nur um einen konstitutiven Rahmen für politisch-administrative Abläufe, sondern auch um Prozesspolitik selbst.

Auf der anderen Seite ist Governance ein üblicher und viel benutzter Ausdruck in der internationalen Kommunikation, insbesondere auch von Verwaltungswissenschaftlern und Verwaltungspraktikern. Nicht zuletzt Organisationen wie die Vereinten Nationen, die OECD, die Weltbank setzen den Governance-Begriff global ein.[3] Andere Sprachen als das Anglo-Amerikanische müssen in irgendeiner Weise mit diesem Wort umgehen. Verhältnismäßig einfach ist das in der französischen Sprache. Zwar steht

---

1 Bundesministerium für wirtschaftliche Zusammenarbeit und Entwicklung (BMZ) (Hrsg.), Journalistenhandbuch Entwicklungspolitik, Berlin 1999, S. 34.

2 Stiftung Entwicklung und Frieden (Hrsg.), Nachbarn in Einer Welt: Bericht der Kommission für Weltordnungspolitik (Commission on Global Governance), Bonn 1995, S. 4.

3 *Adam, Markus*, Die Entstehung des Governance-Konzepts bei der Weltbank und UN, in: Entwicklung und Zusammenarbeit, Jg. 41, 2000, S. 272 ff.

„gouvernance" herkömmlicherweise für Regierungssitz. Wenn indessen der französische Präsident von afrikanischen Regierungschefs „bon gouvernance" einfordert, dann geht es eben um „Good Governance". Für das Deutsche bleibt die Frage, ob man es für Governance bei problematischen Übersetzungen belässt oder Governance als Fremdwort, möglichst als Terminus technicus übernommen wird, was die heutigen Kulturströmungen nahe legen. Da mit einem neuen „Schwammwort" kaum gedient ist, sollte man die Vorgeschichte des Governance-Begriffs verdeutlichen.

In der globalen Kommunikationsgemeinschaft reichen die Entwürfe eines Governance-Konzepts in die achtziger Jahre zurück, als in der internationalen Kooperation mit der Dritten Welt insbesondere im Zusammenhang mit Strukturanpassungsprogrammen die institutionellen Bedingungen im jeweiligen Entwicklungsland stärkeres Augenmerk fanden. Insbesondere Staat und Verwaltung gerieten ins Blickfeld. Demokratie, Achtung der Menschenrechte, Effektuierung des öffentlichen Sektors erschienen als relevante Größen. Der Ausdruck „Governance" in Verbindung mit Wertungen wie „bad" oder „poor" wird erstmals in einer Studie der Weltbank aus dem Jahre 1989 verwendet.[4] Man setzte sich mit den schlechten wirtschaftlichen Zuständen in den afrikanischen Regionen südlich der Sahara auseinander. In einer Bestandsaufnahme wurden die negativen Einflussfaktoren, insbesondere aus dem Umfeld von Staat und Verwaltung registriert, die die wirtschaftliche Entwicklung behindern. Unfähigkeit der Trennung von privatem und öffentlichem Sektor, schwaches öffentliches Management, unzuverlässiges Rechtssystem, willkürliche Entscheidungen, Korruption, Rentendenken wurden genannt. „Governance" wird umschrieben als „the exercise of political power to manage a nation's affairs".[5]

Der „Governance"-Begriff ist in seiner weiteren internationalen Karriere unter vielfältige intellektuelle Einflüsse geraten: aus der – amerikanischen – Politischen Wissenschaft, der Institutionenökonomik, den Entwicklungsmanagement-Modellen. Unter „Governance" ist verwiesen worden auf die Form des politischen Regimes, auf den Prozess, durch den Autorität im Management von Wirtschaft und sozialen Ressourcen eines Landes für die

---

4   World Bank, Sub-Saharan Africa. From Crisis to Sustainable Growth. A Long-Term Perspective Study, Washington, D.C. 1989, S. 60.

5   World Bank, Sub-Saharan Africa. From Crisis to Sustainable Growth. A Long-Term Perspective Study, a.a.O., S. 60.

Entwicklung ausgeübt wird, auf die Kapazität der Regierung, Sachpolitiken zu entwickeln, zu formulieren und zu vollziehen. In der Umkehrung festgestellter Mängel wurde schließlich eine positive Strategie vorgestellt, nämlich die eines „Good Governance".[6]

Vier Bereiche scheinen für diese Strategie von besonderer Bedeutung: Erstens das „Public Sector Management"[7] als Leistungssteigerung und verbesserte Steuerung im öffentlichen Sektor; hier sind Maßnahmen der Reduktion öffentlicher Aufgaben und Zuständigkeiten, der Privatisierung öffentlicher Unternehmen, des Auskontrahierens von Teilleistungen öffentlicher Verwaltung, der Partnerschaft von Öffentlichen und Privaten, entsprechende Angleichungen des Personalbestandes, Reformen im Management des öffentlichen Personals, Verbesserungen des öffentlichen Finanzwesens vorzustellen. Zweitens die Verantwortlichkeit als Festlegung von Zuständigkeiten, Rechenschaftspflichten, Kontrollen von öffentlichen Verwaltungen; hierzu gehören nicht nur die feste Zuständigkeitsordnung und ein System gegenseitiger Kontrollen, sondern auch Maßnahmen der Dezentralisierung und Dekonzentration der öffentlichen Verwaltung und die Förderung der Lokalverwaltung. Drittens die Verbesserung der rechtlichen Rahmenbedingungen für die Entwicklung; hier wird auf die Bedeutung einer verlässlichen Rechtsordnung für die wirtschaftliche Entwicklung – „rule of law"[8], Rechtsstaatlichkeit – verwiesen, wozu auch die Unabhängigkeit der Gerichte, die Absicherung von Eigentumsrechten, die Stabilität des Rechts zählen. Viertens die Transparenz des öffentlichen Sektors; hier ist der Zugang zu Informationen zu sichern, die Erhältlichkeit und Genauigkeit von Marktinformationen auch zum Abbau von Transaktionskosten sind zu verbessern, Transparenz für die Korruptionsbekämpfung und Akzeptanz von politischen Entscheidungen durch die Bürger zu schaffen.[9]

Der Ausdruck Governance ist für die Staats- und Verwaltungswissenschaft etwa im Vergleich zu rechts- und wirtschaftswissenschaftlichen Ana-

---

6 World Bank, Governance and Development, Washington, D. C. 1992.

7 *Flynn, Norman*, Public Sector Management, 2. Aufl., New York/London/Toronto/Sydney/Tokyo/Singapore 1993; *McKevett, David/Lawton, Alan* (Hrsg.), Public Sector Management: Theory, Critique and Practice, London u. a. 1994.

8 *König, Klaus*, "Rule of Law" und Gouvernanz in der entwicklungs- und transformationspolitischen Zusammenarbeit, in: Murswieck, D./Storost, U./Wolff, H.A. (Hrsg.), Staat – Souveränität – Verfassung, FS für Helmut Quaritsch zum 70. Geburtstag, Schriften zum Öffentlichen Recht, Band 814, Berlin, 2000, S. 123-140.

9 World Bank, Governance and Development, Washington, D. C. 1992.

lysen von „Corporate Governance" in einem marktwirtschaftlich verfassten Privatsektor – wo es um die Steuerung und Kontrolle der Unternehmen geht – eher undeutlich.[10] Einschlägige Konzepte reichen von der Gleichsetzung von Governance mit der öffentlichen Verwaltung bis zum Versuch, der Tradition der bürokratischen Verwaltung gleichsam ein Gegenmodell gegenüberzustellen.[11] Unter Governance stehen dann Steuern gegen Rudern, Ermächtigen gegen Dienen, Wettbewerb gegen Monopol, Mission gegen Rolle, Kunden gegen Bürokratismen, Partizipation gegen Hierarchie, Markt gegen Organisation usw. Andere assoziieren Governance von vornherein mit einer hyperpluralistischen Welt der Auflösung aller Angelegenheiten in einem Netzwerk staatlicher, marktlicher und privat-gemeinnütziger Organisationen. Entsprechendes gilt dann in den transnationalen Beziehungen einer „Governance without Government", in der der klassische Staat gegenüber den grenzüberschreitenden Beziehungen seiner Fachressorts und Teilregionen zurücktritt.[12] Weitere Vorlieben für das Wort Governance rühren daher, dass es Gewichtigkeit, Legitimität, Leistung, Akzeptanz zu implizieren scheint.

Inzwischen umfasst ein weiter Begriff von Governance Sichtweisen, die die Muster und Strukturen betrachten, wie sie sich in einem soziopolitischen System als Ergebnis interagierender und intervenierender Kräfte aller beteiligten Akteure darstellen. Dabei sollen die Muster nicht auf einen Akteur, insbesondere nicht die staatliche Kontrolle reduziert werden, sondern politische Governance soll aus der Pluralität der „governing actors" hervorgehen.[13] In globaler Sicht heißt es schließlich, dass Governance die Gesamtheit der zahlreichen Wege sei, auf den Individuen sowie öffentliche und private Institutionen ihre gemeinsamen Angelegenheiten regeln. Es handle sich um einen kontinuierlichen Prozess, durch den kontroverse oder unterschiedliche Interessen ausgeglichen würden und kooperatives Handeln initiiert werden könne. Der Begriff umfasse sowohl formelle Institutionen und mit Durchsetzungsmacht versehene Herrschaftssysteme als auch infor-

---

10 *Keasey, Kevin/Wright, Mike*, Corporate Governance. Responsibilities, Risks and Remuneration, Chichester u. a. 1997.
11 *Frederickson, H. George*, The Spirit of Public Administration, San Francisco 1997, S. 78 ff.
12 *Rosenau, James N./Czempiel, Ernst-Otto*, Governance without government: Order and Change in World Politics, New York 1992.
13 *Koimann, Jan*, Modern Governance, London u. a. 1993.

melle Regelungen, die von Menschen und Institutionen vereinbart oder als im eigenen Interesse liegend angesehen werden.[14]

Trotz einer solchen, eher belastenden Vielfalt im Vorverständnis erfüllt der Governance-Begriff für die Verwaltungswissenschaft und dann für die Verwaltungszusammenarbeit mit Entwicklungs- und Transformationsländern eine wichtige Abgrenzungsfunktion. Denn mit dem Vordringen des Managerialismus in Staats- und Verwaltungsangelegenheiten auch in Kontinentaleuropa kann es mit dem „Public Sector Management" nicht nur zu wissenschaftlichen, sondern auch praktischen Missverständnissen kommen. Management-Modelle, wie sie für die Privatwirtschaft entworfen werden, beziehen sich auf die Steuerung einer Firma, eines Unternehmens, einer „Company" usw. Diese sind Gegenstand des Managements und nicht die sozioökonomische Umwelt des Unternehmens, nämlich der Markt. Eine Verbesserung des Managements wird die Stärkung der Stellung des Unternehmens am Markt intendieren. Aber kein Manager wird von sich sagen, er „manage" den Markt, es sei denn, er wolle sich unverhohlen als Monopolist oder Führer eines Kartells bezeichnen.

Entsprechend sind herkömmlicherweise die Management-Modelle, wie sie für die privaten Unternehmen entwickelt worden sind, in erster Linie auf den Staats- und Verwaltungsapparat übertragen worden. Zum Beispiel sind die alten „Management by ..."-Modelle – by Objectives, by Exception, by Delegation usw. – auf die Organisation öffentlicher Verwaltungen, nicht aber auf die Steuerung von Bürgern und Unternehmen, Wirtschaft und Gesellschaft als der Verwaltungsumwelt bezogen worden.[15] Das ist im „Public Sector Management" des neuen Managerialismus anders. Hier heißt es: „to manage a nation's affairs", was dann auch eine Stadt oder ein Land oder eine internationale Gemeinschaft meinen kann. Es geht nicht um den Betrieb einer öffentlichen Verwaltung, sondern um das „Management" des öffentlichen Sektors, der Bürger, Verbände, Unternehmen, von Wirtschaft und Gesellschaft überhaupt. Die Problematik eines solchen Verständnisses öffentlicher Angelegenheiten liegt darin, dass das, was für die Steuerung einer Or-

---

14 Stiftung Entwicklung und Frieden (Hrsg.), Nachbarn in Einer Welt: Bericht der Kommission für Weltordnungspolitik (Commission on Global Governance), Bonn 1995.

15 *Laux, Eberhard*, Management für die öffentliche Verwaltung?, in: DVBl. 1972, S. 167 ff.

ganisation entworfen wird, nun unbesehen auf die Steuerung der Umwelt von Organisationen übertragen wird.[16]

Was die Vermengung des Managements von Staats- und Verwaltungsorganisationen mit der Steuerung von Wirtschaft und Gesellschaft als Verwaltungsumwelt zur Folge haben kann, sei an einem Beispiel gezeigt. In Ableitung von einer bestimmten Rationalisierungspraxis für Privatunternehmen wird heute auch für den öffentlichen Sektor das Management-Modell der Segmentierung propagiert.[17] Öffentliche Versorgungsleistungen sollen so in produktbezogene Segmente aufgeteilt werden, dass die organisatorische Einheit, der die Zuständigkeit für Erstellung und Vertrieb eines Produktes übertragen wird, eine kleine Einheit überschaubarer Größe darstellt. Die gesamte Wertschöpfungskette bezüglich dieses Produktes soll in der organisatorischen Verantwortung einer Einheit liegen. In vertikaler Sicht soll dem organisierten Geschäftssegment das Recht übertragen werden, die im Zusammenhang mit der Leistungserstellung notwendigen Entscheidungen zu treffen; in horizontaler Richtung soll dafür gesorgt werden, dass die Einheit bei der Leistungserstellung in möglichst geringem Maße von der Entscheidung anderer Bereiche abhängig ist. Von einer so segmentierten Organisation erwartet man die Messung der Leistungserfolge der Teilbereiche, die Lokalisierung der Verantwortung für Erfolg oder Misserfolg in der Verwaltung, dann aber über die Organisationsgrenzen hinaus einen direkten Kontakt mit dem „Absatzmarkt". Die direkte Berührung mit dem Leistungsabnehmer soll einen Kunden schaffen, der dann entsprechenden „Marktdruck" entfalten soll.

Ein solcher managerialistischer Bezug zu Markt und Kunden stellt eine unangemessene Verkürzung der Verwaltungsumwelt mit Rückwirkungen wiederum auf die Verwaltungsorganisation dar. Wenn man schon von einem Vorverständnis von Quasi-Märkten und virtuellem Wettbewerb ausgeht, dann muss man die Problematik von Konsum, Konsumenten, Konsumerismus mitbedenken, und zwar bis hin zur Frage nach dem „unmanageable

---

16 *König, Klaus*, Zur Managerialisierung und Ökonomisierung der öffentlichen Verwaltung, Speyerer Forschungsbericht 209, Speyer 2000.

17 *Flynn, Norman*, Public Sector Management, 2. Aufl., New York/London/Toronto/Sydney/Tokyo/Singapore 1993; *McKevett, David/Lawton, Alan* (Hrsg.), Public Sector Management: Theory, Critique and Practice, London u. a. 1994.

consumer".[18] Kann im Hinblick auf den stark redistributiven Charakter des öffentlichen Sektors die freie Konsumentenwahl wohl kaum der Mechanismus der Abstimmung für widerstreitende Ansprüche an öffentliche Ressourcen sein, so erweist sich darüber hinaus der Konsument bei näherem Zusehen als höchst fragmentiert, erst recht wenn man unbefriedigte Grundbedürfnisse, Umweltzerstörungen, Lebensrisiken auf der einen Seite und dann den kommerzialisierten Lebensstil einer Postmoderne auf der anderen Seite gegenüberstellt. Von Staat und Verwaltung wird jedoch im Gegenteil erwartet, dass sie gegenüber einer sich individualisierenden und partikularisierenden Umwelt von Wirtschaft und Gesellschaft Leistungen der Koordination und Integration im öffentlichen Interesse erbringen, dass sie Industrieansiedlung und Umweltschutz, Ausbildung und Beschäftigung, öffentliche Sicherheit und Jugendschutz, Freizeitinfrastruktur und Naturschutz abstimmen. Von hier fällt der Blick zurück auf die Verwaltungsorganisation. „Fachbruderschaften", Ressortegoismen usw. werden seit langem beklagt. Das Problem der öffentlichen Verwaltung ist nicht das weiterer Arbeitsteilung, sondern das, wie man die arbeitsteilig erstellten Teilergebnisse miteinander abstimmt.[19]

Hier erscheint der Governance-Begriff passend, um die Steuerungsbeziehungen zwischen der öffentlichen Verwaltung und ihrer politischen, ökonomischen, sozialen Umwelt in den Blick zu nehmen. Insofern kann man sich auf vielfältige analytische Ansätze zur Governanceforschung beziehen. Das gilt für die politische Ökonomie, wenn untersucht wird, wie eine Wirtschaft oder spezifischer ein industrieller Sektor gesteuert wird. Dann geraten nämlich noch ganz andere Größen als die Parteien eines freien Marktes ins Blickfeld: von den Einflüssen der Gewerkschaften bis zu den Interventionen der Staatsbehörden.[20] Ein anderer Ansatz ist der zu den Politiknetzwerken[21], wenn etwa das Zusammenwirken unterschiedlicher Gruppen und Einrichtun-

---

18 *Gabriel, Yiannis/Lag, Tim*, The Unmanagable Consumer, Contemporary Consumption and its Fragmentations, London 1995.

19 *König, Klaus*, Zur Managerialisierung und Ökonomisierung der öffentlichen Verwaltung, Speyerer Forschungsbericht 209, Speyer 2000.

20 *Campbell, John L./Hollingsworth, J. Rogers/Lindberg, Leon*, Governance of the American Economy, Cambridge u.a. 1991.

21 *Kenis, Partrick/Schneider, Volker* (Hrsg.), Organisation und Netzwerk: Institutionelle Steuerung in Wirtschaft und Politik, Frankfurt 1996.

gen bei der Generierung wie der Implementation politischer Programme überprüft wird. Relevant ist auch die Erforschung internationaler Beziehungen, wenn zum Staat als klassischen Akteur in auswärtigen Angelegenheiten nunmehr politisch-administrative Teilorganisationen hinzutreten, denen aus regionalen oder fachlichen Gründen soviel Autonomie zugewachsen ist, dass sie transnationale Verhandlungsmechanismen begründen können.[22]

Nach allem taugt das Öffentliche Management, und zwar auch als „Public Sector Management" nicht zum Oberbegriff für Staats- und Verwaltungsangelegenheiten. Das ist nicht zuletzt für die Zusammenarbeit mit Entwicklungs- und Transformationsländern wichtig. Im Grunde muss man die Perspektiven umkehren. Die öffentliche Verwaltung in Entwicklungs- und Transformationsländern ist nicht an erster Stelle aus der Sicht der Binnenrationalisierung und damit des Managerialismus zu betrachten. Vielmehr sind vorrangig die Umweltanforderungen aus der Gesellschaft, aus der Wirtschaft, aus der Politik ins Blickfeld zu nehmen. Mit dem Indian Civil Service mochte Indien eine bemerkenswerte Kolonialverwaltung gehabt haben. Aber es war eine Verwaltung der Sicherheit und Ordnung im Sinne der Beherrschung des Subkontinents durch Kolonialherren. Das unabhängige Indien als Entwicklungsgesellschaft und als Entwicklungswirtschaft braucht eine andere Leistungsverwaltung. Insofern geht es zuerst einmal um Governance-Fragen, also die politischen, sozialen, ökonomischen Umweltprobleme von Staat und Verwaltung. Das öffentliche Management als Binnenrationalität der öffentlichen Verwaltung wird damit nicht obsolet. Aber es ist zum guten Teil eine Antwort auf Umweltanforderungen. Insoweit ist ein Management-Konzept auch allenfalls der Unterfall eines Governance-Konzeptes.[23]

Zusammenfassend lässt sich festhalten, dass mit Governance als Grundbegriff sich die Steuerungs- und Regelungsbeziehungen zwischen einem sozialen System und seiner Umwelt erfassen lassen. Mit einer weiteren attributiven Kennzeichnung kann dann auf spezifische Umweltbeziehungen abgestellt werden: mit „Corporate Governance" auf die Beherrschung des Unter-

---

22 *König, Klaus*, Internationalität, Transnationalität, Supranationalität – Auswirkungen auf die Regierung, in: Hellmut Wollmann et al. (Hrsg.), Transformation sozialistischer Gesellschaften: Am Ende des Anfangs, Opladen 1993.

23 UNDP, Public Sector Management, Governance, and Sustainable Human Development. A discussion paper, Management Development and Governance Division, New York 1995.

nehmens durch seine Aufsichtsgremien, mit „Economical Governance" auf die über den Marktmechanismus hinausreichenden Einflussmuster im Wirtschaftsleben, mit „Global Governance" auf die Regulative von Weltgesellschaft, Weltwirtschaft, Weltpolitik, mit „Public Governance" – insbesondere nach kontinentaleuropäischem Verständnis eher klarstellend – auf die Beziehung zwischen Staat und Verwaltung einerseits und Wirtschaft und Gesellschaft andererseits. Hier lässt sich gegebenenfalls die Binnenrationalität von „Public Management" als Rückbezug von politischen, ökonomischen, sozialen Umweltanforderungen einstellen. In der entwicklungspolitischen Zusammenarbeit verweist die Kennzeichnung als „Good Governance" unübersehbar auf die Verknüpfung von Steuerungsfragen mit Wertproblemen. Ob sich mit dieser Formel ein operationales Konzept entwicklungspolitischer und dann auch transformationspolitischer Zusammenarbeit verbinden lässt, ist zu diskutieren.[24]

---

24 *Theobald, Ch.*, 2000, Zur Ökonomik des Staates. Good Governance und die Perzeption der Weltbank, Baden-Baden.

Governance als Ansatz der Vereinten Nationen

Das Beispiel des UNDP

von *Markus Adam*

1. Einleitung

Governance ist ein junger Begriff, der in der letzten Dekade in die wissenschaftliche Auseinandersetzung vor allem in der Politik- und Verwaltungswissenschaft sowie dem Entwicklungsmanagement[1] Eingang gefunden hat. Er erscheint meist in direkter Verbindung mit anderen Begriffen wie Demokratie, Zivilgesellschaft, Partizipation oder der Reform des öffentlichen Sektors. Ein Problem jedoch, welches fast alle diese Begriffe mehr oder weniger miteinander teilen, ist das Fehlen einer präzisen Definition. Sie sind dehnbar und schwammig, und dies führt leicht zu situationsspezifischen oder gar organisationsspezifischen Interpretationen in der Wahrnehmung und Nutzung solch komplexer Begriffe.[2]

Dies gilt in diesem Zusammenhang auch für die Vereinten Nationen und vor allem für deren Entwicklungsprogramm UNDP, welches sich seit einigen Jahren intensiv mit dem Thema beschäftigt.

---

1 Vgl. zu Diskussion und Verständnis der Begriffe "Entwicklung" und "Management" und deren Sinn in der Neuschöpfung des "Entwicklungsmanagement: *Thomas, Alan*, 1994, What is Development Management? Development Policy and Practice Research Group Working Paper No. 28, The Open University, GB.

2 Vgl. dazu neben vielen anderen: *Williams, David G.*, 1996, Governance and the Discipline of Development, in: The European Journal of Development Research, Vol. 8, No. 2, December 1996, S. 157-177; *Hirst, Paul*, 2000, Democracy and Governance, in: Pierre, Jon (Hrsg.), Debating Governance, Oxford, S. 13-35; *Rhodes, R. A. W.*, 2000, Governance and Public Administration, in: Pierre, J. (Hrsg.), Debating Governance, Oxford, S. 54-90.

Woher kommt jedoch das gewachsene Interesse an einer Governance-Problematik? Dafür werden von den Vereinten Nationen eine Reihe von Gründen ins Feld geführt:[3]

➢ Erstens: ein unstreitbarer weltweiter Erfolg der freien Marktwirtschaften und das Scheitern der Planwirtschaft;

➢ Zweitens: eine populäre Tendenz, demokratische, responsive Regierungsformen mit wirtschaftlichem Erfolg zu verbinden;

➢ Drittens: die weltweite Krise der öffentlichen Finanzen hat die Aufmerksamkeit in vielen Staaten auf die Ineffizienz und Ineffektivität staatlicher Organe gelenkt und die Frage nach der Rolle und Funktion des Staates neu gestellt;

➢ Viertens: die gestiegene Wahrnehmung und Verärgerung über eine um sich greifende Korruption in Regierung und Verwaltung;

➢ Fünftens: das Auseinanderfallen der ehemaligen Sowjetunion und die ethnischen Konflikte auf dem Balkan oder in Afrika haben den wissenschaftlichen Diskurs in der Entwicklungspolitik daran erinnert, in welchem Ausmaß ethnische Konflikte den Prozess der Regierungs- und Nationenbildung erschweren können;

Der nun folgende Versuch, den Begriff Governance als Konzept oder Ansatz zu verwenden, ist immer noch aktuell und es gibt keine bestimmte, präjudizierende Interpretation des Begriffes weder in der akademischen noch in der populären Sprache. Auch ist die Abgrenzung schwierig, und die Grenzen zu anderen verwandten Begriffen wie dem des "*government*"[4] sind weich. Als Ergebnis findet sich in der Literatur eine unglaubliche Fülle von Definitionen, die sich keineswegs auf dasselbe Set an Problemen oder Phänomenen beziehen müssen. Und es ist darüber hinaus schwierig, die sehr unterschiedliche Nutzung des Begriffes Governance zu klassifizieren und in eine Typologie zu bringen.[5]

---

3   Vgl. UNDP, 1995, Public Sector Management, Governance and Sustainable Human Development. A discussion paper, Management Development and Governance Division, UNDP, New York, S. 18 f.

4   Vgl. dazu: Institute for Development Studies Bulletin, 1998, The Bank, the state and development: dissecting the 1997 World Development Report, IDS Bulletin, Vol. 29, No. 2, 1998, Brighton.

5   Siehe zur Problematik einer governance Definition neben anderen: *Fuster, Thomas*, 1997, Die "Good Governance" Diskussion der Jahre 1989 bis 1994. Ein Beitrag

In einigen Untersuchungen wird Governance als eine unbestimmte, intuitive Idee begriffen. Im Gegensatz dazu kann es aber auch ein wesentlich elaborierteres Konzept sein, dessen Dimensionen formal identifiziert sind.[6]

Einige Anwendungen des Begriffes Governance sind demgegenüber völlig redundant, so beispielsweise mit der sehr populären Definition des Begriffes Governance als "*good Government*"[7]. Wieder andere nutzen ein oder zwei grundlegende Aspekte des Konzeptes, scheuen sich aber, eine vollständige Definition des Begriffes zu liefern, während wieder andere potentiell relevantes Governance-Material präsentieren, es aber nicht notwendigerweise als solches identifizieren.[8]

---

zur jüngeren Geschichte der Entwicklungspolitik unter spezieller Berücksichtigung der Weltbank und des DAC, Bern – Stuttgart – Wien; *Theobald, Christian*, 2000, Zur Ökonomik des Staates: good governance und die Perzeption der Weltbank, Baden-Baden; Pierre, Jon (Hrsg.) 2000, Debating Governance, Oxford.

6   Vgl. *Fuster,* 1997; *Theobald,* 2000, *Pierre,* 2000; siehe auch: *Adam, Markus,* 2000, Die Entstehung des Governance-Konzepts bei Weltbank und UN. Die EZ wird politischer, in: Entwicklung + Zusammenarbeit, Jg. 41, 2000:10, S. 272-274.

7   Vgl. *Moore, Mick,* 1995, Promoting Good Government by Supporting Institutional Development? in: IDS Bulletin, Vol. 26, No. 2, April 1995, S. 89-96. Kritisch dazu: *Minogue, Martin,* 1998, Is Good Governance a Universal Value?, Public Policy and Management Working Paper Series, Institute for Development Policy and Management, University of Manchester.

8   Dies gilt vor allem für die neuere staats- und verwaltungswissenschaftliche policy-Forschung, die ihre Diskussion um den Staat sowie die Chancen und Grenzen der Steuerung von Gesellschaften, paradigmatisch eröffnete mit der Publizierung der Studie von *Evans, P. et al.* 1985, "Bringing the State Back in", Cambridge. Siehe in Folge neben vielen anderen: Héritier, A. (Hrsg.) 1993, Policy-Analyse, Opladen; *Willke, H.,* 1987, Entzauberung des Staates. Grundlinien einer systemtheoretischen Argumentation, in: Ellwein Th. et al. (Hrsg.), Jahrbuch zur Staats- und Verwaltungswissenschaft, Baden-Baden; *Scharpf, F. W.,* 1989, Politische Steuerung und Politische Institutionen, in: Hartwich, H. (Hrsg.), Macht und Ohnmacht politischer Institutionen, Opladen; *Mayntz, R.,* 1993, Policy-Netzwerke und die Logik von Verhandlungssystemen, in: Héritier, A. (Hrsg.), Policy-Analyse, Opladen.

2. Governance – Vier Dimensionen eines Begriffes

Im folgenden sollen nun vier unterschiedliche Governance-Konzeptionen präsentiert werden, die sich dann eben auch zu Teilen im Governance-Verständnis der Vereinten Nationen wiederfinden:[9]

> In einer ersten Konzeption wird Governance direkt mit demokratischen Verfahren und Institutionen verbunden. Die grundlegende Annahme in diesem Zusammenhang ist das klassische liberale Misstrauen gegenüber Politik und Regierung. Das politische Universum wird dabei unterschiedlich dargestellt: als Bereich der Parteilichkeit, der Ideologie, des "rent-seeking"[10], der Willkürlichkeit oder gar der Korruption, aber vor allem wird es wahrgenommen als Gegenpol zur Überlegenheit und Effektivität von Marktmechanismen. In diesem Governance-Verständnis fungiert Demokratie als Grundvoraussetzung für angestrebte Anpassungsleistungen. In dieser Vorstellung ist governance eine positive Größe, verstanden als die Ausübung demokratischer Regierung, welche die Vorherrschaft ökonomischer Regeln gegenüber denen der Politik garantiert. Demokratische Institutionen fungieren darin als Garanten eines effektiven Marktes, weil angenommen wird, dass sie sich als Gegenmittel zum „big government" eignen, welches als potentiell ineffizient oder korrupt angesehen wird.[11]

> Eine zweite Governance-Konzeption findet sich in wissenschaftlichen Untersuchungen, die die größte Beschränkung einer effektiven Wirtschaftspolitik in der institutionellen Kapazität des Staates sehen. Der Governance-Bereich, der sich aus einem solchen Ansatz ergibt, liegt in dieser Wahrnehmung zentral im Staatsapparat oder der öffentlichen Verwaltung. Governance wird somit zerlegt in Eigenschaften wie Geschlossen-

---

9   Vgl. folgend *Frischtak, Leila L.*, 1994, Governance Capacity and Economic Reform in Developing CountrieS. World Bank Technical Paper Number 254, The World Bank, Washington D.C.

10 Siehe zur Problematik des "rent-seeking" in Entwicklungsländern: *Pritzl, Rupert F. J.*, 1997, Korruption und Rent-Seeking in Lateinamerika: zur Politischen Ökonomie autoritärer politischer Systeme, Baden-Baden.

11 Vgl. als Vertreter dieser Sichtweise: *Williams, David/Young, Tom*, 1994, Governance, the World Bank and Liberal Theory, in: Political Studies (1994), XLII, S. 84-100; *Boeninger, E.*, 1991, Governance and Development: Issues and Constraints, Proceedings of the World Bank Annual Conference on Development Economics, Washington D.C.

heit, Autonomie, Effizienz, Rationalität und technokratische Qualitäten, welche den Staatsapparat und sein Personal weniger anfällig machen sollen für politische Störungen und Korruption.[12]

Bei diesem Ansatz liegt der Fokus nicht länger auf der Frage zwischen kleinem und großem Staatsapparat, sondern es geht um ganz unterschiedliche Antworten auf notwendige Anpassungsleistungen, die sich nach der institutionellen Kapazität des Staates richten. Die logische Folge einer solchen Vorstellung ist es, einen Schwerpunkt auf Institutionenbildung und Entwicklung zu legen. Ein Aspekt, der bei der Forderung nach politischen Reformen tatsächlich äußerst populär geworden ist.[13]

Governance, verbunden mit der Frage nach der Leistungsfähigkeit von Institutionen, beleuchtet einige zentrale Probleme von Ländern, die sich gezwungen sehen, effiziente Reform- und Anpassungsmaßnahmen durchzuführen. Den Fokus allerdings nur auf die bestehenden institutionellen Kapazitäten zu legen, ignoriert die Frage danach, welche Bedingungen es den Ländern erlauben, eben genau diese speziellen Kapazitäten zu entwickeln. Denn wenn Governance eher als Bestandteil der staatlichen Struktur verstanden werden muss und nicht als Funktionsweise des Staates in der Gesellschaft, dann wird das Argument irgendwo tautologisch. In der Realität sind nämlich die Länder am ehesten im Stande Reformmaßnahmen durchzuführen, deren Staat in der Lage ist, geschlossene, rationale und effiziente Politiken zu fördern. Um solche Po-

---

12 Vgl. zum Thema "institutional capacity" und Institutionenförderung: *Israel, A.*, 1990, The Changing Role of the State: Institutional Dimensions, PPR Working Papers, WPS 459, The World Bank, Washington D.C.; *Kochendörfer-Lucius, G./van de Sand, K.*, 2000, Entwicklungshilfe vom Kopf auf die Füße stellen. Institutionenförderung statt Projektförderung, in: Entwicklung+Zusammenarbeit, Jg. 41.2000: 4, S. 96-99.

13 Vgl. dazu für die Vereinten Nationen insbesondere: UNDP, 1995, Public Sector Management, Governance, and Sustainable Human Development. A discussion paper, Management Development and Governance Division, UNDP, New York, S. 63 ff.; UN/E/1998/87, Public administration and development. Fourteenth Meeting of the Group of Experts on the United Nations Programme in Public Administration and Finance. Report of the Secretary General, Economic and Social Council, New York, S. 1 ff.

litiken zu fördern, benötigt der Staat aber gleichzeitig Institutionen und Verwaltungen die in sich geschlossen, rational und effizient sind.[14]

➢ Eine dritte Governance-Konzeption richtet ihre Aufmerksamkeit auf die Kultur als Code oder Sprache, die sowohl Wahrnehmungen als auch Verhalten in einer Gemeinschaft prägt, und von der sich keine Idee über politische und ökonomische Entwicklung entfernen sollte. Eine solche Vorstellung ist hauptsächlich durch die Entwicklungserfahrungen in Afrika inspiriert, wo importierte Entwicklungsstrategien und von außen übertragene Formen der politischen Organisation meist verantwortlich gemacht werden für eine anhaltende Governance-Krise.[15] Die zentrale Aussage dieser Vorstellung ist, dass Governance einer kulturellen Verankerung bedarf. Auf Afrika bezogen bedeutet dies dementsprechend, dass diese Vorstellung eine Reformbewegung befürwortet von top-down, staatszentrierten Formen politischer Organisation, hin zu einem verstärkten Vertrauen auf die Selbstregierungskapazitäten lokaler Einheiten, in denen dann Nichtregierungsorganisationen eine große Rolle spielen.[16]

➢ Eine vierte Konzeption sieht Governance im Zusammenhang mit der Bereitstellung universeller und abstrakter Regeln, den Institutionen, die diesen Geltung verschaffen und den notwendigen Mechanismen, um Konflikte über die Regeln und deren Einhaltung zu regulieren. Dieser

---

14 Die Frage ist also, wie ein Staat effektiv wird? Der Weltentwicklungsbericht 1997 schlägt zur Erreichung dieses Ziels eine Zwei-Stufen-Strategie vor: Während einerseits die Rolle des Staates seinem Leistungsvermögen angepasst werden muss, muss andererseits die Leistungsfähigkeit des Staates durch die Kräftigung der öffentlichen Institutionen erhöht werden. Vgl. Weltbank, 1997, Weltentwicklungsbericht 1997. Der Staat in einer sich ändernden Welt, Weltbank, Washington D.C., S. 3.

15 Siehe dazu insbesondere: World Bank, 1989, Sub-Saharan Africa: From Crisis to Sustainable Growth. A Long-Term Perspective Study, The World Bank, Washington D.C.

16 Siehe dazu beispielsweise: *Simon, K.*, 1993, Kommunalverwaltung und Selbsthilfe in der Dritten Welt – Zur Kooperation zwischen Kommunen und Selbsthilfeorganisationen, in: Simon, K./Stockmayer, A./Fuhr, H. (Hrsg.), Subsidiarität in der Entwicklungszusammenarbeit – Dezentralisierung und Verwaltungsreformen zwischen Strukturanpassung und Selbsthilfe, Baden-Baden, S. 323-361; *Dia, M.*, 1996, Africa's Management in the 1990's and Beyond. Reconciling Indigenous and Transplanted Institutions; The World Bank, Washington D.C.; *Olowu, D.*, 1999, Professional Developments – Building strong local government through networks between state and non-governmental (religious) institutions in Africa, Public Administration in Development, 19, S. 409-412.

Ansatz entfernt jeglichen normativen Inhalt sowie jedes Merkmal eines bestimmten politischen Regimes von dieser Governance-Sichtweise.[17]

D.h., der Begriff bezieht sich nicht auf die Substanz der Regeln, das Design der Institutionen oder die Natur der Konfliktlösungsmechanismen. Die pure Existenz eines solchen Systems von Regeln, Institutionen und Mechanismen, solange sie universell und vorhersehbar sind, definiert hier die Governance-Kapazität eines modernen Staates. Der moderne Staat in dieser Governance-Vorstellung ist derselbe rational-legalistische idealtypische Staat im Sinne Max Webers. Und so wie Weber die Auffassung vertrat, dass dieser Staatstypus am förderlichsten für wirtschaftliches Handeln und soziale Organisation in einer kapitalistischen Gesellschaft ist, so geht auch der genannte Ansatz in seinen Grundannahmen davon aus, dass die Governance-Vorstellung die er beschreibt, gleichzeitig notwendig und ausreichend ist um eine entwicklungsförderliche Umwelt zu schaffen.[18]

3. Governance und die Vereinten Nationen – Die Begriffsbestimmung des UNDP

Wie sieht nun das Governance Verständnis der Vereinten Nationen aus? Um eine Antwort darauf geben zu können, ist es im Falle der Vereinten Nationen notwendig, jene Abteilungen oder Organisationen zu betrachten, die sich mit dem Thema beschäftigen und eindeutige Aussagen dazu treffen. Hier steht im Mittelpunkt das Entwicklungsprogramm der Vereinten Nationen (UNDP), welches sich bisher am intensivsten mit dem Thema auseinandergesetzt hat und auf das sich im folgenden bezogen werden soll.

In einer Präsentation vor dem "Executive Board" des UNDP am 12. Juni 1995 stellte der damalige Administrator des UNDP zu den Zielen des Programms fest: "...to help countries develop national capacity – both in government and in civil society – to achieve sustainable human development,

---

17 Dieses Verständnis findet sich nun auch in der *governance* Definition des UNDP von 1997 wieder, wie es unten noch eingehender dargestellt werden soll. Vgl. UNDP 1997, Reconceptualising Governance. Discussion Paper 2, Management Development and Governance Division, New York. Siehe zur soziologischen Sicht von Institutionen und zum Zusammenhang zwischen Modernisierungspolitik und Institutionenbildung: *Lepsius, Rainer M.*, 1990, Interessen, Ideen und Institutionen, Opladen, S. 53 ff.

18 Vgl. *Weber, Max*, 1972 (1911), Wirtschaft und Gesellschaft, 5. revidierte Auflage, Tübingen.

giving top priority to eliminating poverty and building capacity. [...] The goal of governance initiatives should be to develop capacities that are needed to realize development that gives priority to the poor, advances women, sustains the environment, and creates needed opportunities for employment and livelihood."[19]

UNDP hat sich 1995 erstmals eingehender mit dem Thema governance in dem Diskussionspapier "Public Sector Management, Governance and Sustainable Human Development" auseinandergesetzt und festgestellt, dass es nicht den einen besten Weg gibt, um ein gut funktionierendes Governance-System zu definieren.[20] Aus diesem Grund befürwortet UNDP an dieser Stelle auch einen fallbezogenen Ansatz, der den Governance-Bedarf definiert und die Governance-Herausforderungen in einem bestimmten Länderkontext identifiziert. Trotzdem hat UNDP intensiv an einem eigenen Governance-Ansatz gearbeitet, daran, welches Verständnis dahinter steckt und insbesondere, wie die Dynamik von Entscheidungsprozessen in einer Gesellschaft zu verstehen ist und wie diese so unterstützt werden können, dass sie sich positiv auf eine nachhaltige menschliche Entwicklung auswirken.[21]

Der Begriff Governance beschreibt dabei ein demokratisches Regierungssystem, in dem der Staat nicht der einzig kontrollierende Akteur ist, und in dem der Staatsapparat im Dienste der Bürger steht. Die Charakteristiken eines solchen Systems beschreibt UNDP als partizipativ, geschlossen, konsensorientiert und subsidiär.[22]

3.1 Governance als UNDP Definition

Governance wird dann definiert als die Ausübung politischer, wirtschaftlicher und administrativer Autorität für die Steuerung aller nationalen Angelegenheiten. Es geht um die komplexen Mechanismen, Verfahren, Beziehungen und Institutionen, durch die Bürger und Gruppen ihre Interessen artikulieren, ihre Rechte und Pflichten wahrnehmen und ihre Konflikte beile-

---

19 Vgl. http://magnet.undp.org/cdrb/training vom 24.05.2000.
20 Vgl. UNDP, 1995, a.a.O.
21 Vgl. UNDP, 1997a, Governance for sustainable human development. A UNDP policy document, New York.
22 Vgl. UNDP, 1998, UNDP and Governance. Experiences and Lessons Learned. Management Development and Governance Division, Lessons-Learned Series No. 1, New York, S. 11 ff.

gen. Governance umfasst sämtliche Methoden – gute wie schlechte – die Gesellschaften nutzen, um Macht zu verteilen und öffentliche Ressourcen und Probleme zu steuern."[23]

Diese Definition richtet die Aufmerksamkeit auf einige wichtige Governance-Elemente: Im Mittelpunkt stehen Mechanismen, Verfahren, Beziehungen und Institutionen. Damit legt UNDP seinen Schwerpunkt auf Entscheidungsprozesse, einerseits im Bezug auf Wirtschaftsakteure und spricht in diesem Zusammenhang von "economic governance". Andererseits aber auch auf "political governance" als Fähigkeit zur Politikformulierung. Die dritte Dimension beschreibt ein "system of policy implementation" und wird als "administrative governance" bezeichnet.[24] Dabei sind es Werte, Normen und Institutionen die als zentrale Steuerungselemente einer Gesellschaft fungieren und sowohl Wirtschaft, Politik als auch Gesellschaft durch eine Interaktion der drei Sektoren Staat, Markt und Zivilgesellschaft steuern sollen.

Die Betonung von Verfahren und Institutionen, die eine partizipative Demokratie sicherstellen sollen, wird von UNDP selbst als kritisch bezeichnet.[25] Jedoch weist die Definition dem Staat nicht die Aufgabe zu, Mechanismen bereitzustellen, um einen Wertekonsens zu schaffen oder das Gemeinwohl festzustellen. Dem Staat wird dabei höchstens die Rolle eines Mediators in einem gesellschaftlichen Prozess zugestanden. Damit ist natürlich, wenn auch nur indirekt, mit der Definition auch die Machtdimension und damit ein sehr sensibler Bereich staatlicher Souveränität angesprochen. Aber Governance und seine verschiedenen Dimensionen und Konzeptionen berühren nach ihrem Verständnis eben höchst politische Themenbereiche einer

---

23 Vgl. dazu die Definition in: UNDP, 1997b, Reconceptualizing Governance. Discussion paper 2, Management Development and Governance Division, New York, S. 9.

24 Vgl. UNDP, 1997a, a.a.O., S. 3.

25 Dennoch betont UNDP Verfahren und Institutionen auch in einer neuesten Definition des Begriffes governance ganz ähnlich und spricht von "[...] set of values, policies and institutions by which a society manages its economic, political and social affairs through interactions among the government, civil society and private sector. It is the way a society makes and implements decisions – achieving mutual understanding, agreement and action. It comprises the mechanisms and processes for citizens and groups to articulate their interests, mediate their differences and exercise their legal rights and obligations. Its rules, institutions and practices set limits and provide incentives for individuals, organisations and firms." Diese Definition liegt zur Zeit nur als Entwurf vor und ist erstmals zitiert in: UNDP/BMZ, 2000, The UNDP Role in Decentralisation & Local Governance. A Joint UNDP – Government of Germany Evaluation, UNDP Evaluation Office, New York, S. 26.

Gesellschaft. Es geht um Machtbeziehungen zwischen zentralen und lokalen Regierungsebenen, zwischen verschiedenen Akteuren der Gesellschaft und auch zwischen Geberorganisationen und den Ländern, in denen sie arbeiten.[26]

Dabei sieht sich UNDP an der Spitze eines Governance Trends und hat seine ganz eigene Interpretation des Themas:

Einige Kernpunkte dieser Governance-Konzeption lassen sich folgendermaßen beschreiben:

- Governance ist ein sehr viel offeneres Konzept als das des "Staates";
- Es betont die Notwendigkeit, über die Kapazitäten des Staates für die Steuerung öffentlicher Angelegenheiten hinauszusehen und die Kapazitäten aller Akteure, auch der Zivilgesellschaft und des Marktes, mit einzubeziehen um den Herausforderungen einer nachhaltigen Entwicklung zu begegnen, die Aufgaben existierender Institutionen zu überdenken und neue zu entwickeln;
- Es betont die Notwendigkeit, die Beziehungen zwischen sozialen Akteuren zu steuern sowie Partnerschaften und Verfahren für die Sicherstellung von Partizipation und Konsens zu entwickeln.

Neben der Restrukturierung des Regierungsapparate und der Förderung eines gesamtgesellschaftlichen Ausgleichs, der alle gesellschaftlichen Akteure umfasst, wird aber demgegenüber auch die Notwendigkeit hervorgehoben, die Kapazitäten der staatlichen Institutionen zu stärken, damit diese eine führende Rolle im Entwicklungsprozess übernehmen und eine Scharnierfunktion zwischen anderen gesellschaftlichen Akteuren übernehmen können. Die ist allerdings mehr als die eingangs beschriebene Mediatorenrolle des Staates. Und so wird dann auch der öffentliche Sektor als "primary vehicle" von Governance bezeichnet.[27]

Governance wird demnach als multisektorale Struktur, als Netzwerk unabhängiger Akteure konzeptualisiert.

---

26 Vgl. UNDP, 1997a, a.a.O.
27 Vgl. UNDP, 1995, a.a.O.

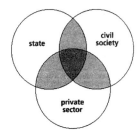

"Governance includes the state, but transcends it by taking in the private sector and civil society. All three are critical for sustaining human development.

The state creates a conducive political and legal environment. The private sector generates jobs and income. And civil society facilitates political and social interaction—mobilising groups to participate in economic, social and political activities.

Because each has weaknesses and strengths, a major objective of our support for good governance is to promote constructive interaction among all three."

UNDP, Governance for Sustainable Human Development, New York 1997

Damit ist das so von UNDP beschriebene Governance-Verständnis ein systemisches und prozessorientiertes Konzept gesellschaftlicher Steuerung. Dieses Konzept orientiert sich m. E. an einem politikwissenschaftlichen Trend, der politische Handlungs- und Steuerungspotentiale durch das Zusammenwirken privater und öffentlicher Akteure zu optimieren versucht.[28]

---

28 Gemeint ist hier vor allem die Entdeckung des sog. "Dritten Sektors" durch die Staatstheorie. Deren Vertreter befürworten einen institutionellen und organisatorischen Pluralismus, statt der bekannten Dichotomie Staat versus Markt. Vgl. dazu neben anderen: *Schuppert, G.F.*, 1989, Markt, Staat, Dritter Sektor – oder noch mehr? Sektorspezifische Steuerungsprobleme ausdifferenzierter Staatlichkeit, in: Th. Ellwein et al. (Hrsg.), Jahrbuch zur Staats- und Verwaltungswissenschaft, Baden-Baden u. *Streeck, W./Schmitter, P.C.* (Hrsg.), 1985, Private Interest Government – Beyond Market and States, Beverly Hills.

Im Zentrum neuerer steuerungstheoretischer Konzepte steht die Beobachtung, dass moderne Gesellschaften in vielen Bereichen durch netzwerkartige Organisationsformen gekennzeichnet sind und Problemlösungen zunehmend auf "pluralistischen policy-Netzwerken" basieren. Die so entwickelten Netzwerkkonzepte unterscheiden sich in vielerlei Hinsicht, sie treffen sich jedoch in einem wichtigen Punkt: Die Koordination zwischen politischen, sozialen und ökonomischen Akteuren und darauf basierenden Problemlösungsformen in "network-like forms of governance" unterscheiden sich von den Standardformen gesellschaftlicher Koordination in ausdifferenzierten Gesellschaften wie Preismechanismus, hierarchisch-majoritärer Politikmodus und hierarchische Entscheidungs- und Problemlösungsmechanismen, indem der Netzwerkbegriff die Selbstorganisation bzw. -koordination zwischen de facto autonomen Akteuren zur Erreichung eines gemeinsamen Ziels betont. Vgl. *Messner, D.*, 1995, Die Netzwerkgesellschaft. Wirtschaftliche Entwicklung und in-

Mit einer solchen Konzeption wird nun schlicht das Bild des modernen westlichen Nationalstaates nachgezeichnet. In diesem Zusammenhang kann nun nicht nur vom Trend der Universalisierung von Entwicklungsnormen gesprochen werden, sondern auch von einer im Entstehen begriffenen Weltmonokultur, die der Zweiten und Dritten Welt beim Prozess nachholender Entwicklung nur noch enge Handlungsspielräume zugesteht.[29] Dies gilt zumindest für Vorstellungen über neuere gesellschaftliche Steuerungssysteme, wie sie im Rahmen der Governance-Diskussion eben auch insbesondere für Transformations- und Entwicklungsländer empfohlen werden.

3.2 Das "Neue" am Governance-Ansatz des UNDP

Es stellt sich nun die Frage, was das organisationsspezifisch "Neue" ist an der ganz eigenen Governance-Wahrnehmung des UNDP. Das Entwicklungsprogramm selbst gibt eine Antwort, indem es eine Reihe von Punkten nennt, die das "Besondere" des UNDP-Ansatzes ausmachen sollen:[30]

1. ein neues Governance-Verständnis, in dem der Regierungs- und Verwaltungsapparat nur einen Teil eines nationalen Governance-Systems ausmacht und dessen zentrales Merkmal das der Selbstregierung ist. Diese Governance-Kapazität wird als Grundvoraussetzung für eine effektive Armutsbekämpfung angesehen;

2. eine neue Sicht der Kapazitätsentwicklung, die über die traditionellen Ansätze der Institutionenentwicklung und des Managementtrainings hinausgeht;

3. die Erkenntnis, dass das angestrebte Ergebnis der Veränderung eine Verbesserung der Entscheidungs- und Handlungsprozesse auf allen Ebenen darstellen muss;

---

ternationale Wettbewerbsfähigkeit als Probleme gesellschaftlicher Steuerung, Köln, S. 168 f.
Als Überblick siehe: *Marin, B./Mayntz, R.* (Hrsg.) 1991, Policy Networks, Frankfurt u. *Heritier, A.* (Hrsg.), 1993, Policy-Analyse, Opladen.

29 So auch: *Tetzlaff, R.*, 1993, Demokratie und Entwicklung als universell gültige Normen? Chancen und Risiken der Demokratisierung in der außereuropäischen Welt nach dem Ende des Ost-West-Konflikts, in: Böhret, C./Wewer, G. (Hrsg.), Regieren im 21. Jahrhundert – zwischen Globalisierung und Regionalisierung. Festgabe für Hans-Hermann Hartwich zum 65. Geburtstag, Opladen, S. 79-108.

30 Vgl. dazu http://magnet.undp.org/cdrb/training vom 24.05.2000.

4. ein neues Verständnis darüber, dass die Prozesse der Kapazitätsentwicklung für "sound governance" sowohl strategisch als auch systematisch angegangen werden müssen;

5. dies bedeutet eine neue Rolle für die technische Zusammenarbeit, Consultants und Entwicklungsorganisationen; (weniger direkte Anleitung, stärkere Mediatorenfunktion);

6. Institutionenentwicklung und struktureller Wandel innerhalb und zwischen einzelnen Behörden muss mit der Veränderung des gesamten Governance-Prozesses verbunden werden. Die zentrale Frage dabei lautet: "Wer macht was". Dies beinhaltet insbesondere den Bereich der Dezentralisierung;

7. eine Neuorientierung der Aus- und Weiterbildung, insbesondere im öffentlichen Dienst;

8. eine neue Rolle für zivilgesellschaftliche Institutionen;

9. eine Betonung von Partizipation und "ownership" durch alle Beteiligten im Veränderungsprozess;

10. die Erkenntnis, dass eine Governance-Reform und Kapazitätsentwicklung geleitet sein muss durch explizit zu diesem Zweck gewonnene Werte und Prinzipien. (Partizipation, Gerechtigkeit, Subsidiarität, Transparenz, Verantwortlichkeit, Fairness).

Die Frage, wie ein solch komplexer steuerungstheoretischer Ansatz im Programm des UNDP operationalisiert werden kann, scheint auch die Organisation selbst vor erhebliche Probleme zu stellen. Nicht nur, dass eine Vermittlung der Governance-Konzeption an die eigenen Mitarbeiter als äußerst schwierig angesehen werden muss, auch der Aufbau eines einheitlichen Governance-Verständnisses bei den nationalen Projektpartnern stellt das Programm vor eine große Herausforderung, wie eine Evaluation von Dezentralisierungsprogrammen des UNDP jüngst gezeigt hat.[31]

Das von UNDESA (UN Department for Economic and social affairs) und UNDP durchgeführte "Africa Governance Inventory Project" (AGI) dient als ein Beispiel, um die inhaltliche Ausgestaltung des Governance-Ansatzes durch die darin festgelegten Arbeitsschwerpunkte zu beschreiben. Das Projekt basiert auf den Ergebnissen einer einjährigen Pilotinitiative "Inventory of governance programmes in Africa" die 1998 von UNDESA in 14

---

31 Vgl. dazu UNDP/BMZ, 2000, a.a.O, S. 3 ff.

afrikanischen Staaten durchgeführt wurde. Die Pilotinitiative hatte das Ziel, afrikanischen Regierungen und Entwicklungspartnern dabei zu helfen, durch Datensammlung und Analyse die Koordination und Programmierung laufender Governance-Initiativen zu verbessern. Das AGI weitete die geographische Abdeckung der Pilotinitiative in Folge auf 36 Länder in Sub-Sahara Afrika aus und vergrößerte zudem die Projektziele um den Punkt "Kapazitätsaufbau auf nationaler Ebene" zur Ressourcenkoordination und Planung sowie Datensammlung und Management. UNDP versucht durch die Unterstützung des Projektes, im Ergebnis einen Zufluss an Ressourcen für Governance-Initiativen in Afrika zu erreichen, "which is effectively targeting national priorities and efficiently coordinated and managed by national Governments in an accountable way."[32]

Um einen konsistenten Ansatz während des gesamten Prozesses der Datensammlung und Analyse zu gewährleisten, wurden für das Projekt zehn "main governance areas" identifiziert, mit dem Ziel einer inhaltlichen Klassifizierung der Arbeitsschwerpunkte wie sie im Diagramm dargestellt sind.

---

32   Vgl. http://www.un.org/esa/governance/africa.htm vom 7.12.2000.

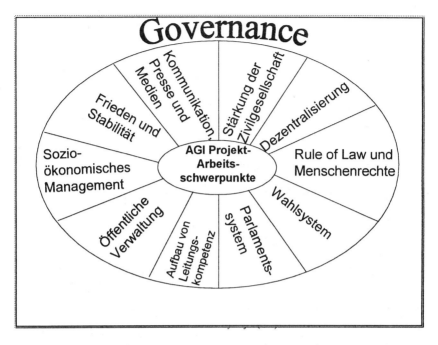

Quelle: UN-Department for Economic and Social Affairs/UNDP "Africa Governance Inventory Project" (AGI).

Neben den Arbeitsschwerpunkten des AGI zeigt auch die Ressourcenverteilung des Entwicklungsprogramms die inhaltliche Ausrichtung im Bereich Governance. Mittlerweile fließen rund 50 % des jährlichen UNDP Haushaltes in Arbeitsfelder die direkt in Verbindung stehen mit den programmatischen Governance-Zielen der Organisation.[33] Die Verteilung der Haushaltsressourcen des UNDP, wie sie aus dem unten folgenden Diagramm hervorgeht, zeigt den starken Anteil von Arbeitsfeldern, die sich dem öffentlichen Sektor der Partnerländer zuordnen lassen.

---

33 Vgl. UNDP/BMZ, 2000, a.a.O., S. 7.

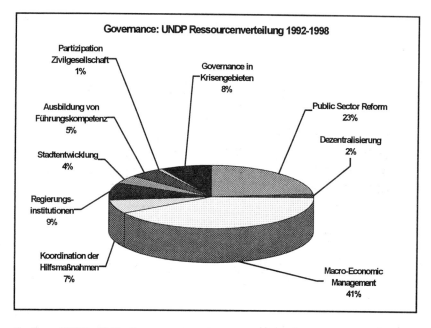

Quelle: UNDP, 1999, Governance Foundations for Post-Conflict Situations: UNDP's Experience, Management Development and Governance Division, New York.

Fast zwei Drittel der Governance-Ressourcen des UNDP lassen sich vollständig oder zu Teilen im öffentlichen Sektor und dort insbesondere bei Verwaltungs- und Regierungsinstitutionen verorten. Nicht ohne Grund betont UNDP deshalb auch den Stellenwert und die Aufgaben des öffentlichen Sektors für den Entwicklungs- und Transformationsprozess.

4. UNDP und "Public Sector Management"

Ausgangspunkt für ein effizientes "Public Sector Management" ist für UNDP die Analyse der Probleme des öffentlichen Sektors, wie sie sich nicht nur in Entwicklungs- und Transformationsländern darstellen. Dabei wird in erster Linie auf die erkennbaren Defizite und Herausforderungen abgestellt. Symptome und Ursachen des Scheiterns eines öffentlichen Managements scheinen sich demnach kaum durch kulturelle Variationen zu unterscheiden. Die genannten Symptome beinhalten eine niedrige Qualität öffentlicher Leistungen; eine sehr eingeschränkte Fähigkeit strategische Politik zu entwerfen oder zu implementieren oder auch nur Routineentscheidungen zu treffen; ein schwaches und völlig unzureichendes Management öffentlicher Finanzen, mit einer meist unrealistischen Budgetierung und einer viel zu schwachen Kontrolle öffentlicher Finanzen; die Nutzung öffentlicher Ressourcen in großem Umfang für private Interessen; die willkürliche Anwendung von Gesetzen und Regeln; ein Übermaß an Regulierungen und Vorschriften, die unternehmerische Aktivitäten ersticken und bestimmte Korruptionsformen fördern und ein geschlossenes, intransparentes Entscheidungssystem.[34]

Wenn diese Faktoren zusammenkommen, sind die möglichen Folgen eine Abwärtsspirale der Kontroll- und Steuerungsmöglichkeiten des Regierungsapparates, eine sinkende Bereitschaft zur Einhaltung von Regeln und Vorschriften, und dem entgegentretende Reaktionen des Regierungsapparates, üblicherweise durch den Einsatz des staatlichen Macht- und Repressionspotentials.

Schlechtes öffentliches Management ist, so UNDP, zu Teilen auf eine unterentwickelte Ausbildung der vorhandenen Humanressourcen und schwache Institutionen zurückzuführen. Während es sicherlich falsch sei, Entwicklung mit "gutem" öffentlichen Management gleichzusetzen, noch zu behaupten, Entwicklungsländer seinen generell einem schlechten Management ausgesetzt, sei dennoch davon auszugehen, dass ein Regierungsversagen in einer Umwelt mit ausgeprägtem Analphabetismus und Armut wahrscheinlicher sei. "Gutes" öffentliches Management ist in einer Verwaltungsumwelt der Mangelerscheinungen schlicht schwieriger herzustellen.[35] Ein weiterer Aspekt sind die kolonialen Hinterlassenschaften, die ein "gutes" öffentliches Management erschweren. Dazu gehören in erster Linie die durch die Kolonialmächte festgelegten nationalen Grenzen, ohne Rücksicht auf traditionelle ethnische Grenzen und Verwaltungssysteme, die niemals das Ziel hatten, den Interessen der Mehrheit der Bevölkerung zu dienen.[36]

---

34 Vgl. UNDP, 1995, a.a.O., S. 26 ff.

35 An dieser Stelle sei auch verwiesen auf die Problematik der Korruption im Zusammenhang mit "Good Governance". Siehe hierzu: UNDP, 1997c, Corruption and Good Governance. Discussion paper 3, Management Development and Governance Division, UNDP, New York.

36 Vgl. UNDP, 1995, a.a.O. Zur Problematik der Entwicklungsverwaltung siehe *König, Klaus*, 1999, Verwaltungsstaat im Übergang. Transformation, Entwicklung, Modernisierung, Baden-Baden, S. 106 ff.

Welches sind jedoch die Kernbereiche die "Good" oder "Sound" Governance[37] ausmachen? Sieben Aspekte eines öffentlichen Managements werden an dieser Stelle genannt:

- politische Legitimität und Verantwortlichkeit;
- Vereinigungsfreiheit und politische Teilhabe;
- ein gerechtes und verlässliches Justizsystem;
- bürokratische Verantwortlichkeit und Rechenschaftspflicht;
- Informations- und Meinungsfreiheit;
- ein effektives und effizientes Management des öffentlichen Sektors; und die
- Kooperation mit Organisationen der Zivilgesellschaft;

Dabei fällt dem "Public Sector Management" eine zentrale Rolle zu. UNDP spricht in diesem Zusammenhang auch vom öffentlichen Sektor als "primary vehicle" von Governance. Und das, obwohl der weltweite Glaube an den Segen freier Märkte und eines reduzierten Staates, an eine erweiterte Rolle des privatwirtschaftlichen Sektors und den erhöhten Einfluss lokaler Einheiten viele Beobachter auf eine gleichzeitige Abnahme des Einflusses des öffentlichen Sektors schließen ließ. In Reaktion auf diese Interpretation wurde jedoch davon ausgegangen, dass sich der öffentliche Sektor zwar in seiner Größe verändern, aber weiterhin seinen Einfluss auf den Entwicklungsprozess eines Landes ausüben würde. Tatsächlich hat sich in den meisten Fällen gezeigt, dass die Aufgaben des Staates nicht weniger herausfordernd sind, nur weil man seinen Umfang reduziert hat. Gerade aufgrund seiner Aufgabe, private Unternehmen zu fördern und zu unterstützen und lokale Einheiten mit eigenen Vollmachten auszustatten, ist es notwendig, sehr viel flexibler und dynamischer auf eine sich ändernde wirtschaftliche Umwelt zu reagieren. Diese Tatsache wiederum erfordert unterschiedliche und komplexe Organisationsstrukturen und Managementsysteme. Strategisches Personal-

---

37 UNDP liefert an keiner Stelle eine Definition von "Good Governance", sondern versucht sich mit unterschiedlichen Beschreibungen dem Begriff zu nähern. Anders als noch in einer ersten oben genannten Publikation von 1995 beschreibt UNDP "Good Governance" 1997 als: "[...] participatory, transparent and accountable. It is also effective and equitable. And it promotes the rule of law. Good Governance ensures that political, social and economic priorities are based on broad consensus in society and that the voices of the poorest and the most vulnerable are heard in decision-making over the allocation of development resources." Vgl. UNDP, 1997a, a.a.O., S. 3.

management, Politik- und Wirtschaftsmanagement und die effiziente Kontrolle der Haushalts- und Finanzsysteme erfordern hochgradiges technisches Wissen und ausgeprägte Managementkenntnisse.[38]

Ein Ergebnis der oben genannten Herausforderungen ist es nun, dass Regierung und Verwaltung in ihrem Umfang deutlich reduziert werden, gleichzeitig aber aktivierend, bürgernah und aufmerksam auf die Bedürfnisse ihrer "consumer" reagieren sollen. Von der Regierung wird erwartet, die Menschen mehr zu befähigen denn zu kontrollieren, zu fördern und nicht zu blockieren. Kurzum, es wird vom Regierungsapparat zunehmend verlangt werden nicht weniger, sondern besser und anders zu managen.[39]

Dabei drängt sich nun die Frage auf, welche Managementkapazitäten im öffentlichen Sektor gemeint sind. Laut UNDP geht es dabei im allgemeinen um Führungskapazitäten im Regierungs- und Verwaltungsapparat und im speziellen um Führungskapazitäten für das Management von Entwicklung und Transformation. Die Vereinten Nationen sprechen in diesem Zusammenhang von "transformational leadership". Dieses Führungskonzept mit seinem Schwerpunkt auf Vision, Ermächtigung und Wandel, ist für UNDP eine kritische Komponente für die Revitalisierung eines öffentlichen Sektor Managements. Nur durch die Stärkung dieser Führungsqualitäten könne der öffentliche Sektor seiner Aufgabe als "primary vehicle" in einem gesellschaftlichen Governance-System nachkommen.[40]

---

38 Vgl. UNDP, 1998, a.a.O. u. UNDP, 1998, Capacity Assessment and Development. In a Systems and Strategic Management Context. Technical Advisory Paper No. 3, Management Development and Governance Division, UNDP, New York.

39 Vgl. UNDP, 1995, a.a.O., S. 26. Der Begriff des "Kunden" wird an dieser Stelle verwandt ohne dass dieser näher erläutert wird. Anscheinend soll hier der neuen Rhetorik des "clients" oder "consumers" der Leistungen der öffentlichen Verwaltung gefolgt werden.

40 Vgl. UNDP, 1995, a.a.O.

Literaturverzeichnis

Adam, Markus, 2000, Die Entstehung des Governance-Konzepts bei Weltbank und UN. Die EZ wird politischer, in: Entwicklung + Zusammenarbeit Jg. 41, 2000:10, S. 272-274.

Boeninger, E., 1991, Governance and Development: Issues and Constraints, Proceedings of the World Bank Annual Conference on Development Economics, Washington D.C.

Dia, M., 1996, Africa's Management in the 1990's and Beyond. Reconciling Indigenous and Transplanted Institutions; The World Bank, Washington D.C.

Evans, P. et al., 1985, "Binging the State Back in", Cambridge.

Frischtak, Leila L., 1994, Governance Capacity and Economic Reform in Developing Countries. World Bank Technical Paper Number 254, The World Bank, Washington D.C.

Fuster, Thomas, 1997, Die "Good Governance" Diskussion der Jahre 1989 bis 1994. Ein Beitrag zur jüngeren Geschichte der Entwicklungspolitik unter spezieller Berücksichtigung der Weltbank und des DAC, Bern – Stuttgart – Wien.

Heritier, A. (Hrsg.), 1993, Policy-Analyse, Opladen.

Hirst, Paul, 2000, Democracy and Governance, in: Pierre, Jon (Hrsg.), Debating Governance, Oxford, S. 13-35.

Institute for Development Studies Bulletin, 1998, The Bank, the state and development: dissecting the 1997 World Development Report, IDS Bulletin, Vol. 29, No. 2, 1998, Brighton.

Israel, A., 1990, The Changing Role of the State: Institutional Dimensions, PPR Working Papers, WPS 459, The World Bank, Washington D.C.

Kochendörfer-Lucius, G./van de Sand, K., 2000, Entwicklungshilfe vom Kopf auf die Füße stellen. Institutionenförderung statt Projektförderung, in: E+Z Jg.41.2000:4, S. 96-99.

König, Klaus, 1999, Verwaltungsstaat im Übergang. Transformation, Entwicklung, Modernisierung, Baden-Baden.

Lepsius, R., 1990, Interessen, Ideen und Institutionen, Opladen.

Marin, B./Mayntz, R. (Hrsg.), 1991, Policy Networks, Frankfurt.

Mayntz, R., 1993, Policy-Netzwerke und die Logik von Verhandlungssystemen, in: Heritier, A. (Hrsg.), Policy-Analyse, Opladen.

Messner, D., 1995, Die Netzwerkgesellschaft. Wirtschaftliche Entwicklung und internationale Wettbewerbsfähigkeit als Probleme gesellschaftlicher Steuerung, Köln.

Minogue, Martin, 1998, Is Good Governance a Universal Value?, Public Policy and Management Working Paper Series, Institute for Development Policy and Management, University of Manchester.

Moore, Mick, 1995, Promoting Good Government by Supporting Institutional Development? in: IDS Bulletin, Vol. 26, No. 2, April 1995, S. 89-96.

Olowu, D., 1999, Professional Developments – Building strong local government through networks between state and non-governmental (religious) institutions in Africa, in: Public Administration in Development, 19, S. 409-412.

Pierre, Jon (Hrsg.), 2000, Debating Governance, Oxford.

Pritzl, Rupert F. J., 1997, Korruption und Rent-Seeking in Lateinamerika : zur Politischen Ökonomie autoritärer politischer Systeme, Baden-Baden.

Rhodes, R. A. W., 2000, Governance and Public Administration, in: Pierre, J. (Hrsg.), Debating Governance, Oxford, S. 54-90.

Scharpf, F. W., 1989, Politische Steuerung und Politische Institutionen, in: Hartwich, H. H. (Hrsg.), Macht und Ohnmacht politischer Institutionen, Opladen.

Schuppert, G.F., 1989, Markt, Staat, Dritter Sektor – oder noch mehr? Sektorspezifische Steuerungsprobleme ausdifferenzierter Staatlichkeit, in: Th. Ellwein et al. (Hrsg.) Jahrbuch zur Staats- und Verwaltungswissenschaft, Baden-Baden.

Simon, K., 1993, Kommunalverwaltung und Selbsthilfe in der Dritten Welt – Zur Kooperation zwischen Kommunen und Selbsthilfeorganisationen, in: Simon, K./Stockmayer, A./Fuhr, H. (Hrsg.), Subsidiarität in der Entwicklungszusammenarbeit – Dezentralisierung und Verwaltungsreformen zwischen Strukturanpassung und Selbsthilfe, Baden-Baden, S. 323-361.

Streeck, W./Schmitter, P.C. (Hrsg.), 1985, Private Interest Government – Beyond Market and States, Beverly Hills.

Tetzlaff, R., 1993, Demokratie und Entwicklung als universell gültige Normen? Chancen und Risiken der Demokratisierung in der außereuropäischen Welt nach dem Ende des Ost-West-Konflikts, in: Böhret, C./ Wewer, G. (Hrsg.), Regieren im 21. Jahrhundert – zwischen Globalisierung und Regionalisierung. Festgabe für Hans-Hermann Hartwich zum 65. Geburtstag, Opladen, S. 79-108.

Theobald, Christian, 2000, Zur Ökonomik des Staates: good governance und die Perzeption der Weltbank, Baden-Baden.

Thomas, Alan, 1994, What is Development Management? Development Policy and Practice Research Group Working Paper No. 28, The Open University, GB.

UN/E/1998/87, Public administration and development. Fourteenth Meeting of the Group of Experts on the United Nations Programme in Public Administration and Finance. Report of the Secretary General, Economic and Social Council, New York.

UNDP, 1995, Public Sector Management, Governance, and Sustainable Human Development. A discussion paper, Management Development and Governance Division, UNDP, New York.

UNDP, 1997a, Governance for sustainable human development. A UNDP policy document, New York.

UNDP, 1997b, Reconceptualizing Governance. Discussion paper 2, Management Development and Governance Division, New York, S. 9.

UNDP, 1997c, Corruption and Good Governance. Discussion paper 3, Management Development and Governance Division, UNDP, New York.

UNDP, 1998a, Capacity Assessment and Development. In a Systems and Strategic Management Context. Technical Advisory Paper No. 3, Management Development and Governance Division, UNDP, New York.

UNDP, 1998b, UNDP and Governance. Experiences and Lessons Learned. Management Development and Governance Division, Lessons-Learned Series No. 1, New York.

UNDP/BMZ, 2000, The UNDP Role in Decentralisation & Local Governance. A Joint UNDP – Government of Germany Evaluation, UNDP Evaluation Office, New York.

Weber, Max, 1972 (1911), Wirtschaft und Gesellschaft, 5. revidierte Auflage, Tübingen.

Weltbank, 1997, Weltentwicklungsbericht 1997. Der Staat in einer sich ändernden Welt, Weltbank, Washington D.C.

Williams, David G., 1996, Governance and the Discipline of Development, in: The European Journal of Development Research, Vol. 8, No. 2, December 1996, S. 157-177.

Williams, David/Young, Tom, 1994, Governance, the World Bank and Liberal Theory, in: Political Studies (1994), XLII, S. 84-100.

Willke, H., 1987, Entzauberung des Staates. Grundlinien einer systemtheoretischen Argumentation, in: Ellwein Th. et al. (Hrsg.), Jahrbuch zur Staats- und Verwaltungswissenschaft, Baden-Baden.

World Bank, 1989, Sub-Saharan Africa: From Crisis to Sustainable Growth. A Long-Term Perspective Study, The World Bank, Washington D.C.

Internetquellen:

http://magnet.undp.org/cdrb/training vom 24.05.2000

http://magnet.undp.org/cdrb/training vom 24.05.2000

http://www.un.org/esa/governance/africa.htm vom 7.12.2000

Zehn Eckpunkte zu Good Governance

von *Christian Theobald**

I. Governance und Steuerung

Nachdem die Ordnungs- und Wohlfahrtsfunktionen des Staates um eine weitere zentrale Staatsfunktion, nämlich die Gestaltungsfunktion erweitert worden sind, werden seit den sechziger Jahren dieses Jahrhunderts, nach weitgehendem Abschluss der kriegsbedingten Aufbauphase in den westeuropäischen Volkswirtschaften, angesichts wirtschaftlicher und ökologischer Probleme immer wieder Defizite staatlicher Leistungsfähigkeit beklagt. Theoretische Überlegungen zu einer Rationalisierung der politischen Entscheidungen, die zunehmend die Akteursperspektive zugunsten der Systemperspektive aufgaben, mündeten zunächst in einer praktischen Umsetzung der Planung. Der in den siebziger Jahren einsetzenden Planungsresignation folgte die Betonung instrumenteller und institutioneller Aspekte der Politikentwicklung sowie der Probleme beim Gesetzesvollzug[1].

Die Implementationsforschung, welche die Ursachen von Steuerungsdefiziten nicht mehr bei der Politikentwicklung, sondern bei ihrer Umsetzung suchte – und sich dabei empirischer Policy-Analysen bediente –, rückte Steuerungsobjekt und Steuerbarkeit in den Mittelpunkt der Betrachtungen. Entsprechend zielten die Fragen, die nun gestellt wurden, ab auf die prinzipielle Steuerbarkeit von Staat und Gesellschaft, bejahendenfalls, wie die wechselseitige Steuerungsfähigkeit von Staat und Gesellschaft beschaffen ist,

---

* Dr. *Christian Theobald*, Mag. rer. publ., ist Rechtsanwalt und Partner der überörtlichen Sozietät Becker Büttner Held, Berlin, Theobald-Berlin@t-online.de.

1 Vgl. *Klaus von Beyme*, Theorie der Politik im 20. Jahrhundert: von der Moderne zur Postmoderne, Frankfurt a.M. 1991, S. 127 f.; umfassend auch *Günter Ulrich*, Politische Steuerung. Staatliche Intervention aus systemtheoretischer Sicht, Opladen 1994.

ferner welche Akteure welche Vorgänge steuern, schließlich welches der Hintergrund ist, wodurch wer oder was wie gesteuert wird[2].

Ein Infragestellen staatlicher Steuerungsfähigkeit ist seit längerem aus verschiedenen Richtungen beobachtbar. "Wozu noch Staaten?"[3], "Ist der Staat in der politischen Wirklichkeit obsolet geworden?"[4] oder "Ist die Erde noch regierbar?"[5] lauten einige der jüngeren Formulierungen. Angesichts der Zunahme der Autonomie und der Leistungsfähigkeit der Teilsysteme im Gefolge fortschreitender Ausdifferenzierung der Gesellschaft gewinnt die Frage an Bedeutung, wie diese autonomen Teilsysteme zueinander in Relation stehen und aufeinander einwirken. Vor allem aber interessiert, wie die jeweiligen Teilprozesse koordiniert und erforderlichenfalls integriert werden können, verkürzt gesagt, wieweit es noch gesellschaftliche Steuerungsfähigkeit gibt[6].

Neo-liberale Positionen, die infolge des Zusammenbruchs der mittel- und osteuropäischen Zentralverwaltungswirtschaften zusätzlichen Auftrieb erfuhren, verlangen angesichts gewachsener Staatsquoten in nahezu den meisten OECD-Staaten nicht nur nach einer Reduzierung staatlicher Aufgaben, sondern einem Rückzug des Staates insgesamt. Die Zielsetzung lautet "Governance as the Minimal State". Hinter alledem scheint die Einsicht "Gover-

---

2   Siehe hierzu *Jörg Klawitter*, Staatstheorie als Steuerungstheorie?, in: Heinrich Bußhoff (Hrsg.), Politische Steuerung: Steuerbarkeit und Steuerungsfähigkeit; Beiträge zur Grundlagendiskussion, Baden-Baden 1992, S. 193 ff. (195).

3   So der Titel der Untersuchung von *Peter Saladin*, Wozu noch Staaten? Zu den Funktionen eines modernen demokratischen Rechtsstaats in einer zunehmend überstaatlichen Welt, Bern, München, Wien 1995.

4   Siehe *Nevil Johnson*, Über den Begriff des Staates aus vergleichender Sicht, in: Rudolf Morsey/Helmut Quaritsch/Heinrich Siedentopf (Hrsg.), Staat, Politik, Verwaltung in Europa. Gedächtnisschrift für Roman Schnur, Berlin 1997, S. 167 ff. (168).

5   So *Yehezkel Dror*, The Capacity to Govern. A Report to the Club of Rome, Barcelona 1994.

6   Siehe *Wolfgang Zapf*, Entwicklung als Modernisierung, in: Manfred Schulz (Hrsg.), Entwicklung: die Perspektive der Entwicklungssoziologie, Opladen 1997, S. 31 ff. (34).

nance is the acceptable face of spending cuts" zu stehen[7]. Die "Entstaatlichung" soll eine Wende zum Markt sein.

Vor diesem Hintergrund sind gegenläufige, staatliche Steuerungsfähigkeit grundsätzlich optimistisch einschätzende Bemühungen erkennbar, dahingehend "to bring the state back in"[8] und "to reinvent Government", die in der Folgezeit nicht den Rückzug des Staates oder einen schwachen, sondern einen effizienten beziehungsweise "schlanken Staat" intendieren. Zielrichtung ist also eine Verbesserung der Steuerungsfähigkeit des Staates im Wege seiner Binnenrationalisierung. In diesem Kontext ist die internationale Bewegung des New Public Management der neunziger Jahre zu sehen, deren Intention neben der Verlagerung von politischen Aufgaben und Entscheidungen in Gesellschaft und Wirtschaft vor allem in einer Binnenrationalisierung der Verwaltung besteht.

"Less rowing and more steering" heißt die Devise, im Deutschen wird von "Steuerung auf Abstand" beziehungsweise vom "Neuen Steuerungsmodell" gesprochen[9]. Angelehnt an Reformstrategien, die ursprünglich für das System der Wirtschaft konzipiert worden waren, wie den Abbau von Hierarchien, ergebnisorientierte Zielvereinbarungen u.ä., soll das Handeln der Verwaltung als Ausdruck unternehmerischen Denkens gesehen werden, weshalb vom Neuen Öffentlichen Management die Rede ist[10]. Dessen we-

---

7   *Gerry Stoker*, Local Governance in Britain (Arbeitspapier), Glasgow, November 1994, S. 6, zitiert nach Rod A. W. Rhodes, The New Governance: Governing without Government, in: Political Studies 1996, S. 653.

8   So *Peter B. Evans/Dietrich Rueschemeyer/Theda Skocpol* (eds.), Bringing the State Back In, Cambridge 1985.

9   *David Osborne/Ted Gaebler*, Reinventing Government. How the Entrepreneurial Spirit is transforming the Public Sector, New York 1992. Die Unterscheidung zwischen "steering" und "rowing" betrifft die beiden Bereiche "policy decisions" bzw. "service delivery".

10 "Shifting methods of doing business in public organizations away from complying with procedural rules towards getting results", fasst *Christopher Hood*, Explaining Economic Policy Reversals, Buckingham 1994, S. 129, die Intention von New Public Management zusammen. In Anlehnung an die Vorbilder aus der Privatwirtschaft geht es vorrangig um Personalabbau- und Organisationsabbau; die Reduzierung von Hierachiestufen soll für größere Transparenz sorgen und damit den Aufwand an interner Koordination verringern, vgl. hierzu ausführlich die Darstellung von *Klaus König/Joachim Beck*, Modernisierung von Staat und Verwaltung, Zum Neuen Öffentlichen Management, Baden-Baden 1997, S. 30 ff.; ferner *Heinz Metzen*, Schlankheitskur für den Staat. Lean Management in der öffentlichen Verwaltung, Frankfurt a.M. 1994, S. 107 ff., 119 ff.

sentlichen Merkmale werden zusammengefasst in der Überzeugung des "private good, public bad", der Erzeugung von Wettbewerb sowohl innerhalb der öffentlichen Verwaltung als auch zwischen Verwaltung und privater Wirtschaft, ferner in der Doppelstrategie einer Zentralisierung politischer Steuerung bei gleichzeitiger Dezentralisierung der Leistungserbringung sowie staatlicher Fragmentierung als Konsequenz der Trennung von "steering from rowing"[11]. Unberücksichtigt bleibt bei dieser weitläufigen Propagierung neuer Steuerung allerdings die Konstituierung der öffentlichen Verwaltung gerade durch ihre soziale Umwelt, die Gemeinwohlbindung[12], vor allem aber die Rechtsbindung, welche für die kontinentaleuropäischen öffentlichen Verwaltungen begründend und begrenzend zugleich ist[13]. Berechtigt sind auch die Zweifel, ob diese Modelle in der Praxis tatsächlich zu einer Rückführung an Komplexität beziehungsweise der erwarteten Erhöhung an Steuerungsgenauigkeit führen. Die Erstellung endlos langer Produktkataloge als Ausdruck einer intendierten Ergebnisorientierung führt vielmehr zu einer zusätzlichen Potenzierung der Segmentierung von Verwaltungshandeln. Und dies zudem ohne Grund, wenn mit den auf diesem Wege gewonnenen Produktbeschreibungen in der Regel keine ökonomischen Konsequenzen – außer einer begrüßenswerten, aber auch ohne diese Umwege erreichbaren Kostentransparenz – verbunden sind.

II. Die Weltbank und die Entstehungsgeschichte von Good Governance

Verfolgt man die Publikationen der Weltbank und ihre Kreditvergabepolitik bis zu ihren Anfängen, lassen sich im historischen Verlauf unterschiedliche Akzentsetzungen erkennen. Die Übergänge der einzelnen, im folgenden sogenannten Entwicklungsstrategien sind nicht immer trennscharf zu bestimmen, dennoch manifestieren sich die Veränderungen meist in organisatorischen Reformen der Weltbank. Auch die Wechsel in der Präsidentschaft der

---

11 Siehe *Stephen Cope/Frank Leishman/Peter Staire*, Globalization, new public management and the enabling State. Futures of police management, in: International Journal of Public Sector Management 1997, S. 444 ff. (449).

12 So ausführlich *Josef Isensee*, Gemeinwohl und Staatsaufgaben im Verfassungsstaat, in: ders./Paul Kirchhof (Hrsg.), Handbuch des Staatsrechts der Bundesrepublik Deutschland, Band III, Das Handeln des Staates, 2. Aufl., Heidelberg 1996, S. 3 ff.

13 Siehe *Klaus König*, System und Umwelt der öffentlichen Verwaltung, in: Klaus König/Hans Joachim von Oertzen/Frido Wagener (Hrsg.), Öffentliche Verwaltung in der Bundesrepublik Deutschland, Baden-Baden 1981, S. 13 ff.

Weltbank zeigen mitunter inhaltliche Auswirkungen. Bis in die 80er Jahre hinein können vier Phasen der Entwicklungsförderung seitens der Weltbank, welche im Kontext der grundsätzlichen internationalen Entwicklungsdiskussion zu sehen sind, festgestellt werden. Den Funktionen des Staates und seiner Verwaltung wurde bis dahin relativ wenig Aufmerksamkeit zuteil[14].

Der Ausdruck Governance – versehen mit den negativen Konnotationen "bad" beziehungsweise "poor" – wird dagegen erstmals in einer Studie der Weltbank aus dem Jahr 1989 verwendet[15]. Auslöser hierfür war die Auseinandersetzung der Weltbank mit den desolaten wirtschaftlichen Zuständen in den afrikanischen Regionen südlich der Sahara. Im Vordergrund stand seinerzeit eine Bestandsaufnahme der, eine positive wirtschaftliche Entwicklung behindernden, negativen Einflussfaktoren, insbesondere aus dem Umfeld von Staat und Verwaltung. Vor diesem Hintergrund begann die Weltbank, eine Konzeption von Good Governance zu entwerfen, in der die öffentliche Verwaltung eine zentrale Stellung einnehmen sollte.

Ungeachtet der grundsätzlichen Kritik an den Strukturanpassungsprogrammen[16] kam die Weltbank zum einen von selbst zur Einsicht, dass die Gründe für den zumindest beschränkten Erfolg vornehmlich politischer Natur waren, die tiefer liegen mussten als bloße Quantifizierungen des öffentlichen Sektors oder Maßnahmen zur Verbesserung der technologischen Aus-

---

14 Hierzu ausführlich: *Christian Theobald,* The World Bank: Good Governance and the New Institutional Economics, in: Law and State 1999, Vol. 59/60, S. 17 ff.

15 World Bank, Sub-Saharan Africa. From Crisis to Sustainable Growth. A Long-Term Perspective Study, Washington, D.C. 1989.

16 So gehen nach *Peter Körner/Gero Maß/Thomas Siebold/Rainer Tetzlaff,* Im Teufelskreis der Verschuldung – Der Internationale Währungsfonds und die Dritte Welt, Hamburg 1984, S. 189 ff., die Auflagen der Strukturanpassungsprogramme in aller Regel an den Ursachen der Verschuldungskrisen vorbei (S. 193); wenn auch das Resümee "alter Wein in neuen Schläuchen" lautet (S. 196), wird erkannt, dass die Strukturanpassungsprogramme in ihren politisch-institutionellen Reformen und den von der Praxis des Internationalen Währungsfonds abweichenden Leistungskriterien Elemente aufweisen, die sich für eine entwicklungskonforme Therapie, die unter Stabilisierung nicht nur kurzfristigen Zahlungsbilanzausgleich und unter Strukturwandel nicht nur Exportorientierung versteht, fruchtbar machen ließen (S. 197). Kritisch auch *Hans F. Illy,* Soziale und politische Dimensionen der Strukturanpassung in Afrika – die Weltbank und ihr Implementationsdefizit, Aktuelle Informations-Papiere zur Entwicklung und Politik Nr. 18 des Arnold-Bergstraesser-Instituts, Freiburg 1994, und *Peter Wolff,* Strukturanpassungsprogramme. Versuch einer Bilanz nach zehn Jahren, Deutsches Institut für Entwicklungspolitik, Berlin 1991.

stattung der Verwaltung[17]. Wie auch immer man über die Folgen der Strukturanpassungsprogramme denken mag, verdeutlichten diese zunehmend die Notwendigkeit, politische Faktoren wie den Druck von Interessengruppen und staatliche Verantwortlichkeit zu berücksichtigen[18].

Zum anderen erkannte die Weltbank Unzulänglichkeiten ihrer bisherigen Förderpraxis, die schwerpunktmäßig auf Verbesserungen der Infrastruktur, des Gesundheits- und Bildungswesens ausgerichtet gewesen war, um Schwierigkeiten auf der Anbieterseite zu reduzieren beziehungsweise soziale Folgeprobleme der Anpassungspolitik abzufedern. Darüber hinaus hatten die Strukturanpassungsprogramme in dem Bereich der öffentlichen Unternehmen wenig bewirkt, vor allem waren seitens der afrikanischen Regierungen oft nur geringfügige Anteile privatisiert worden. Als Beispiel kann auf Nigeria verwiesen werden, wo der Erlös aus Privatisierungen zwischen 1988 und 1992 weniger als 1 % bezogen auf die Verkäufe in Argentinien, Malaysia oder Mexiko ausmachte. Noch immer flossen erkleckliche Zuschüsse in den öffentlichen Sektor, ohne dass es gelungen wäre, den großen Kreditbedarf des Staates abzubauen[19]. Dies musste schließlich zu der ziemlich offensichtlichen Schlussfolgerung auf die unentbehrliche Funktion des Staates im Entwicklungsprozess führen. Nachdem zu Beginn der Strategie der Strukturanpassungsprogramme die Inhalte einzelner Politikfelder im Vordergrund gestanden hatten, reifte Ende der achtziger Jahre die Einsicht in die Bedeutung des politischen Umfeldes und prozeduraler Mechanismen gesellschaftlicher Meinungs- und Entscheidungsbildung sowie der Konfliktlösung heran. Nicht zuletzt die in diesen Zeitraum fallenden Anschauungsfälle des Zusammenbruchs der sozialistischen Regime Mittelosteuropas und der Sowjetunion waren es, die die Ausgestaltung des Staates und seine Wechselbeziehungen zu Gesellschaft und Wirtschaft zu der zentralen Fragestellung werden ließen[20].

---

17 World Bank, World Development Report 1990, New York 1990, S. 115; *Ibrahim F. I. Shihata*, The World Bank in a Changing World. Selected Essays, Dordrecht, Boston, London 1991, S. 53.

18 *David Williams/Tom Young*, Governance, the World Bank and Liberal Theory, in: Political Studies 1994, S. 84 ff., 89.

19 World Bank, Adjustment in Africa, Reform, Results, and the Road Ahead. A World Bank Policy Research Report, Washington, D.C. 1994, S. 4, 8.

20 World Bank, Sub-Saharan Africa. From Crisis to Sustainable Growth. A Long-Term Perspective Study, Washington, D.C. 1989, S. 44; ferner World Bank/African Development Bank/United Nations Development Programme, The Social Dimensions of Adjustment in Africa. A Policy Agenda, Washington, D.C. 1990; *Carl Jayarajah/William Branson*, Structural and Sectoral Adjustment, World Bank Ex-

III. Der Good Governance-Diskurs innerhalb der Weltbank

Dass die Aufgaben und Funktionen von Staat und Verwaltung im Entwicklungsprozess zunehmend in das Blickfeld der Weltbank gerieten, belegen bereits die Weltentwicklungsberichte der Jahre 1983 und 1988[21]. Der zweite Bericht unternimmt im Ansatz bereits so etwas wie einen Versuch der Kritik öffentlicher Aufgaben in Form einer Prioritätenfolge der vom Staat wahrzunehmenden Aufgaben und Funktionen. In der ersten Kategorie findet man die Aufgaben der Verteidigung und der Diplomatie, ferner der Wirtschafts- und Ordnungspolitik, einschließlich des rechtlichen und institutionellen Rahmens für die Gewährleistung der Regeln der Gerechtigkeit, des Eigentums und des wirtschaftlichen Handelns[22]. An zweiter Stelle rangieren das Sozial- und das Gesundheitswesen, die Infrastruktur sowie die Technologieentwicklung beziehungsweise -verbreitung und der Umweltschutz.

Infolge der trotz massiver Entwicklungsanstrengungen seit Jahrzehnten anhaltenden ökonomischen und sozialen Misere im südlichen Teil Afrikas konzentrierte die Weltbank ihre Ursachenforschung auf Defizite im institutionellen Umfeld von Staat und Verwaltung, die sie als "bad" beziehungsweise "poor" Governance bezeichnete[23]. Die speziell auf die Zwecke der Weltbank zugeschnittene Umschreibung von Good Governance erfolgte in Anlehnung an die Definition in Webster's New Universal Unabridged Dictionary. Die Weltbank umschreibt Governance als "the exercise of political

---

perience, 1980-92, Washington, D.C. 1995; *Kapil Kapoor* (ed.), Africa's Experience with Structural Adjustment. World Bank Discussion Paper No. 288, Washington, D.C. 1995.

21 Die Positionen der öffentlichen und privaten Interessen werden wie folgt zusammengefasst: "The public interest view stresses the potential benefits of government intervention when it is effectively deployed to correct market failures. It also provides a framework for identifying the condition under which market failure is likely to occur and for designing the appropriate policies to offset these failures. The private interest view emphasizes the potential for failure and cautions against an overly sanguine view of government as the impartial guardian of the public interest", vgl. World Bank, World Development Report 1988, New York 1988, S. 51; zum folgenden vgl. auch *Christian Theobald,* The World Bank: Good Governance an the New Institutional Economics, in: Law an State 1999, Vol. 59/60, S. 17 ff.

22 Siehe World Bank, World Development Report 1988, New York 1988, S. 52.

23 World Bank, Sub-Saharan Africa. From Crisis to Sustainable Growth. A Long-Term Perspective Study, Washington, D.C. 1989.

power to manage a nations's affairs"[24]. Als Strukturmerkmale von Governance werden, wenn auch erst am Ende der Studie, neben anderen die Rule of Law, die Unabhängigkeit der Gerichte und die Beachtung der Menschenrechte genannt[25].

Als die für die Weltbank maßgeblichen Strukturen von Good Governance werden die vier Bereiche Public Sector Management, Verantwortlichkeit von Staats- und Verwaltungshandeln ("accountability"), was seinerseits Information und Transparenz voraussetzt, sowie der rechtliche Rahmen für den Entwicklungsprozess genannt und im weiteren näher ausgeführt[26]. Besondere Erwähnung verdient hierbei die – wenn auch nur halbseitige – Berücksichtigung des brisanten Themas der in Entwicklungsländern oft weit überdurchschnittlichen Militärausgaben als Problem der Transparenz des Finanzhaushaltes[27]. Gleichzeitig werden aber auch die Grenzen des Governance-Konzeptes der Weltbank durch Verweis auf die Verfassung der Weltbank, die Articles of Agreement, als konstitutioneller Rahmen der Operationen der Weltbank, und das dortige Verbot der Berücksichtigung politischer Erwägungen deutlich gemacht[28].

Ihre Fortsetzung findet die erste Publikation der Task Force on Governance durch eine zweite aus dem Jahr 1994, in der insgesamt 455 Entwicklungsprojekte in drei Regionen auf ihre Governance-Komponenten hin untersucht und ausgewertet werden. Zugrunde liegt die gegenüber der ursprünglichen Version von 1989 etwas abweichende Umschreibung von Governance

---

24 World Bank, Sub-Saharan Africa. From Crisis to Sustainable Growth. A Long-Term Perspective Study, Washington, D.C. 1989, S. 60 f., wo weiterhin zu lesen ist: "Because countervailing power has been lacking, state officials in many countries have served their [own] interests without fear of being called into account ... [and] patronage becomes essential to maintain power. The leadership assumes broad discretionary authority and loses its legitimacy. Information is controlled and voluntary associations are co-opted or disbanded. This environment cannot support a dynamic economy. At worst the state becomes coercive and arbitrary. These trends, however, can be resisted ... [by building] a pluralistic institutional structure, [respecting] the rule of law, and vigorous protection of the freedom of the press and human rights".

25 Siehe World Bank, Sub-Saharan Africa. From Crisis to Sustainable Growth. A Long-Term Perspective Study, Washington, D.C. 1989, S. 192.

26 World Bank, Governance and Development, Washington, D.C. 1992, S. 2, 12, 13 ff., 28, 39 ff.

27 Vgl. World Bank, Governance and Development, Washington, D.C. 1992, S. 46.

28 Vgl. World Bank, Governance and Development, Washington, D.C. 1992, S. 50 f.

als "the manner in which power is exercised in the management of country's economic and social resources for development", die nunmehr als offizielle Definition der Weltbank gelten kann[29]. Der normative Ansatz umfasst unter anderem einen "vorhersehbaren, offenen und aufgeklärten Prozess politischer Entscheidungen" und "ein professionelles Ethos des öffentlichen Dienstes"[30]. Unterteilt nach folgenden Kategorien fanden Dezentralisierung und Capacity Building in je 68 % der Projekte Berücksichtigung, wirtschaftliches Handeln in 49 %, die Reform von staatlichen Unternehmen zu 33 %, der Bereich der Partizipation in 30 %, der rechtliche Rahmen dagegen lediglich in 6 % der Fälle[31].

Dass es insgesamt acht redaktioneller Entwürfe bedurfte, bis die vorliegende Studie endlich zur Publikation freigegeben wurde, vermag ihre weltbankinterne Brisanz verdeutlichen[32]. Ein Grund war die im Unterschied zum vorangegangenen Bericht von 1992 nunmehr explizite Thematisierung der Beachtung der Menschenrechte als politische Dimension von Governance[33]. Auch der heikle Hinweis auf die regelmäßig entwicklungshemmenden Militärausgaben wurde gegenüber dem Bericht von 1992 ausgedehnt und die Konversion ehemals militärisch-orientierter Produktionsstätten in zivile Industriezweige seitens der Weltbank als kreditfähig angesehen[34]. Dass hiermit auch die westlichen Industrieländer in die Pflicht genommen sind, verdeutlicht eine schriftliche Stellungnahme anlässlich der Erörterung eines Entwurfes der Studie am 16. Dezember 1993 durch die Executive Directors der Weltbank, in der auf die Verantwortung der Rüstungsindustrie verwiesen wird. Oftmals nähmen die Regierungen einzelner westlicher Industriestaaten

---

29 Sie hat beispielsweise Eingang gefunden in das weltbankeigene Historische Wörterbuch, vgl. *Anne C. M. Salda*, Historical Dictionary of the World Bank, International Organizations Series, No. 11, Lanham, Md., London 1997, S. 92 ff.

30 World Bank, Governance. The World Bank's Experience, Washington, D.C. 1994.

31 Siehe hierzu World Bank, Governance. The World Bank's Experience, Washington, D.C. 1994, S. XV.

32 Diesen Hinweis verdanke ich einem Gespräch mit einem der maßgeblichen, externen Autoren der Studie am 8. September 1997 in Washington, D.C.

33 World Bank, Governance. The World Bank's Experience, Washington, D.C. 1994, S. 52 ff.

34 World Bank, Governance. The World Bank's Experience, Washington, D.C. 1994, S. 47 ff.

etwa durch Gewährung von Kreditsicherheiten eine aktive Rolle bei der Vermittlung von Waffenkäufen ein[35].

Diese Thematik sowie die internationalen Zusammenhänge von Korruption waren vorgesehen als Schwerpunkte eines dritten, für Februar 1996 geplanten Governance Progress Report[36], zu dessen Erstellung es allerdings nicht gekommen ist. Auffällig ist überhaupt, dass der Begriff von Good Governance nur zögerlich Einzug in den
offiziellen Sprachgebrauch gehalten hat. So benutzt der Weltentwicklungsbericht von 1997, der die Rolle des Staates in einer sich ändernden Welt untersucht und dabei eine Reihe von Governance-Merkmalen behandelt, lediglich an einer Stelle den Ausdruck Good Government[37]. Dies ändert aber nichts an der Feststellung, dass die seitens der Weltbank für wichtig erachteten Merkmale von Good Governance weiterhin thematisiert werden. Hierfür bezeichnend ist, dass im Jahr 1996 eine neue Task Force unter der Signatur Corruption Action Plan Working Group ihre Arbeit aufgenommen hat, deren Koordinator und einige ihrer Mitglieder mit denjenigen der Task Force on Governance identisch sind[38].

IV. Restriktionen von Good Governance

Die wohl bemerkenswertesten, weil zugleich selbstgesetzten Grenzen der Tätigkeit der Weltbank entfaltet ihre Satzung, die Articles of Agreement. An drei Stellen ist dort die Verpflichtung der Weltbank respektive ihrer Mitarbeiter zu politischer Neutralität angesprochen. Konsequent erscheint es deshalb, wenn die Weltbank in einer ihrer grundlegenden Veröffentlichungen

---

35 Dokument liegt dem Verfasser vor. Die Problematik von Militärausgaben erörterte die Weltbank in diesem Zeitraum auf einem eigens hierfür veranstalteten Symposium, siehe hierzu den Bericht von *Geoffrey Lamb/V. Kallab*, Military Expenditure and Economic Development: A Symposium on Research Issues. World Bank Discussion Paper No. 185, Washington, D.C. 1992.

36 Die entsprechende Ankündigung ist zu entnehmen bei *Mike Stevens*, International Dimensions of Governance, Office Memorandum vom 29.3.1994 an Hans Juergen Gruss, Lapido Adamolekun, C. Salem, Richard J. Moore and Barbara Nunberg, Washington, D.C. 1994, S. 2.

37 Siehe World Bank, The State in a Changing World, World Development Report 1997, New York 1997, S. 32 in Schaubild 2.2.

38 Vgl. die Namensnennungen in World Bank, Helping Countries Combat Corruption. The Role of the World Bank, Washington, D.C. September 1997, S. II.

selbst davon spricht, dass mit Bezug auf den rechtlichen Rahmen für Entwicklung nur prozedurale und technische Aspekte vom Mandat erfasst seien, substantielle Elemente aufgrund ihrer politischen Bedeutung hingegen nicht. Im übernächsten Satz wird auch der Grund für diese Restriktion genannt, nämlich: "... to protect the Bank's reputation for technical excellence and objectivity and its status as an international institution that is guided solely by its concern for economic development and not by any political agenda of its own"[39].

Diese einseitige Betonung ökonomischer Aspekte muss ihrerseits im historischen Kontext der Entwicklung der Weltbank gesehen werden. Zum Ausdruck kommt zunächst die neoklassische Herangehensweise an die während der Gründungsphase bereits erkennbaren wirtschaftlichen Probleme des Wiederaufbaus in West- und Mitteleuropa sowie die inhaltlich noch weniger konkret fassbare Förderung der Entwicklung in Staaten außerhalb Europas und Nordamerikas. Die (Re-)Vitalisierung der privaten Wirtschaft und eine marktorientierte Preisbildung sollten die Eckpunkte einer Lösung der wirtschaftlichen Probleme bilden[40]. Ferner waren die Erinnerungen an negative Erfahrungen mit Auslandskrediten aus den beiden vorherigen Jahrzehnten und die Problematik konkreter Zweckbeschreibungen als deren Ursache allzu präsent[41]. Von daher erwartete man von der Weltbank die Förderung von "productive purposes"[42].

Den entscheidenden Ausschlag für die satzungsmäßige Absicherung einer "politischen Enthaltsamkeit" der Weltbank hat aber wahrscheinlich der sich anbahnende Konflikt zwischen den westlichen Alliierten und der Sowjetunion gegeben. Nachdem in den auf der Konferenz von Bretton Woods getroffenen Beschlüssen vorgesehen war, dass die Sowjetunion nach den Vereinig-

---

39 World Bank, Governance and Development, Washington, D.C. 1992, S. 51.

40 Siehe *Jochen Kraske/William H. Becker/William Diamond/Louis Galambos*, Bankers with a Mission. The Presidents of the World Bank, 1946-91, Oxford 1996, S. 285.

41 "One of the things we had to decide was how we could make foreign loans with safety. The history of foreign loans had been very bad. There had been numerous defaults on foreign loans all over the world (...)", so der spätere Präsident Eugene R. Black der Weltbank in einem Interview gegenüber Robert W. Oliver am 6.8.1961, transcript S. 4, zitiert nach *Jochen Kraske/William H. Becker/William Diamond/Louis Galambos*, Bankers with a Mission. The Presidents of the World Bank, 1946-91, Oxford 1996, S. 56.

42 So aufgenommen in Art. I (i) der Articles of Agreement.

ten Staaten und Großbritannien, aber noch vor China und Frankreich prozentual die meisten Anteile und Stimmrechte in der Weltbank erhalten sollte, ratifizierte diese die Satzung nicht und verzichtete gänzlich auf eine Mitgliedschaft in der Weltbankgruppe. Die daher gebotene politische Rücksichtnahme auf die kommunistischen Staaten Mittel- und Osteuropas und die Sowjetunion beziehungsweise die Demonstration des Willens, deren politische Systeme nicht beeinflussen zu wollen, wird als weitere Erklärung für das Postulat politischer Neutralität herangezogen.

V. Die Weltbank und die Beachtung der Menschenrechte

Wen man die Position der Weltbank zur Einbeziehung der Frage nach der Einhaltung der Menschenrechte in die Konzeption von Good Governance und konkreter Kreditvergabeentscheidungen betrachtet, muss man im Auge behalten, dass die Führung der allgemeinen Geschäfte der Weltbank im eigentlichen Sinne von den Vereinigten Staaten, Japan, der Bundesrepublik Deutschland, Frankreich und Großbritannien verantwortet und bestimmt wird. Das Prinzip der souveränen Gleichheit aller Staaten, auf denen seit einem halben Jahrhundert die Vereinten Nationen und die damit geschaffene Völkerrechtsordnung beruhen, gilt nicht uneingeschränkt, vielmehr gibt es rechtliche Strukturen, die hierzu im Widerspruch stehen. Diese Abweichungen betreffen in nachteiliger Weise des öfteren die Mitwirkung der Entwicklungsländer bei der Gestaltung der Weltordnung. Insbesondere beruht die Stimmenverteilung in den Entwicklungsbanken im allgemeinen, in der Weltbank im besonderen zu einem überwiegenden Teil auf der Leistungserbringung in diesen Organisationen[43]. Deren Politik wird damit entscheidend von den industrialisierten Staaten bestimmt.

Die Auswertung von Publikationen der Weltbank sowie Gespräche mit ihren Mitarbeitern bezüglich der Frage, inwieweit die Weltbank in ihrem Wirtschaftsdialog die Beachtung der bürgerlichen und politischen Menschen-

---

43 Diese Ungleichheit kann im übrigen auch nicht zugunsten der Entwicklungsländer durchbrochen werden, indem sie etwa einen höheren Beitrag leisten. Unabhängig von der Zahlungsbereitschaft ist der von jedem Staat zu entrichtende Beitrag und damit auch sein Stimmenanteil an sein Bruttosozialprodukt gekoppelt, vgl. bspw. Artikel III Absatz 1 der Satzung des Internationalen Währungsfonds.
Die afrikanischen Staaten haben daraus die Konsequenz gezogen, die Industriestaaten von einer Mitgliedschaft in der Afrikanischen Entwicklungsbank auszuschließen. Allerdings findet auch in dieser regionalen Entwicklungsbank Stimmenverteilung entsprechend der finanziellen Leistungen statt.

rechte, also der sogenannten ersten Generation[44] einfordern sollte, führen in der Regel zurück zu den Statuten und dem begrenzten Mandat der Weltbank. Auf den Bedeutungsgehalt des Adjektivs "good" vor Governance angesprochen, das doch eine deutlich normative Komponente aufweise, hört man die Antwort, "gut ist das, was für die Menschen in den Entwicklungsländern gut ist; dies ist vornehmlich ein guter, sprich effizienter Umgang mit den öffentlichen Ressourcen eines Landes"[45]; insofern erfolgt eine Fokussierung auf die wirtschaftliche und soziale Dimension der Menschenrechte[46].

Als Anknüpfungspunkt der Verbindung zwischen ihrem Auftrag zur Förderung von Entwicklung und der Gewährleistung der Menschenrechte dient der Weltbank das Recht auf Entwicklung als exponiertem Vertreter der sogenannten Dritten Generation der Menschenrechte. Die Weltbank bekennt sich eindeutig zu dem Recht auf Entwicklung und subsumiert hierunter eine Reihe von Maßnahmen, die bereits traditionell, teilweise neuerdings zu den Funktionen der Weltbank gerechnet werden. Es sind dies im einzelnen die Armutsbekämpfung, die Befähigung zu menschlicher Entwicklung in Gestalt von Bildung und Gesundheit, die Beteiligung der Bevölkerung und Interessengruppen an konkreten Entwicklungsprojekten, ferner der Schutz der Umwelt, die Förderung der gesellschaftlichen Stellung der Frauen, der Ausgleich für durch Entwicklungsprojekte entstandene konkrete Schäden oder Umsiedlungen und schließlich der Schutz von Kulturgütern und traditionellen Bräuchen und Rechten[47]. Dieser Katalog fügt sich nahtlos in die im Dritten Kapitel vorgestellten Ansätze zur Definition beziehungsweise Kategorienbildung des Entwicklungsbegriffs ein.

Demgegenüber sieht sich die Weltbank zunehmend Forderungen ausgesetzt, zukünftig für einen umfassenden Schutz der politischen Menschenrechte einzutreten und nötigenfalls ihre Statuten entsprechend zu ändern. In diese Richtung bewegt sich immerhin ansatzweise eine Studie zweier führender Weltbankmitarbeiter, von denen der eine zuvor unter anderem die Verantwortung für die Erstellung des oben erwähnten Weltentwicklungsbe-

---

44 Vgl. Internationaler Pakt über bürgerliche und politische Rechte v. 19.12.1966, BGBl. 1973 II, S. 1553 ff.

45 So in einem Gespräch mit einem Mitarbeiter der Weltbank am 11. 09.1997 in Washington, D.C.

46 Vgl. Internationaler Pakt über wirtschaftliche, soziale und kulturelle Rechte v. 19.12.1966, BGBl. 1973 II, S. 1569 ff.

47 Siehe ausführlich *Ibrahim F. I. Shihata*, The World Bank in a Changing World. Selected Essays, Vol. II, The Hague, London, Boston 1995, S. 567 ff.

richts 1983 getragen hatte. Die Untersuchung greift bei dem Versuch, die am wenigsten umstrittenen Essentialia von Good Governance herauszuarbeiten, auf die Allgemeine Erklärung der Menschenrechte der Vereinten Nationen vom 10. Dezember 1948 als Ergebnis eines moralischen Konsenses innerhalb der internationalen Staatengemeinschaft zurück. Expressis verbis bezieht die Studie dabei die bürgerlichen und die politischen Rechte ein und unterscheidet als die beiden wesentlichen Dimensionen von Good Governance eine politische und eine technische, die allerdings auf das engste miteinander verbunden seien[48].

Die offizielle Haltung der Weltbank rekurriert auf die restriktive Auslegung der Articles of Agreement[49]. Im Ergebnis wird eine Konditionierung der Kreditvergabe oder anderweitiger Zusammenarbeit durch die Einhaltung politischer Menschenrechte um ihrer selbst willen abgelehnt. Der Missbrauch bürgerlicher und politischer Menschenrechte soll nur in vier konkreten Konstellationen den Handlungsspielraum der Weltbank auf politischer Ebene verengen. Zum ersten, wenn Entscheidungen des Sicherheitsrates der Vereinten Nationen gebieten, einem bestimmten Staat aus Gründen des internationalen Friedens und Sicherheit keine Kredite zu gewähren. Zweitens, wenn internationale Sanktionsmaßnahmen die wirtschaftlichen Belange potentieller Empfängerländer berühren, ferner, wenn die Eskalation militärischer Konflikte die Validität von Weltbank-Projekten und die Sicherheit ihres Personals gefährdet, und schließlich im Fall negativer ökonomischer Konsequenzen, die ganz offensichtlich akzessorisch zu Ereignissen und

---

48 Vgl. *Pierre Landell-Mills/Ismail Serageldin*, Governance and the External Factor, präsentiert anlässlich der World Bank Annual Conference on Development Economics am 25. und 26. April 1991 in Washington, D.C., abgedruckt in: Lawrence H. Summers/Shekhar Shaw (Eds.), Proceedings of the World Bank Annual Conference on Development Economics 1991, Washington, D.C. 1992, S. 303 ff. (306 f.), wonach "these fundamentals include (...) the political rulers and government officials are both held accountable to the ruled for their actions through clearly formulated and transparent processes, and more particularly that the legitimacy of a government is regularly established through some well-defined open process of public choice such as election, referendum, and so on [Article 21], (...), freedom of association and expression of opinion [Articles 19, 20]".

49 Siehe die Ausführungen der Weltbank zur Abgrenzung der Begrifflichkeiten "ökonomisch" und "politisch" und ihren Ursprüngen in der griechischen Antike bis hin zu Überschneidungen in der Politischen Ökonomie in World Bank, Memorandum of the Vice President and General Counsel, Issues of "Governance" in borrowing members – the extent of their relevance under the Bank's Articles of Agreement, Washington, D.C. v. 21.12.1990, S. 21 ff.

Entwicklungen im politischen Bereich eines Landes sind[50]. Die drei letzten Fallgruppen demonstrieren, dass die Reaktion der Weltbank im Regelfall nicht als unmittelbare Konsequenz aus den Menschenrechtsverletzungen zu verstehen ist, sondern über den Umweg der hierdurch erschwerten beziehungsweise verhinderten Operationalisierung und Effizienz ihres Handelns vermittelt wird[51].

VI. Die Neue Institutionenökonomik als Ausweg

Legt man die in der ersten Publikation der Task Force on Governance aus dem Jahre 1992 als für die Auffassung der Weltbank relevant erklärte Definition von Governance als "the manner in which power is exercised in the management of a country's economic and social resources for development" zugrunde[52], bezeichnet Governance nichts anderes als das Prinzip der Effizienz, d.h. die Optimierung der Mittel ("country's economic and social resources") in Relation zu dem Ziel ("development").

Die bereits erwähnte Einsicht der Weltbank in die Versäumnisse der sogenannten Strukturanpassungsprogramme im Verlauf der achtziger Jahre resultiert in besonderem Maß aus dem wachsenden Einfluss der Neuen Institutionenökonomik und deren Kritik an neoliberalen Ansätzen, die sich zusammenfassen lassen in ihrer Finalisierung "getting the prices right". Staatliche Institutionen finden hierbei keine Berücksichtigung, werden gegebenenfalls als störend empfunden. Demgegenüber betont die Neue Institutionenökonomik gerade die Funktion des Staates in der Entwicklungspolitik beziehungsweise im Entwicklungsprozess: So führen ihre Vertreter in einer

---

50 *David Gillies*, Human Rights, Democracy and Good Governance: Stretching the World Bank's Policy Frontiers, in: Joe Marie Griesgraber/Bernhard G. Gunter (eds.), The World Bank. Lending on a Global Scale, London, Chicago 1996, S. 101 ff. (121).

51 Vgl. hierzu die Stellungnahme des General Counsel der Weltbank: "... that the violation of political rights may ... reach such proportions as to become a Bank concern either due to significant direct economic effects or if it results in international obligations relevant to the Bank such as those mandated by binding decisions of the UN Security Council", zitiert nach *Ibrahim F. I. Shihata*, Issues of "Governance" in Borrowing Members: The Extent of Their Relevance Under the Bank's Articles of Agreement, Washington, D.C. 1990, S. 79.

52 World Bank, Governance and Development, Washington, D.C. 1992, S. 3; *Anne C. M. Salda*, Historical Dictionary of the World Bank, International Organizations Series, No. 11, Lanham, Md., London 1997, S. 92 ff.

Publikation der Weltbank aus, dass das neoklassische Ziel der "richtigen Preise" überhaupt nur dann Sinn macht, wenn bereits die Eigentums- und Verfügungsrechte sowie ein Vollzugs- und Regulierungssystem, das wettbewerbliche Strukturen und damit effiziente Märkte gewährleistet, bestehen. In Entwicklungsländern geht es also zunächst einmal ausschließlich darum, den Property Rights zur Geltung zu verhelfen ("getting the property rights right")[53].

Einen wichtigen Anwendungsfall der Governance-Diskussion innerhalb der Neuen Institutionenökonomik beziehungsweise der Transaktionskostentheorie bilden deshalb die Bereiche Privatisierung, Deregulierung sowie Wettbewerbspolitik und Regulierung. Am Beispiel von (natürlichen) Monopolen lassen sich die Governance-Optionen eines privaten unregulierten Monopols, eines solchen unter staatlicher Regulierung, staatlicher Versteigerung des zeitlich begrenzten Rechtes der Wahrnehmung der Monopolfunktion bis zum staatlichen Unternehmen veranschaulichen[54]. Unklar ist bislang die deutsche Übersetzung von Governance als Ausdruck dieser institutionellen Arrangements. In den deutschen Übersetzungen der Monographien von Douglass C. North und Oliver E. Williamson werden die Begriffe "Beherrschung" und "Überwachung" verwendet[55]. Andere Varianten sind "Koordi-

---

53 Siehe *Albert de Capitani/Douglass C. North*, Institutional Development in Third World Countries: The Role of the World Bank. Human Resources Development and Operations Policy Working Papers No. 42, Washington, D.C. 1994, S. 7. Aus ökonomischer Sicht verleiht das Recht Rechtssubjekten Handlungsoptionen. Sachen oder knappe Ressourcen werden Rechtsinhabern zugeordnet, ferner regelt das Recht die Anerkennung dieser Zuordnung und schützt diese beiden Funktionen schließlich durch die Setzung positiver Anreize oder die Androhung negativer Sanktionen (Zuordnungs-, Anerkennungs- und Sanktionsfunktion). Diese - auch Property Rights genannten - Eigentums- und Verfügungsrechte regeln also die Verfügung über Gegenstände des Wirtschaftsverkehrs durch Wirtschaftssubjekte und damit auch die Beziehungen zwischen letzteren. Hierzu siehe bspw. *Karl-Ernst Schenk*, Die neue Institutionenökonomie - Ein Überblick über wichtige Elemente und Probleme der Weiterentwicklung, in: Zeitschrift für Wirtschafts- und Sozialwissenschaften 1992, S. 337 ff. (340).

54 Siehe hierzu schon *Harold Demsetz*, Why regulate utilities, in: Journal of Law and Economics, Vol. 7, 1968, S. 11 ff.

55 Siehe *Douglass C. North*, Institutionen, institutioneller Wandel und Wirtschaftsleistung, Tübingen 1992; *Oliver E. Williamson*, Die ökonomischen Institutionen des Kapitalismus, Tübingen 1990.

nation"[56] und "Ordnungspolitik"[57]. Letztlich legen die griechischen ("kybernan") und die lateinischen ("gubernare") Wurzeln des englischen Ausdrucks "to govern" eine Übersetzung als "institutionelle Steuerung und Regelung" nahe.

Das Anliegen der Neuen Institutionenökonomik ist eng mit der Untersuchung solcher Anreizphänomene verbunden, die gesellschaftlich schädigendes Verhalten aus der Sicht des Einzelnen ökonomisch-rational machen. Solche, individuellen und gesellschaftlichen Nutzen spaltenden Strukturen bezeichnet die Weltbank in ihrer Untersuchung zur Situation in Afrika südlich der Sahara aus dem Jahr 1989 in ihrer Gesamtheit als Bad Governance und identifiziert in diesem Zusammenhang die Phänomene des Rent Seeking und der Korruption[58]. Im weiteren Verlauf des weltbankinternen Diskurses über Good Governance wurde das Problem der Korruption neben der Frage nach seiner grundsätzlichen Bedeutung für die Arbeit der Weltbank auch auf den Prüfstand der Vereinbarkeit mit den Articles of Agreement gestellt[59]. Wie eine Reihe einschlägiger Projekte und Publikationen der Weltbank zeigt, ist diese Frage im Ergebnis bejaht worden. Dieses Beispiel demonstriert im übrigen den Einzug, den die Neue Institutionenökonomik in die Arbeit der Weltbank gehalten hat, stellen doch Rent Seeking und Korruption die nahezu idealtypischen Anwendungsfälle nachhaltiger Schwächung öffentlicher Institutionen dar.

---

56 So *Joseph R. Hollingsworth*, Die Logik der Koordination des verarbeitenden Gewerbes in Amerika, in: Kölner Zeitschrift für Soziologie und Sozialpsychologie 1991, S. 18 ff.

57 So die Kommission über Weltordnungspolitik, Nachbarn in Einer Welt, Bonn 1995 (deutsche Ausgabe von The Commission on Global Governance, Our Global Neighbourhood, Oxford 1995).

58 Vgl. World Bank, Sub-Saharan Africa. From Crisis to Sustainable Growth. A Long-Term Perspective Study, Washington, D.C. 1989, S. 46, 61.

59 Vgl. World Bank, Office Memorandum from Faisal Al-Khaled an T. Thahane from December 16, 1994, Washington, D.C. 1994, S. 1, wo es unter anderem heißt "(...) ranged from the view that corruption is non of Bank' business since the Bank has more important things to worry about, to an activist attitude that urges Bank intervention whereever there are negative implications for Bank operations. The question also raised on whether corruption falls within the realm of "politics" that the Bank is prohibited from getting into, and how far is it simply an aspect of governance".

VII. Die Weltbank und der Versuch einer Kritik öffentlicher Aufgaben

Einige Zeit nach dem Versuch eines normativen Ansatzes einer Kategorisierung der von Staat und Verwaltung wahrzunehmenden Aufgaben im World Development Report 1988 hat sich seit Beginn der neunziger Jahre innerhalb der Weltbank eine Herangehensweise herauskristallisiert, die zumindest ausschnitthaft als eine Kritik öffentlicher Aufgaben bezeichnet werden kann[60]. Unter der Zwischenüberschrift "Fundamentals of Institutional Design" und vor dem Hintergrund der Lehren der Neuen Institutionenökonomik beschränkt sich diese allerdings weitgehend auf die Allokation von Gütern: überall, wo Märkte als effiziente Allokationsmechanismen einsetzbar sind, soll ihnen der Vorrang vor staatlicher Aufgabenwahrnehmung eingeräumt werden. Es ist deshalb wichtig, an dieser Stelle festzuhalten, dass seitens der Weltbank die Wahrnehmung von Aufgaben mit der Güterallokation gleichgesetzt wird, was zugleich – und zwangsläufig – die Verwendung von Begriffen wie "consumer", "client" statt "citizen" impliziert. Immerhin wird aber eingeräumt, dass nicht alle Entwicklungsprobleme beziehungsweise Aufgaben Marktlösungen zugänglich sind[61].

Öffentliche Aufgaben, Staatsaufgaben und öffentliche Güter sind aber keine Synonyme. Staatsaufgaben sind solche, auf die der Staat nach Maßgabe beziehungsweise in den Grenzen der Verfassung zugreift, sie lassen sich regelmäßig nur empirisch-historisch, d.h. im Wege der Betrachtung konkreter Staaten in ihrem jeweiligen Entwicklungszustand feststellen. Überhaupt kann Staatswerdung aus konkreter Aufgabenstellung erklärt werden[62]. Staats-

---

60 Siehe hierzu aus deutscher Sicht *Klaus König*, Kritik öffentlicher Aufgaben, Baden-Baden 1989.

61 So *Robert Picciotto*, Putting Institutional Economics to Work. From Participation to Governance. World Bank Discussion Papers No. 304, Washington, D.C. 1995, S. 6 f.

62 Die ersten historischen, nur in der Gemeinschaft wahrnehmbaren Aufgaben der Gefahrenabwehr (nach außen) und der Daseinsvorsorge resultierten zum ersten aus den Auseinandersetzungen in den Grenzgebieten zwischen Nomaden und Sesshaften, zum zweiten aus der Beschaffung und der Verteilung knappen Wassers. Aus der zweiten Alternative erklären sich die bereits ausgeprägten Verwaltungssysteme in Mesopotamien und Ägypten, vgl. hierzu *Roman Herzog*, Ziele, Vorbehalte und Grenzen der Staatstätigkeit, in: Josef Isensee/Paul Kirchhof (Hrsg.), Handbuch des Staatsrechts der Bundesrepublik Deutschland. Band III, Das Handeln des Staates, 2. Aufl., Heidelberg 1996, S. 83 ff., Randnummer 1, 8 f.; *Max Weber*, Wirtschaft und Gesellschaft, Grundriss der verstehenden Soziologie, Studienausgabe, 5. Aufl., Tübingen 1980, S. 607 f.

aufgaben bilden zugleich einen Unterfall der öffentlichen Aufgaben[63]. Wichtig ist ferner, dass mit der Beschreibung oder Bewertung einer Aufgabe als staatliche noch nichts über die Art der Aufgabenerfüllung gesagt ist, hier vielmehr verschiedene Abstufungen staatlicher Beteiligung belegbar sind. Nach der Intensität staatlichen Einsatzes kann unterschieden werden in eine vollständige Wahrnehmung der Aufgabe seitens Staat und Verwaltung, Kooperation und Konkurrenz zwischen Staat und freien Leistungsträgern, die Lenkung durch – planerische, finanzielle et cetera – Interventionen, die Regulierung ehedem staatlichen nunmehr privaten Wirtschaftshandelns mit besonderem Gemeinwohlbezug, die Setzung und Sicherung des rechtlichen Rahmens von Freiheitsrechten, die mittelbare Förderung gesellschaftlicher Selbstregulierung[64].

Als Indikatoren, die eine Allokation entweder über den Markt, mittels staatlicher Steuerung oder durch den Dritten Sektor anzeigen, nennt die Untersuchung der Weltbank zum einen die Subtraktionswirkung ("subtractability")[65], zum anderen das Ausschlussprinzip ("excludability"). Jenes beschreibt die Fälle, in denen ein Gut von einer Person zu einer bestimmten Zeit unter bestimmten Umständen verbraucht wird, d.h. es erfolgt eine Bestandsverringerung; diese bezeichnet die Alternative, dass einzelne Konsumenten von der Allokation ausgeschlossen werden können ohne Entstehung zusätzlicher substantieller Kosten[66]. Als private Güter werden insofern solche bezeichnet, deren Konsum von der Bezahlung eines entsprechenden Preises abhängt. Das Ausschlussprinzip findet Anwendung, indem derjenige, der keinen Beitrag zu der Produktion eines Gutes leistet, von dem Konsum ausgeschlossen werden kann. Hiervon können Gemeinschaftsgüter, öf-

---

63   Vgl. *Josef Isensee*, Gemeinwohl und Staatsaufgaben im Verfassungsstaat, in: ders./Paul Kirchhof (Hrsg.), Handbuch des Staatsrechts der Bundesrepublik Deutschland. Band III, Das Handeln des Staates, Heidelberg 1988, S. 3 ff., Randnummer 137.

64   Siehe BVerfGE Band 17, S. 371 ff. (377); BVerfGE Band 68, S. 193 ff. (213); *Josef Isensee*, Gemeinwohl und Staatsaufgaben im Verfassungsstaat, in: ders./Paul Kirchhof (Hrsg.), Handbuch des Staatsrechts der Bundesrepublik Deutschland. Band III, Das Handeln des Staates, Heidelberg 1988, S. 3 ff., Randnummer 139.

65   Welche innerhalb der Finanzwissenschaft auch als rivalisierender Konsum bezeichnet wird.

66   Siehe die Studie von *Christine Kessides*, Institutional Options for the Provision of Infrastructure, World Bank Discussion Paper No. 212, Washington, D.C. 1993.

fentliche Güter ("public goods"), gebührenpflichtige Güter ("toll goods"), ferner "government goods" und "civil goods" unterschieden werden[67].

Kennzeichen der sogenannten Gemeinschaftsgüter oder kollektiven Güter ("common pool goods") ist die Kombination aus fehlender Ausschließbarkeit mit gegebener Subtraktionswirkung beziehungsweise Rivalisierung. Das Beispiel der gemeinsamen Nutzung von Weideland (Allmende) mag dies veranschaulichen: Wenn die Substraktionswirkung groß ist (Abgrasen), ist der Zugang zu dem Gut durch seine limitierte Verfügbarkeit begrenzt, so dass eine Marktlösung angesichts der in diesem Fall sonst drohenden Verletzung des Ausschlussprinzips ausscheidet. Eine hierarchisch strukturierte Zuteilung von Verfügungsrechten schließt andererseits das Free-Rider-Syndrom nicht aus, erfordert vielmehr Kontrollfunktionen und einen entsprechenden Verwaltungsaufbau.

Die Erfahrungen der Weltbank zeigen, dass das beschriebene Problem weder über hierarchische Strukturen noch solche des Marktes zu steuern ist, sondern am ehesten mittels Partizipation und Kooperation. Zur Illustration verweist die Weltbank unter anderem auf die Projekte "Matruh Natural Resource Management Project" in Ägypten und das "National Irrigation Administration Program" auf den Philippinen. Typisch für diese Beispielsfälle war die Beteiligung der lokalen Bevölkerungsgruppen und die hieraus resultierende Anpassung der technischen Hilfe. Als wichtige Bedingungen der konsensualen Lösung wurden dabei selektive Anreize, kleine Interessengruppen und eine starke Moderatorenrolle ausgemacht[68].

Im Ergebnis bestätigt die Weltbank Überlegungen der Public-Choice-Theorie, nämlich der Notwendigkeit der gemeinsamen Ausrichtung der Gewährung individueller Anreize einerseits, und öffentlicher Interessen andererseits[69]. Vertreter der Rational-Choice-Theorie argumentieren schon seit geraumer Zeit, dass der Druck von (wirtschaftlichen) Interessengruppen in den Industrieländern mittlerweile zu politischen Entscheidungen führt, wel-

---

67 Die beiden zuletzt genannten werden hier nicht in die deutsche Sprache übertragen.

68 Siehe hierzu *Robert Picciotto*, Putting Institutional Economics to Work. From Participation to Governance. World Bank Discussion Papers No. 304, Washington, D.C. 1995, S. 7 f. Verwiesen wird in diesem Zusammenhang auch auf die Ausführungen von *Mancur Olson*, The Logic of Collective Action, Cambridge 1971.

69 Siehe *Philip R. Gerson*, Popular Participation in Economic Theory. Human Resources Development and Operations Policy Working Paper No. 18, Washington, D.C. 1993.

che der wirtschaftlichen Entwicklung abträglich seien[70]. Die Weltbank identifiziert fünf Kernaufgaben des Staates. Zunächst geht es um die Errichtung eines Fundaments an Recht und Ordnung nach innen wie nach außen. In den jüngsten Beispielen des Staatszerfalls in Angola, Somalia und Zaire sieht die Weltbank einmal mehr die Bestätigung der Erkenntnis von Thomas Hobbes in seiner Abhandlung über den Leviathan aus dem Jahr 1651, wonach das Leben ohne einen funktionsfähigen Staat, der die Ordnung aufrechterhält, "solitary, poor, nasty, brutish and short" sei[71]. Die zweite fundamentale Staatsaufgabe wird in der Aufrechterhaltung eines unverzerrten politischen Umfeldes, einschließlich gesamtwirtschaftlicher Stabilität, gesehen. Ferner werden die Gewähr einer sozialen Grundversorgung sowie die Verantwortung für die Infrastruktur hervorgehoben, schließlich der Schutz der Schwachen und der Umwelt[72].

VIII. Privatisierung öffentlicher Aufgaben

Die eindeutigste Form der Verlagerung staatlicher Aufgaben in das System der Wirtschaft ist die Privatisierung öffentlicher Unternehmen. In den westlichen Industriestaaten steht seit den achtziger Jahren das Postulat der Verschiebung der Aufgabenwahrnehmung von Staat zu Markt auf der politischen Agenda an exponierter Stelle. Zusätzlichen Aufschwung hat diese Strategie der externen Rationalisierung durch den Transformationsprozess der postsozialistischen Staaten in Mittel- und Osteuropa erhalten, dem die Weltbank den Weltentwicklungsbericht des Jahres 1996 gewidmet hat[73]. Tatsächlich ist seitdem weltweit eine Vielzahl von Privatisierungen feststellbar

---

70 Aus dieser Perspektive führen Verhandlungslösungen zu Begünstigungen insbesondere kleiner, straff organisierter Gruppen, die ihre Interessen rasch und relativ eindeutig artikulieren können, wohingegen breite Gruppen der Gesellschaft, z.B. die Arbeitslosen, Armen (und die zukünftigen Generationen, Anmerkung des Verfassers) mangels Organisiertheit außen vorbleiben; siehe zum Ganzen ausführlich *Mancur Olson*, The rise and the decline of nations: economic growth, stagflation and social rigidities, New Haven 1981.

71 Siehe World Bank, The State in a Changing World, World Development Report 1997, New York 1997, S. 19.

72 Vgl. World Bank, The State in a Changing World, World Development Report 1997, New York 1997, S. 4.

73 Weltbank, Die Wirtschaft zwischen Markt und Plan, Weltentwicklungsbericht 1996, Washington, D.C. 1996.

gewesen, so entfiel der überwiegende Teil der zwischen 1980 und 1992 festgestellten 15.000 Unternehmensprivatisierungen auf die Jahre nach 1989[74].

So ist außerhalb der OECD-Staaten in diesem Jahrzehnt ein rapider Anstieg von Privatisierungsvorhaben zu verzeichnen. In Transformationsländern wie Polen, Ungarn, der Tschechischen und der Slowakischen Republik stieg der durchschnittliche Anteil der privaten Wirtschaft an der Wertschöpfung zwischen 1990 und 1993 von 30 % auf 50 %. Eine Zusammenstellung aller nicht auf Voucher basierenden Verkäufe ergibt 2.655 Unternehmenstransaktionen mit einem Gesamtwert von 271 Mrd. U.S.-Dollar in 95 Entwicklungsländern zwischen 1988 und 1993[75]. Der Anteil der Industrieländer betrug mit 175 Mrd. U.S.-Dollar etwa 65 % am Investitionsvolumen, konzentrierte sich dabei aber auf lediglich 15 % der Unternehmensübergänge. Das heißt, die besonders kapitalintensiven Privatisierungsvorhaben, in der Regel größerer und teuerer Unternehmen, bedurften meist ausländischer Finanzierungen.

Im geographischen Vergleich stand in den vergangenen Jahren Südamerika mit 57 % des gesamten Wertvolumens im Mittelpunkt der Privatisierungsbewegung in den Entwicklungsländern, zu denen die Weltbank in diesem Zusammenhang auch die osteuropäischen Transformationsländer zählt. Auf letztere entfiel im Verbund mit der Gemeinschaft Unabhängiger Staaten ein Anteil von 18,7 %. Das letzte Viertel verteilte sich wiederum nur in einem geringen Umfang auf den Mittleren Osten und Afrika. In sektoraler Sicht dominierte und dominiert weiterhin der Bereich der Infrastruktur: Immerhin ein Drittel der Privatisierungserlöse in den letzten Jahren stammt aus Verkäufen in der Telekommunikation, der Energie- und Wasserversorgung, dem Transportwesen u.a.; in Lateinamerika, der Karibik und Ostasien waren die Werte besonders hoch. In den osteuropäischen Staaten und in Zentralasien dagegen überwog die Veräußerung von staatlichen Industrieunternehmen[76].

---

74 Siehe *Sunita Kikeri/John Nellis/Mary Shirley*, Privatization: Lessons from Market Economies, in: The World Bank Observer 1994, S. 241 ff. (247).

75 Siehe *Frank Sader*, Privatization Public Enterprises and Foreign Investment in Developing Countries, 1988-1993. Foreign Investment Advisory Service. Occasional Paper No. 5, IFC 1995.

76 Siehe zum Ganzen World Bank, Privatization. Principles and Practice. IFC, Lessons of Experience Series, Washington, D.C. 1995, S. 9 ff.

In der wirtschaftswissenschaftlichen Diskussion liegt der Schwerpunkt regelmäßig auf der Privatisierung "von oben" – auch Entstaatlichung genannt –, worunter die mehr oder weniger vollständige Übertragung bestehender Staatsunternehmen auf private Eigentümer verstanden wird. Daneben gibt es die sogenannten Privatisierungen "von unten", welche die Ausweitung privaten Eigentums durch Unternehmensgründungen seitens der Bevölkerung, deshalb auch unternehmerische Privatisierung genannt, bezeichnen[77]. Diese Form der Aufgabenverlagerung ist kennzeichnend für die aktuelle Entwicklung in China und findet große Beachtung in der Rezeption und Konzeption der Weltbank, weshalb hierauf untenstehend näher eingegangen werden soll. Beiden Alternativen ist gemeinsam, dass sie Formen der materiellen Privatisierung darstellen. Weder der Staat noch die Kommunen nehmen zukünftig die Aufgabe wahr, weshalb mit der Reduzierung des Aufgabenbestandes eine Staatsentlastung einhergeht.

Daneben werden noch weitere Grundformen unterschieden, nämlich zum ersten die Organisationsprivatisierung, bei der die Aufgabenverantwortung unverändert bleibt, die Wahrnehmung jedoch in der Form des Privatrechts in Gestalt von staatlichen beziehungsweise kommunalen Eigengesellschaften erfolgt. Zweitens spricht man von funktionaler Privatisierung, die sich von der vorherigen Variante darin unterscheidet, dass der Aufgabenvollzug einem echten Privatrechtssubjekt übertragen wird, das als Verwaltungshelfer fungiert. In der jüngeren Vergangenheit sind vielfältige Variationen dieses Grundmodells zu verzeichnen, beispielsweise der Fremdbezug, das Submissionsverfahren, Konzessions- und Gutscheinsysteme[78].

Die funktionelle Privatisierung bildet zugleich den systematischen Kontext der Verfahrensprivatisierung, bei der in traditionell ordnungsrechtliche Genehmigungen zumindest partiell private Verantwortlichkeiten, etwa durch Anzeigeverfahren, Übertragung von Prüfaufgaben, behördlich beauftragte private Projektmanager, implementiert werden[79]. Zum vierten kann die Pri-

---

77 Vgl. *Thomas Heberer*, Von Privatisierung wagt keiner zu sprechen, in: Frankfurter Allgemeine Zeitung Nr. 241 v. 17.10.1997, S. 11.

78 Hierzu *Friedrich Schoch*, Privatisierung von Verwaltungsaufgaben, in: Deutsches Verwaltungsblatt 1994, S. 962 ff. (974).

79 Hierzu *Wolfgang Hoffmann-Riem*, Verfahrensprivatisierung als Modernisierung, in Deutsches Verwaltungsblatt 1996, S. 225 ff.; Unabhängige Expertenkommission zur Vereinfachung und Beschleunigung von Planungs- und Genehmigungsverfahren, Investitionsförderung durch flexible Genehmigungsverfahren, Bonn 1994, Randnummern 286 ff. Zu den neuesten Entwicklungen siehe auch *Klaus König/Natascha Füchtner*, "Schlanker Staat" - Verwaltungsmodernisierung im Bund,

vatisierung von Vermögen, vorzugsweise von Wirtschaftsunternehmen und Liegenschaften, das Anliegen bilden. Privatisierungspotential bilden vor allem die Bereiche der bislang staatlicherseits durch eigene Gesellschaften wahrgenommenen Aufgaben der Infrastrukturversorgung wie Strom- und Gasversorgung, Telekommunikation, Postdienste, Schienen-, Flug- und Schiffahrtsverkehr, Wohnungsbau et cetera sowie der Entsorgung von Abwasser, Abfall u.ä[80]. Schließlich ist die Finanzierungsprivatisierung zu erwähnen, bei der neben der Kapitalbeschaffung Überlegungen der Kostenverlagerung vom Steuer- auf den Gebührenzahler im Vordergrund stehen[81].

IX. Binnenrationalisierung der öffentlichen Verwaltung

Die Arbeitsteilung zwischen Staat, Gesellschaft und Wirtschaft betrifft die öffentliche Verwaltung in ihren Beziehungen zu ihrer Umwelt. Angesichts des im historischen Verlauf feststellbaren stetigen Wachstums staatlicher Aufgaben ist weltweit eine Strategie der Externalisierung dieser Verantwortlichkeiten in die Systeme der Wirtschaft, aber auch des sogenannten Dritten Sektors zu beobachten. Die diesbezügliche Position der Weltbank haben wir im Neunten Kapitel vorgestellt. Aufgaben, die aus unterschiedlichen Gründen hingegen nicht privatisierungsfähig sind oder nicht privatisiert werden sollen, verbleiben in der staatlichen Verantwortlichkeit, so dass die öffentliche Verwaltung, Fragen nach ihrer Binnendifferenzierung und die Bemühungen weiterer Entfaltung ihres Potentials institutioneller Steuerung aktuell bleiben.

Die unter dem Vorzeichen der Simulation von Marktprinzipien stehende Bewegung der Ökonomisierung der öffentlichen Verwaltung wurde bereits im Ersten Teil der Arbeit vorgestellt. Die Schnittstelle zwischen dieser grundsätzlich unter die Strategie der Binnenrationalisierung subsumierbaren Bemühungen und derjenigen einer Externalisierung in Gestalt materieller Privatisierung war Thema des vorherigen Kapitels. Gerade weil es auch in

---

Zwischenbericht, Praxisbeiträge, Kommentare, Speyerer Forschungsberichte 183, Speyer 1998, S. 96 ff.

80 Hierzu *Friedrich Schoch*, Rechtsfragen der Privatisierung von Abwasserbeseitigung und Abfallentsorgung, in: Deutsches Verwaltungsblatt 1994, S. 1 ff.

81 Siehe *Gunnar Folke Schuppert*, Jenseits von Privatisierung und "schlankem" Staat: Vorüberlegungen zu einem Konzept von Staatsentlastung durch Verantwortungsteilung, in: Christoph Gusy (Hrsg.), Privatisierung von Staatsaufgaben: Kriterien – Grenzen – Folgen, Baden-Baden 1998, S. 72 ff. (76).

staatlichen Unternehmen um die Herstellung spezifizierbarer Produkte geht, scheint dort die Einführung von virtuellem Wettbewerb beziehungsweise entsprechenden Surrogaten nahe zu liegen. Die Alternative, nach einem solchen ersten Schritt auch den zweiten, den einer materiellen Privatisierung zu setzen, verhindert häufig das politische Kalkül. Über diesen, einer Ökonomisierungsbewegung qua natura zugänglichen speziellen Ausschnitt staatlichen Handelns hinaus dürfen die vielfältigen Aufgaben und Funktionen von Staat und Verwaltung nicht außer acht gelassen werden, die quantitativ wie qualitativ den Schwerpunkt des täglichen Verwaltungshandelns ausmachen und meist keiner ökonomisch rationalen Produktbeschreibung zugänglich sind.

Nicht zuletzt aufgrund der besonderen Steuerungsfunktionen, die dem Staat und seiner Verwaltung den anderen Subsystemen gegenüber auferlegt sind, erklärt sich eine grundsätzliche Tendenz zur Erhaltung des Status quo, während das System der Wirtschaft gerade durch seine Dynamik gekennzeichnet ist und funktionsfähig bleibt. Aber auch Staat und Verwaltung sind keine starren Gebilde, nicht von ungefähr wird die Geschichte der Verwaltung als die Geschichte ihrer Reformen bezeichnet. Im folgenden soll deshalb der Versuch unternommen werden, die Strukturmerkmale der öffentlichen Verwaltung darzustellen, wie sie seitens der Weltbank wahrgenommen und präferiert werden. Die Arbeiten der vergleichenden Verwaltungswissenschaften zeichnen bereits ein buntes Bild öffentlicher Verwaltung[82]. Dass es einen einheitlichen Typus nicht gibt, hat in der jüngeren Vergangenheit die Kaderverwaltung der ehemaligen sozialistischen Staaten Mittel- und Osteuropas vor Augen geführt. Noch schwieriger erscheint ein Abstellen auf einen globalen Akteur wie die Weltbank. Ihre Arbeit ist sehr von den konkreten Anforderungen des einzelnen Projektantrages geprägt, systemische Bedingungen wie die der öffentlichen Verwaltung finden nur singulär Berücksichtigung, wenn es beispielsweise um die institutionellen Erfordernisse der Instandhaltung eines Infrastrukturprojektes geht.

Gleichwohl ist anlässlich der Konzeption von Good Governance und infolge der eindrucksvollen wirtschaftlichen Erfolge der Tigerstaaten Südostasiens in den achtziger und der ersten Hälfte der neunziger Jahre, als Ergebnis einer ausgeprägten Staats- und Verwaltungszentriertheit, eine Zunahme solcher Publikationen der Weltbank zu konstatieren, die sich mit Public Sector Reform, Civil Service Reform, Managing the Civil Service, New Public

---

82 Vgl. nur *Ferrel Heady*, Public Administration. A Comparative Perspective, 5th ed. New York, Basel, Hong Kong 1996; *Niklas Luhmann*, Einblicke in vergleichende Verwaltungswissenschaften, in: Der Staat 1963, S. 494 ff.

Administration, Rehabilitation Government und weiteren, ähnlich betitelten Herausforderungen beschäftigen[83]. Der Vorzug dieser Untersuchungen liegt in der Reflektion ihrer Erfahrungen, welche die Weltbank bei der Unterstützung von ungefähr 90 Projekten in den Jahren zwischen 1981 und 1991 im Bereich der Verwaltungsförderung weltweit gesammelt hat[84]. Auch hier erlaubt die Verschiedenheit der jeweils untersuchten Staaten kein einheitliches Bild der öffentlichen Verwaltung. Dennoch lassen sich aus den Dokumenten und ihren regelmäßig divergierenden geographischen und sektorspezifischen Kontexten einzelne Gesichtspunkte herauslesen und in Sequenzen einordnen, die Isomorphien der weltbankeigenen Perzeption der öffentlichen Verwaltung erkennen lassen.

X. Governance und das Rechts- und Staatsverständnis

Bei aller Wertschätzung von Institutionen formaler wie informaler Natur, bildet reales wirtschaftliches Wachstum den Ausgangspunkt, zu dem ein angepasster institutioneller Wandel addiert wird[85]. Der Weg über die Neue Institutionenökonomik und die dort typische Hervorhebung von Eigentums- und Nutzungsrechten ("property rights") macht darüber hinaus den Weg frei für eine Berücksichtigung der "rule of law". Ihrem eigenen Verständnis der Rule of Law nähert sich die Weltbank, indem sie zunächst auf zwei wesentliche Dimensionen hinweist. Der materiellen ("substantive") Ebene wird eine instrumentelle ("instrumental") gegenübergestellt, die sich aus vorwie-

---

83 Dass nach einer internationalen Welle der einseitigen Betonung der Marktkräfte mittels Deregulierung und Privatisierung auch in der Wahrnehmung der Weltbank das Pendel zumindest teilweise wieder zurückschwingt und die Bereiche des Marktversagens wiederentdeckt werden, betonen stellvertretend für die Weltbank *David Lindauer/Barbara Nunberg*, Introduction: Pay and employment reform of the civil service, in: dies. (eds.), Rehabilitating Government: Pay and Employment Reform in Africa, The World Bank, Washington, D.C. 1994, S. 1 ff. (1).

84 Siehe *Barbara Nunberg/John Nellis*, Civil Service Reform and the World Bank. World Bank Discussion Papers, No. 161, Washington, D.C. 1995, S. 4; *Barbara Nunberg*, Experience with civil service pay and employment reform: an overview, in: David L. Lindauer/dies. (eds.), Rehabilitating Government: Pay and Employment Reform in Africa, The World Bank, Washington, D.C. 1994, S. 119 ff. (121).

85 So *Alberto de Capitani/Douglass C. North*, Institutional Development in Third World Countries: The Role of the World Bank. Human Resources Development and Operations Policy Working Papers 42, Washington, D.C. 1994, S. 13.

gend formalen ("formal") Elementen zusammensetzen soll. Eingeräumt wird zwar die Berechtigung einer Verbindung beider Ebenen, um ein Rechtssystem als ein "faires" zu gestalten; auch werden einem solchen Rechtssystem positive Implikationen für die Realisierung der Zielsetzungen der Weltbank, nämlich wirtschaftliche Entwicklung und wirtschaftliches Wachstum, nicht abgesprochen. Für ihre gegenwärtigen Bemühungen und den eindeutigen Akzent auf der instrumentalen Funktion des Rechts[86] erscheint der Weltbank aber eine Konzentration auf die folgenden fünf Rechtsprinzipien notwendig und ausreichend.

Vornehmlich wird die Bedeutung der Rechtssicherheit hervorgehoben, die sich in den Geboten der Bestimmtheit und der Publizität sowie dem Verbot der Rückwirkung von Rechtsregeln äußert ("set of rules known in advance"). Zweitens wird die Wirkmächtigkeit der formalen Rechtsregeln genannt ("rules that are actually in force"). Wenn auch nicht explizit erwähnt, ist hiermit das Erfordernis der Entwicklung einer Rechtskultur angesprochen. Notwendig ist daneben eine funktionsfähige staatliche Verwaltung, die den Vollzug der normierten Verhaltensanforderungen gewährleistet. Zum dritten muss die Verwaltung ihrerseits an Gesetz und Recht gebunden sein ("ensuring application of the rules"). Die Weltbank erkennt hier durchaus das Spannungsverhältnis, welches grundsätzlich zwischen einer strengen Gesetzesbindung und den praktischen Erfordernissen gewisser Handlungs- und Beurteilungsspielräume von Verwaltungshandeln auftreten kann. Viertens stellt die Weltbank den Schutz des Rechts durch eine funktionsfähige Rechtsprechung heraus ("conflict resolution"). Als fünftes Merkmal wird die Bedeutung feststehender Verfahrensregeln für die Gesetzgebung hervorgehoben ("amendment procedures")[87]. Damit ist ein Rechtsverständnis der Weltbank angezeigt, das stärker in der Tradition der Rule of Law als der des Rechtsstaatsprinzips im kontinentaleuropäischen Sinne steht. Ausgeklammert

---

86 Die instrumentale und untergeordnete Bedeutung, die der Rule of Law seitens der Weltbank zugeschrieben wird, veranschaulicht die Wertung ihres früheren Präsidenten, Barber Conable, wonach die Verwirklichung der Rule of Law nicht ein Ziel an sich ist, sondern nur in dem Maß wichtig, in dem sie zur wirtschaftlichen Entwicklung beiträgt, vgl. *Barber Conable*, Managing Development: The Governance Dimension, Washington, D.C. 1991, Annex 1, S. 38.

87 Vgl. hierzu die Ausführungen in World Bank, Governance and Development, Washington, D.C. 1992, S. 28 ff., unter Rekurs auf *Ibrahim F. I. Shihata*, The World Bank in a Changing World. Selected Essays, Dordrecht, Boston, London 1991, S. 85 f.

werden expressis verbis materielle Rechtsprinzipien wie das der Gerechtigkeit, der Fairness sowie zivile und politische Rechte[88].

Die Weltbank betont in ihrer Perzeption der Rule of Law ausdrücklich deren Bezug zu einer effizienten Verwendung von Mitteln und produktiven Formen von Investitionen. Hält man sich vor Augen, dass Effizienz die Optimierung der Relation aus Zielen und Mitteln beschreibt, unterscheidet die Weltbank hinsichtlich der Mittel zunächst nicht explizit zwischen privaten und öffentlichen Aufwendungen, sondern geht auf der Seite der Mittel sehr allgemein gehalten von einem volkswirtschaftlichen Verständnis des Effizienzprinzips als rationalem Umgang mit den einem Land insgesamt zur Verfügung stehenden Ressourcen aus. Die oben genannten fünf Rechtsprinzipien sollen nach Dafürhalten der Weltbank maßgeblich zur Stabilität des marktwirtschaftlichen Ordnungsrahmens und damit zur Minderung der Transaktionskosten beitragen. Auf der anderen Seite der zu optimierenden Relation, der Auswahl zwischen unterschiedlichen Zielen, legt sich die Weltbank hingegen – in Umsetzung ihrer statutenmäßigen Selbstbeschränkung – eindeutig auf das Postulat der wirtschaftlichen Entwicklung fest[89].

Vergleicht man die unterschiedlich weitreichenden Auslegungen der Ökonomisierung von Politik und Staat im allgemeinen und des Effizienz-Kriteriums im besonderen mit der Perspektive der Weltbank auf Staat und Verwaltung, kann von einem Wandel des Staatsverständnisses gesprochen werden. Ihr Chefökonom Joseph E. Stiglitz bewertet diese veränderte Sichtweise der Weltbank als Überwindung des Konzepts vom minimalistischen Staat. Die früheren Leitbilder des "Nachtwächterstaates" und des "schlanken Staates" seien durch eines vom "effizienten Staat" abgelöst worden[90].

In den achtziger und zu Beginn der neunziger Jahre war das Staatsbild der Weltbank vom sogenannten Washington Consensus geprägt, worunter man die Vorstellungen der Entwicklungspolitik, die von der Weltbank, dem

---

88 Siehe World Bank, Governance and Development, Washington, D.C. 1992, S. 28; vgl. auch *Peter J. Tettinger*, Fairness als Rechtsbegriff im deutschen Recht, in: Der Staat 1997, S. 575 ff.

89 Vgl. hierzu die Ausführungen in World Bank, Governance and Development, Washington, D.C. 1992, S. 28.

90 Vgl. *Joseph E. Stiglitz*, Staat und Entwicklung – Das neue Denken. Die Überwindung des Konzepts vom minimalistischen Staat, in: Entwicklung und Zusammenarbeit 1998, S. 101 ff. (104); World Bank, The State in a Changing World, World Development Report 1997, New York 1997, S. 3, 6 ff., 29 ff.

Internationalen Währungsfonds und den Ökonomen der U.S.-Regierung formuliert worden waren, subsumierte[91]. Die damaligen Empfehlungen zielten in sehr einseitiger Weise ab auf die Sicherung der Makrostabilität der Wirtschaft zur Förderung des Wirtschaftswachstums. Die Weltbank räumt heute ein, dass die Strategien der Handelsliberalisierung und der Privatisierung unter der Prämisse "getting the prices right" in den Rang eines Allheilmittels erhoben wurden, unter Außerachtlassung des jeweils konkreten institutionellen Umfeldes ("getting the institutions right")[92]. Der Paradigmenwechsel der Weltbank ist, dies geben ihre Vertreter unumwunden zu, angelehnt an die gegenwärtigen Bemühungen der U.S.-Regierung zum "reinventing government"[93]. Im Zentrum des Post-Washington Consensus[94] steht eine verstärkte Orientierung der öffentlichen Verwaltung an Steuerungsformen der privaten Unternehmen, ebenso eine Mutation des Bürgers zum Kunden ("client"), von der man sich eine Überwindung der Distanz zwischen Staat und Bürgern verspricht[95].

Die Projektion des intendierten "effizienten Staates" auf die einzelnen Förderregionen der Weltbank wird andernorts in aller Kürze wie folgt zusammengefasst: Der afrikanische Kontinent ist von einer Krise des Staatswesens betroffen, für dringlich werden hier Reformen staatlicher Institutionen erachtet, vornehmlich um Rechtsstaatlichkeit herzustellen und den Missbrauch politischer Macht zu unterbinden. Die regelmäßig schwache Bindung

---

91 Siehe *Robert Kappel*, Markt und Staat im GlobalisierungsprozesS. Die Grenzen des Weltbankkonzeptes, in: Entwicklung und Zusammenarbeit 1998, S. 108 ff.; *Uwe Mummert*, Wirtschaftliche Entwicklung und Institutionen. Die Perspektive der Neuen Institutionenökonomik, in: Entwicklung und Zusammenarbeit 1998, S. 36 ff. (38).

92 So *Joseph E. Stiglitz*, Staat und Entwicklung – Das neue Denken. Die Überwindung des Konzepts vom minimalistischen Staat, in: Entwicklung und Zusammenarbeit 1998, S. 101 ff. (103). Siehe auch die obigen Ausführungen im Sechsten Kapitel.

93 Siehe hierzu *König, Klaus/Beck, Joachim*, Modernisierung von Staat und Verwaltung, Zum Neuen Öffentlichen Management, Baden-Baden 1997, S. 40 ff., und die Ausführungen oben im Ersten Kapitel.

94 So *Michael Bohnet*, Überlegungen zur Zukunft der Entwicklungspolitik. Von der Theorie zur Praxis, in: Entwicklung und Zusammenarbeit 1998, S. 203 ff. (204).

95 So *Joseph E. Stiglitz*, Neue Gedanken zum Thema Staat und Entwicklung, in: World Bank/Deutsche Stiftung für internationale Entwicklung (Hrsg.), Bericht Internationaler Round Table "Der leistungsfähige Staat", Berlin 1998, S. 44 ff. (54 f.)

zwischen Staat und Gesellschaft soll bei der Grundversorgung mit Gütern und Dienstleistungen durch eine engere Zusammenarbeit zwischen dem Staat und der privaten Wirtschaft kompensiert werden. In Ostasien wird der Krise des Staatswesens keine größere Bedeutung beigemessen, allerdings werden Reformen des Finanzsektors und Verbesserungen der Umweltschutzverwaltung angeraten. Das wesentliche Problem in Südasien wird in der Überregulierung – zugleich Ursache wie Folge eines zu großen Staatsapparates und der Korruption – durch den Staat gesehen. In Osteuropa dominieren die Defizite bei der Umsetzung der ganz in der Tradition des Reinventing Government stehenden Forderung "steering rather than rowing"[96], in der Gemeinschaft Unabhängiger Staaten vor allem in der mangelnden Vorhersehbarkeit und Verlässlichkeit staatlichen Handelns. In Lateinamerika schließlich haben, nach Einschätzung der Weltbank, die Tendenz der Dezentralisierung der Entscheidungs- und Haushaltsbefugnisse gemeinsam mit der Demokratisierung dramatische Veränderungen der politischen Verhältnisse bewirkt und noch ausstehende Reformen des öffentlichen Dienstes sowie der Organisation des Rechtssystems und der Sozialpolitik sichtbar gemacht[97].

In der Sache vermengen sich in den Überlegungen der Weltbank – im übrigen den Steuerungsmustern eines Neuen Öffentlichen Managements vergleichbar[98] – staatskonforme Reformansätze der Dezentralisierung, einschließlich der Fach- und Ressourcenverantwortung, mit marktkonformen Vorstellungen eines "Unternehmens Staat" mit entsprechender Kundenverantwortung. Der Bürger mutiert im gleichen Atemzug sowohl zum Kunden als auch zum Shareholder, vergleichbar dem an der Börse auftretenden Kleinanleger, der einerseits Anteilseigner seines Unternehmens ist, andererseits auch dessen Kunde, sobald er entsprechende Produkte erwirbt. Ob diese Mutation den Bürger besser stellt, mag an dieser Stelle offengelassen werden. Die international gegenwärtig feststellbaren Bemühungen, insbesondere bei Aktiengesellschaften die Möglichkeiten der Unternehmenskon-

---

96 Siehe *David Osborne/Ted Gaebler*, Reinventing Government. How the Entreneurial Spirit is transforming the Public Sector, New York 1992, S. 25 ff.

97 So die synopsenartige Darstellung des Direktors der für die Erstellung des World Development Report 1997 verantwortlichen Arbeitsgruppe *Ajay Chhibber*, Die Rolle des Staates in einer sich wandelnden Welt, in: Finanzierung und Entwicklung September 1997, S. 17 ff. (20); ausführlich World Bank, The State in a Changing World, World Development Report 1997, New York 1997, S. 157 ff.

98 Vgl. *Klaus König*, Unternehmerisches oder exekutives Management – die Perspektive der klassischen öffentlichen Verwaltung, in: Verwaltungsarchiv 1996, S. 19 ff. (26).

trolle und -steuerung zu verbessern[99], zeigen jedenfalls, dass gerade die Einflussmöglichkeiten des besagten Kleinanlegers – vorsichtig formuliert – ausbaufähig sind. Das Paradigma der Kundenorientierung wiederum gerät angesichts empirischer Untersuchungen über die im einzelnen völlig voneinander abweichenden Relationen zwischen Kundenzufriedenheit und Kundenbindung erheblich ins Wanken[100].

Den Hintergrund dieser Kundenorientierung seitens der Weltbank bildet die konzeptionelle Ausrichtung ihres Staatsverständnisses am Leitbild eines erfolgreichen Wirtschaftsunternehmens. Aufgaben und Funktionen, die auf dem staatlichen Gewaltmonopol gründen und überhaupt erst zu den modernen Staatsbildungen geführt haben, bleiben dabei zwangsläufig außen vor. Der gesamte Bereich der Eingriffsverwaltung bis hin zum Strafvollzug ist es aber, der einerseits als Seismograph der Verwirklichung der Menschenrechtsidee in einem Staat bezeichnet werden kann, andererseits durch das Fehlen von – einen Kunden als solchen gerade konstituierenden – Wahlmöglichkeiten gekennzeichnet ist. Ein Ausschlagen des "Angebots der polizeilichen Festnahme" oder die Wahl zwischen unterschiedlich hohen Bußgeldern nach erfolgter Geschwindigkeitsüberschreitung gibt es eben nicht[101].

---

99   Siehe stellvertretend für die Bemühungen in der Bundesrepublik Deutschland den von der Bundesregierung beschlossenen Entwurf eines Gesetzes zur Kontrolle und Transparenz im Unternehmensbereich (KonTraG) v. 28.1.1998, Bundestags-Drucksache 13/9712; ferner *Rainer Funke*, Aktienrechtsreform 1997: Aufsichtsrat und Abschlussprüfer, in: Zeitschrift für Wirtschaftsrecht und Insolvenzpraxis 1997, S. 1602 ff.; *Manuel René Theisen*, Grundsätze ordnungsgemäßer Überwachung (GoÜ) – Problem, Systematik und erste inhaltliche Vorschläge, in: Axel von Werder (Hrsg.), Grundsätze ordnungsgemäßer Unternehmensführung (GoF) für die Unternehmensleitung (GoU), Überwachung (GoÜ) und Abschlussprüfung (GoA), Düsseldorf, Frankfurt a.M. 1996, S. 75 ff.

100 Siehe *Alexander Pohl/Denise Dahlhoff*, Auch zufriedene Kunden werden untreu, in: Frankfurter Allgemeine Zeitung Nr. 213 v. 14.9.1998, S. 27.

101 Hierzu ausführlich *Gary Zajac*, Reinventing Government and Reaffirming Ethics: Implications for Organizational Development in the Public Service, in: Public Administration Quarterly 1997, S. 385 ff. (388 f.), *Klaus König*, Markt und Wettbewerb als Staats- und Verwaltungsprinzipien, in: Deutsches Verwaltungsblatt 1997, S. 239 ff.

Das SIGMA-Programm der OECD

Ein Governance-Ansatz für Mittel- und Osteuropa?

von *Benedikt Speer**

1. Einleitung

Die Begriffe *Governance* bzw. *Good Governance* haben den entwicklungspolitischen Diskurs seit Beginn der neunziger Jahre in erheblichem Maß geprägt. Neben vielen anderen haben auch die *Organisation for Economic Cooperation and Development* (OECD) und SIGMA, das OECD-Beratungsprogramm für Verwaltungsreformen in den Ländern Mittel- und Osteuropas (MOEL)[1], diese Begrifflichkeiten häufig verwendet. Das geschah jedoch in einer uneinheitlichen und unsystematischen Weise, so dass fraglich ist, ob und mit welchen Einschränkungen in diesem Zusammenhang überhaupt von einem bestimmten *Governance*-Ansatz der OECD bzw. SIGMA für die MOEL gesprochen werden kann. Da es sich hierbei letztlich um eine Auslegungsfrage handelt, soll der folgende Beitrag vor allem als Grundlage für weitere Diskussionen verstanden werden.

Unter Punkt 2 wird SIGMA zunächst als Programm für die Unterstützung von Verwaltungsreformen in postsozialistischen Transformationsländern Mittel- und Osteuropas vorgestellt.[2] Danach soll erörtert werden, ob

---

* Der Verfasser ist Wissenschaftlicher Mitarbeiter an der Deutschen Hochschule für Verwaltungswissenschaften Speyer.

1 Trotz teilweise ausgeprägter Unterschiede werden im allgemeinen auch die Länder Südosteuropas zu den MOEL gerechnet. Da OECD/SIGMA den englischen Begriff *Central and Eastern European Countries* (CEECs) ebenfalls in dieser Weise verwenden, sollen im folgenden unter MOEL die ehemals realsozialistischen mittel-, ost- und südosteuropäischen Länder verstanden werden, die – mit der Ausnahme der drei baltischen Staaten – keine Nachfolgestaaten der Sowjetunion sind.

2 Der relativ unbestimmte Oberbegriff der Transformation bezieht sich hier auf den Systemwechsel in den ehemals realsozialistischen Staaten Mittel- und Osteuropas. Unter Systemwechsel wird dabei – im Gegensatz zum eher evolutionären Systemwandel – der „Austausch einer Grundform politischer und ggf. auch wirtschaftlicher und gesellschaftlicher Organisation durch eine andere Grundform" verstanden

sich explizit oder implizit ein eigener *Governance*-Ansatz der OECD oder spezifischer von SIGMA für die MOEL erkennen lässt und wie dieser ggf. ausgestaltet ist (Punkt 3). Wenn dieser Ansatz praktische Wirkung entfalten soll, muss er sich allerdings vor allem in der konkreten Programmarbeit manifestieren. Deshalb wird in Punkt 4 auf die von SIGMA abgedeckten Kooperationsfelder der technischen Zusammenarbeit sowie auf die Frage eingegangen, inwieweit SIGMA von einer Übertragbarkeit westlicher Verwaltungsreformmodelle auf die MOEL ausgeht. Abschließend soll eine zusammenfassende Definition der Begrifflichkeiten aus der Sicht von SIGMA versucht werden (Punkt 5).

2. Das SIGMA-Programm der OECD

SIGMA ist die Abkürzung des eher schwerfälligen Programmnamens *Support for Improvement in Governance and Management in Central and Eastern European Countries*. Das am 25. Mai 1992 gegründete Programm ist eine gemeinsame Initiative der OECD und der Europäischen Union (EU) und soll die mittel- und osteuropäischen Partnerländer bei ihren Bemühungen unterstützen, ihre vormalige Kader- und Zentralverwaltungssysteme zu reformieren. Das Oberziel von SIGMA ist die Verbindung der „transformation of public institutions with economic and democratic transition."[3] Im Bereich der multilateralen Verwaltungszusammenarbeit mit den MOEL kann SIGMA als Pionier bezeichnet werden, der durch den Aufbau vergleichender Datenbasen und einen breiten Erkenntnisaustausch, welche die Grundlagen der Beratungsarbeit bilden, ein umfassendes Bild von der Verwaltungsrealität in den mittel- und osteuropäischen Partnerländern erarbeitet hat.[4]

(Dieter Nohlen (Hrsg.), Lexikon der Politik, Bd. 7: Politische Begriffe, München 1998, S. 683). Für die Verwaltungswissenschaft wurde zu Recht darauf hingewiesen, dass sich die umfassende Umgestaltung von Staat und Verwaltung in den MOEL „nicht mit Bezeichnungen wie Reform des öffentlichen Dienstes oder Reform der Verwaltungsorganisation" erfassen lässt, sondern aufgrund des tiefgreifenden Umbruchs als Transformation bezeichnet werden müsse. Vgl. *Klaus König*, Verwaltungsstaat im Übergang: Transformation, Entwicklung, Modernisierung, Baden-Baden 1999, S. 73.

3   OECD, The Annual Report of the OECD 1993: Report by the Secretary-General, Paris 1994, S. 106.

4   Vgl. dazu auch *Markku Temmes*, State transformation and transition theory, in: International Review of Administrative Sciences 2/2000, S. 258 (261).

Finanziert wird SIGMA hauptsächlich durch die EU, die über das Phare-Programm ca. 80 % der Mittel bereitstellt.[5] Die Verantwortung für die konzeptionelle Ausgestaltung sowie die Durchführung liegen hingegen bei der OECD. Innerhalb der OECD ist SIGMA Teil des *Transition Economy Programme* (TEP), welches vom *Centre for Co-operation with Non-Members* (CCNM) der OECD verwaltet wird. Entscheidend für die praktische Arbeit von SIGMA ist jedoch vor allem die enge Anbindung an den *Public Management Service* (PUMA)[6], der sich mit Verwaltungsreformen in den OECD-Mitgliedstaaten befasst und auf dessen Erfahrungen und Expertennetzwerke SIGMA zurückgreifen kann.[7]

Die OECD insgesamt hat sich erst seit Ende der achtziger Jahre intensiver mit der Rolle von Staat und Verwaltung für den Modernisierungsprozess auseinandergesetzt. Infolge der allgemeinen Abkehr vom Ideal des planenden bzw. entwickelnden Staates der sechziger und siebziger Jahre hatte sie Staat und Verwaltung lange Zeit hindurch vor allem als Störfaktoren aufgefasst, die negativ regulierend in prinzipiell funktionierende marktwirtschaftliche Prozesse eingreifen. Die 1989 erfolgte Einrichtung des *Public Management Committee* markierte insofern einen Bewusstseinswandel innerhalb der Organisation und ihrer Mitgliedstaaten.[8] Indem man die Effizienz von Staat und Verwaltung als wichtige Bedingung wirtschaftlichen Erfolgs iden-

---

5   Die finanzielle Förderung erfolgt im Rahmen der „multi-beneficiary"-Programme von EU/Phare für die MOEL. Die restlichen 20 % der Mittel werden von der OECD und einigen ihrer Mitgliedstaaten getragen. Ursprünglich beschäftigte sich EU/Phare nicht direkt mit Verwaltungsreformen, sondern konzentrierte sich auf Kooperationsbereiche wie den öffentlichen Finanzsektor, Landwirtschaft, Umwelt und Privatisierungen in den MOEL. Seit der Neuorientierung der Programmrichtlinien im Jahr 1998 bildet jedoch auch „institution building" einen Schwerpunkt von EU/Phare. Vgl. dazu Phare and Tacis Information Center (Hrsg.), Overview of the Phare Programme and the new Pre-Accession Funds, Brüssel 2000.

6   Die Abkürzung PUMA steht außer für den *Public Management Service* auch für das *Public Management Committee* als dem zuständigen OECD-Lenkungsausschuss sowie für das gesamte die öffentliche Verwaltung betreffende OECD-Programm, das inzwischen *OECD programme on Public Management and Governance* heißt.

7   Zu Organisation und Aufgabenfeldern von PUMA vgl. *Elke Löffler*, Public Management Service in der OECD, in: Verwaltung, Organisation, Personal (VOP) 1-2/1999, S. 24 ff.

8   Es fällt auf, dass praktisch zeitgleich auch die Weltbank ihre Sicht von Staat und Verwaltung neu definierte, indem sie „capacity building" und ein „enabling policy environment" als wichtige Bedingungen wirtschaftlicher Entwicklung forderte. Vgl. World Bank, Sub-Saharan Africa. From Crisis to Sustainable Growth: A Long-Term Perspective Study, Washington 1989, S. 15.

tifizierte, wurde das vorherrschende Modell des minimalistischen Staates zumindest unter anderen Vorzeichen diskutiert.[9] PUMA als operationelle Einheit erhielt demzufolge 1990 den Auftrag, Staats- und Verwaltungsreformen in den OECD-Mitgliedstaaten zu untersuchen und zu unterstützen.

Die Herausforderungen, vor denen die entwickelten OECD-Mitgliedstaaten standen, unterschieden sich allerdings erheblich von denjenigen, mit denen sich die MOEL infolge des Zusammenbruchs der realsozialistischen Systeme und der Transformationsproblematik konfrontiert sahen. Aus dem Verständnis für diese weitreichenden Differenzen heraus waren es gerade Mitarbeiter von PUMA, welche die Einrichtung eines eigenständigen Verwaltungsberatungsprogramms der OECD für die MOEL förderten.[10]

Als SIGMA 1992 seine Arbeit aufnahm, wurden zunächst sechs mittel- und osteuropäische Transformationsländer in die Programmaktivitäten einbezogen. Trotz ausgeprägter nationaler Spezifika und Differenzen konnte diese Ländergruppe insgesamt noch als vergleichsweise homogen bezeichnet werden.[11] Bereits 1994 wurde jedoch neben den baltischen Staaten und Slo-

---

9   Diesem Bewusstseinswandel entsprechend wurden die Aufgaben des *Public Management Committee* wie folgt definiert: „The main objectives of the new Committee are to support the action taken by Member countries to improve the effectiveness and efficiency of public institutions, and to encourage greater flexibility and responsiveness in the public sector in order to maximise economic performance." (OECD, Activities of OECD in 1989: Report by the Secretary-General, Paris 1990, S. 93).

10 Einer der wichtigsten Befürworter war Derry Ormond, der bis Ende 1998 PUMA leitete. Aufgrund der Erfahrungen mit den südeuropäischen Transformationsländern der siebziger Jahre lehnte sein Kooperationsansatz, der von SIGMA im wesentlichen aufgegriffen wurde, eine bloße Übertragung externer Reformmodelle ab und begriff sich als „technical co-operation, in which there were neither donors nor recipients, just collective learning." (Public Management Forum (PMF) 5/1998, S. 2).

11 Schon aufgrund der Anzahl der SIGMA-Partnerländer können Begriffe wie Homogenität und Heterogenität in diesem Zusammenhang nur sehr relativ sein. Obwohl alle realsozialistischen Staats- und Verwaltungssysteme in Mittel- und Osteuropa grundsätzlich nach dem sowjetischen Modell aufgebaut waren, bestanden insbesondere in der poststalinistischen Zeit (begrenzte) Spielräume bezüglich der konkreten Ausgestaltung der Staats- und Verwaltungsorganisation, die unterschiedlich genutzt wurden und bereits zu einer gewissen Ausdifferenzierung führten. Vgl. dazu *Georg Brunner*, Verwaltungsstrukturen in den kommunistischen Einparteiendiktaturen Osteuropas, in: Jahrbuch für Europäische Verwaltungsgeschichte, Bd. 10: Die öffentliche Verwaltung im totalitären System, Baden-Baden 1998, S. 153 (170 ff.). Zu den unterschiedlichen Entwicklungen der Staats- und Verfassungsordnungen

wenien auch Albanien aufgenommen, das traditionell einen Sonderfall darstellte.[12] Mit der 1996 erfolgten zweiten Erweiterungsrunde setzte sich die Tendenz zu einer größeren Heterogenität der SIGMA-Partnerländer weiter fort. Mit Bosnien-Herzegowina und der Ehemaligen Jugoslawischen Republik Mazedonien wurden Länder einbezogen, die entweder über keine funktionierenden gesamtstaatlichen Strukturen verfügten und/oder innerlich extrem destabilisiert waren.

Abb. 1: Die SIGMA-Partnerländer

1992	1994	1996
Bulgarien	Albanien	Bosnien-Herzegowina
Polen	Estland	Ehemalige Jugoslawische Republik Mazedonien
Rumänien	Lettland	
Slowakische Republik	Litauen	
Tschechische Republik	Slowenien	
Ungarn		

Faktisch ausschlaggebend für die Erweiterungen war wohl die Tatsache, dass alle aufgenommenen Partnerländer von EU/Phare, also dem Hauptgeldgeber von SIGMA, auch ansonsten erhebliche finanzielle Hilfen erhalten. Infolgedessen decken EU/Phare und SIGMA heute die selbe Ländergruppe ab. Hingegen scheinen die praktischen Auswirkungen, die eine solche Erweiterungspolitik auf die Programmkonzeption und -durchführung

---

nach dem Zusammenbruch der realsozialistischen Systeme vgl. *Herwig Roggemann* (Hrsg.), Die Verfassungen Mittel und Osteuropas, Berlin 1999.

12   Im Gegensatz zu den anderen MOEL hielt sich in Albanien bis zum Systemwechsel ein stalinistisches Regime, das sich durch sein Streben nach absoluter Autarkie auch innerhalb des von der Sowjetunion dominierten Blocks der realsozialistischen Länder völlig isoliert und ruiniert hatte. Die Ausgangsbedingungen für einen erfolgreichen politischen, wirtschaftlichen und gesellschaftlichen Transformationsprozess waren daher vergleichsweise schlecht, was u.a. durch die schweren inneren Unruhen des Jahres 1997 belegt worden ist.

von SIGMA haben musste, im Vergleich damit zweitrangig gewesen zu sein.[13]

3. *Governance* und *Good Governance* aus der Sicht von OECD und SIGMA

Die in den letzten zehn Jahren geführte Diskussion um Inhalt und Bedeutung des *Governance*-Begriffes, der mit einer normativen Konnotation versehen zu *Good Governance* weiterentwickelt wurde, ist im wesentlichen durch die Beschäftigung der Weltbank mit diesem Thema angestoßen worden.[14] Die große Resonanz in Wissenschaft und Praxis resultierte in einer nur schwer überschaubaren und immer noch anhaltenden Publikationsflut, wobei die inflationäre Verwendung des *Governance*-Begriffs kaum zu seiner definitorischen Klärung beigetragen hat.[15]

Vor diesem Hintergrund sind Ansätze, eine umfassende und kulturenübergreifende Definition von *Governance* zu erarbeiten, sicherlich von gro-

---

13 Auch innerhalb der OECD gehören die SIGMA-Partnerländer unterschiedlichen Gruppen an. Ungarn, Polen, die Tschechische Republik und seit September 2000 auch die Slowakische Republik sind OECD-Mitgliedstaaten. Sie bleiben jedoch weiterhin in das SIGMA-Programm einbezogen, obwohl dieses beim *Centre for Co-operation with Non-Members* (CCNM) angesiedelt und eigentlich PUMA für die Verwaltungsreformen in den OECD-Mitgliedstaaten zuständig ist.

14 Zur Governance-Diskussion der Weltbank und deren grundlegender Bedeutung vgl. z.B. *Thomas Fuster*, Die „Good Governance" Diskussion der Jahre 1989 bis 1994, Stuttgart 1998, S. 9 ff.; und *Christian Theobald*, Zur Ökonomik des Staates: Good Governance und die Perzeption der Weltbank, Baden-Baden 2000, S. 83 ff.

15 Zur Entwicklung und den vielfältigen Bedeutungen des Begriffes *Governance* bzw. *Gouvernance* im englischen und französischen wissenschaftlichen Sprachgebrauch vgl. *Maurice Demers*, La gouvernance de la gouvernance: Faut-il freiner l'engouement?, in: Joan Corkery (Hrsg.), Gouvernance: Concepts et Applications/Governance: Concepts & Applications, Brüssel 1999, S. 367 ff. Für den deutschen Sprachraum ergibt sich die zusätzliche Schwierigkeit, dass keine wörtliche Entsprechung zu *Governance* existiert. Der in diesem Zusammenhang vorgeschlagene Begriff der *Gouvernanz* muss notwendigerweise künstlich bleiben, wohingegen der damit beschriebene Bedeutungsinhalt sowie insbesondere die Abgrenzung zum Public Management überzeugen. Vgl. dazu *Klaus König*, „Rule of Law" und Gouvernanz in der entwicklungs- und transformationspolitischen Zusammenarbeit, in: Dietrich Murswiek u.a. (Hrsg.), Staat-Souveränität-Verfassung, Fs. für Helmut Quaritsch zum 70. Geburtstag, Berlin 2000, S. 123 (129 f.).

ßem theoretischen Interesse.¹⁶ Angesichts der bestehenden Begriffsvielfalt und der damit verbundenen inhaltlichen Unterschiede kann allerdings bezweifelt werden, dass sich in Wissenschaft und Praxis zukünftig eine einheitliche Verwendung durchsetzen lässt. Mit einer allgemein anerkannten Definition fehlt jedoch ein verbindlicher Bewertungsmaßstab, an dem sich individuelle Äußerungen zu *Governance* überprüfen ließen. Aus diesem Grund kann im folgenden nur der Frage nachgegangen werden, ob OECD und SIGMA über einen erkennbaren eigenen Ansatz von *Governance* bzw. *Good Governance* verfügen und wie dieser ggf. im einzelnen ausgestaltet ist. Für eine Bewertung ausschlaggebend kann allerdings nur die einer solchen Konzeption inhärente Plausibilität sein, nicht aber der Grad an Übereinstimmung oder Abweichung von anderen *Governance*-Ansätze, die jedenfalls keine Allgemeingültigkeit beanspruchen können.

3.1 Die OECD

Die OECD hat die Begriffe *Governance* und *Good Governance* in verschiedenen Dokumenten und Publikationen verwendet. Dabei wurde *Governance* u.a. beschrieben als „the act of governing seen in a wide sens. The term covers public administration and the institutions, methods and instruments of governing. It further incorporates relationships between government and citizen (including business and other citizen groupings) and the role of the State."¹⁷ In diesem Sinn wird *Governance* wertneutral als interaktiver Prozess des Regierens aufgefasst, der sich aufgrund von Wechselwirkungen zwischen verschiedenen staatlichen und nichtstaatlichen Akteuren entwickelt.

Im Unterschied dazu greift das *Development Assistance Committee* (DAC) der OECD die bekannte Definition der Weltbank auf, die unter *Governance* „the manner in which power is exercised in the management of

---

16 Einen solchen Versuch hat insbesondere eine aus Vertretern verschiedener Länder zusammengesetzte Arbeitsgruppe des International Institute for Administrative Sciences (IIAS) unternommen, die *Governance* als „a *process* with no *automatic* normative connotations rather than as any institution or group of institutions" beschrieben hat (Hervorhebungen im Original, Anm. d. Verf.). Zu den Einzelheiten dieses Definitionsversuchs vgl. *Joan Corkery*, Introductory Report, in: *dies.* (Hrsg.), Gouvernance: Concepts et Applications/Governance: Concepts & Applications, Brüssel 1999, S. 9 (14 f.).

17 OECD, Governance in Transition: Public Management Reforms in OECD Countries, Paris 1995, S. 158.

a country's economic and social resources for development" versteht. Auch die in diesem Zusammenhang von der Weltbank vorgenommene Unterscheidung von zwei weiteren Aspekten von *Governance*, die sich auf „the form of political regime" und „the capacity of governments to design, formulate, and implement policies and discharge functions" bezieht, wurde von OECD/DAC wörtlich übernommen.[18] Anders als die Weltbank, deren begrenztes Mandat entsprechende Äußerungen erschwert, fordert OECD/DAC allerdings ausdrücklich die Etablierung von „open, democratic and accountable systems of governance", da diese eng mit nachhaltiger wirtschaftlicher und sozialer Entwicklung verbunden seien. Im Verständnis von OECD/DAC schließt daher *Good Governance* nicht nur rechtsstaatliche Verhältnisse, ein effizientes Management des öffentlichen Sektors, die Kontrolle von Korruption und die Reduzierung von Militärausgaben ein, sondern auch die vorrangige Förderung und Durchsetzung demokratischer Regierungsformen.[19]

Im Ergebnis zeigen die genannten Beispiele, dass bislang innerhalb der OECD und ihrer Komitees unterschiedliche *Governance*-Definitionen verwendet werden. Eine offizielle Stellungnahme der OECD zu *Governance* bzw. *Good Governance* fehlt hingegen. Allerdings hat der Rat als oberstes Entscheidungsgremium der Organisation im Dezember 1999 in einem förmlichen Beschluss PUMA einen diesbezüglichen Arbeitsauftrag erteilt. Dabei hat der Rat zwar generell die Bedeutung von *Good Governance* „as an essential element in strengthening pluralistic democracy, promoting sustainable development and in maintaining confidence in public administration" hervorgehoben, ist aber auf den Begriff selbst nicht näher eingegangen. Stattdessen wurde PUMA die Aufgabe zugewiesen, zu allen Politikfeldern, die in den Tätigkeitsbereich der OECD fallen, eine „governance and management perspective" beizutragen.[20]

Im April 2000 wurde dieser Auftrag des Rates anlässlich der halbjährlichen Sitzung des *Public Management Committee* diskutiert und die Absicht

---

18 Vgl. OECD/DAC, Participatory Development and Good Governance, Paris 1995, S. 14. Hinsichtlich der wörtlichen Übernahme der Weltbankdefinition vgl. auch *Weltbank*, Governance and Development, Washington 1992, S. 3; und Weltbank, Governance: The World Bank's Experience, Washington 1994, S. XIV.

19 Vgl. OECD/DAC, (Anm. 18), S. 5 und S. 14 ff. Umfassend zu den entsprechenden Konzeptionen, die er als zum „politischen Assoziationsbereich von Good Governance" gehörend bezeichnet, *Thomas Fuster* (Anm. 14), S. 151 ff.

20 OECD, Resolution of the Council Concerning the Mandate of the Public Management Committee (adopted by the Council at its 964th session on 9 December 1999, C (99) 175/Final, S. 2.

bekräftigt, ein „OECD Statement on Governance" zu entwickeln.[21] Inhaltlich scheinen seitdem jedoch keine Fortschritte erzielt worden zu sein und es wird teilweise wohl bezweifelt, dass die Vertreter der inzwischen 30 OECD-Mitgliedstaaten in dieser Hinsicht Einvernehmlichkeit erzielen können. Im Ergebnis fehlt damit weiterhin eine offizielle *Governance*-Definition der OECD, an der sich die gesamte Organisation und damit auch SIGMA orientieren könnte.

3.2 SIGMA

Da *Governance* Bestandteil des Programmnamens ist, liegt die Vermutung nahe, dass sich gerade SIGMA konzeptionell in besonderer Weise mit dessen Bedeutung auseinandergesetzt hat. Tatsächlich gewinnt der Begriff aber auch hier aufgrund seiner unsystematischen Verwendung nur begrenzt an definitorischer Schärfe. Im folgenden soll die unterschiedliche Begriffsverwendung in den jeweils zweijährigen Programmphasen untersucht werden, um die Frage beantworten zu können, ob sich daraus ein *Governance*-Ansatz von SIGMA für die MOEL ableiten lässt.

Programmphase I: 1992-1994

Noch vor Programmbeginn Mitte 1992 wurde die Unterstützung des Aufbaus bzw. der Entwicklung effizienter und effektiver öffentlicher Institutionen in den mittel- und osteuropäischen Partnerländern als Hauptaufgabe von SIGMA festgelegt.[22] Dabei wurden funktionierende Institutionen allgemein als notwendige Voraussetzung für die erfolgreiche Implementierung staatlicher Politik beschrieben. Die Effizienz und Effektivität öffentlicher Institutionen sollten jedoch kein Selbstzweck sein. Aus der Sicht von SIGMA war vielmehr entscheidend, dass sie die unabdingbare Grundlage für die Durch-

---

21 OECD/Public Management Committee, Statement by the Chair, 21st Session, Paris, 6.-7. April 2000, S. 2.

22 SIGMA definiert den Begriff Institutionen nicht näher, aber in Hinblick auf die breit angelegte Beratungstätigkeit, die sowohl die Reform organisatorischer Strukturen als auch bestimmter Praktiken und Verhaltensweisen der Mitarbeiter des öffentlichen Dienstes einbezieht, muss eine weite Begrifflichkeit zugrunde gelegt werden. Zur Verwendung des Institutionenbegriffs in verschiedenen Wissenschaftsdisziplinen vgl. *Dorothea Jansen*, Der neue Institutionalismus, Speyerer Vorträge, Heft 57, Speyer 2000.

setzung marktwirtschaftlicher Ordnungen und pluralistisch organisierter demokratischer „*systems of governance*" in den MOEL bilden.[23]

Der Begriff „*systems of governance*" wird zwar nicht näher erläutert, kann aus dem Kontext heraus aber hier nur als Synonym für Regierungssysteme verstanden werden. Diese Interpretation wird zudem durch die ansonsten gleichlautende Aufgabenbeschreibung von SIGMA aus dem Jahr 1992 gestützt. Hier wird „*systems of governance*" durch „*systems of government*" ersetzt, so dass kein Zweifel an der begriffsgleichen Verwendung bestehen kann.[24] Diese Gleichsetzung ist konzeptionell bedenklich, da sich der Begriffsinhalt von *Governance* im allgemeinen gerade durch die Abgrenzung zu *Government* erschließen lässt, das sich enger auf Regierung und das Regieren im formellen und institutionellen Sinn bezieht, nicht aber auf die informellen Regelungen und die nicht-institutionalisierten Formen des Regierens, die der *Governance*-Begriff zusätzlich umfassen soll.[25]

SIGMA will allerdings nicht beliebige Regierungssysteme fördern, sondern ausschließlich die Durchsetzung marktwirtschaftlicher und demokratischer Grundordnungen in den Partnerländern unterstützen. Vor dem Hintergrund dieser grundlegenden Entscheidung über die Programmausrichtung lässt sich auch die Frage beantworten, welche Inhalte SIGMA mit *Good Governance* verbindet. In den Bereich von *Good Governance* müssen demzufolge alle Maßnahmen fallen, die einerseits die institutionellen Kapazitäten der *Governance*- bzw. Regierungssysteme der Partnerländer stärken und die andererseits tatsächlich der Erreichung des gesetzten politischen Zieles – also der Durchsetzung von Marktwirtschaft und Demokratie – dienen und damit über den „technischen" Aspekt einer bloßen Steigerung von Effizienz und Effektivität hinausreichen.[26] *Good Governance* in diesem Sinn setzt

---

23 Vgl. OECD, The Annual Report of the OECD: Report by the Secretary-General, Paris 1992, S. 130 (der Bericht bezieht sich auf das Jahr 1991, Anm. d. Verf.).

24 Vgl. OECD,The Annual Report of the OECD: Report by the Secretary-General 1992, Paris 1993, S.108.

25 Vgl. *Dieter Nohlen* (Anm. 2), S. 236.

26 Insoweit ergibt sich eine Übereinstimmung mit den praktisch gleichlautenden Forderungen von *OECD/DAC* nach *Good Governance* in Entwicklungsländern (Anm. 18). Im Unterschied zu vielen Entwicklungsländern verfügten die Transformationsländer in Mittel- und Osteuropa zum Zeitpunkt ihrer Einbeziehung in das SIGMA-Programm allerdings bereits über marktwirtschaftliche Reformprogramme und über zumindest formal-demokratische Regierungssysteme. Mit Ausnahme Bosnien-Herzegowinas, wo man kaum von einem funktionierenden Gesamtstaat, sondern eher von subnationalen Teilordnungen sprechen muss, waren diese parlamentari-

demnach voraus, dass sowohl das mit den Reformmaßnahmen verbundene technische als auch das politische Ziel kumulativ verwirklicht werden. Angesichts begrenzter personeller und finanzieller Programmressourcen musste allerdings realistischerweise eine Entscheidung darüber getroffen werden, welche Teilbereiche des Regierungssystems in eine Kooperation einbezogen werden sollten, um im Sinne der Zielerreichung möglichst umfassende Wirkungen zu zeitigen. Von Anfang an hat sich SIGMA daher ausschließlich mit Institutionen befasst, die dem *Central Government* zuzurechnen sind bzw. als *Central Management Agencies"* bezeichnet werden. Begründet wurde die Fokussierung auf diese Institutionen mit deren Schlüsselstellung für die Formulierung, Koordinierung, Implementierung und Kontrolle staatlicher Politik sowie für die umfassende Reform aller staatlichen Institutionen und des öffentlichen Dienstes in seiner Gesamtheit.[27]

Aus der Aufzählung dieser Schlüsselfunktionen lässt sich jedoch nicht ohne weiteres erschließen, welche Institutionen SIGMA im einzelnen zum Central Government zählt. Deutlich wird zunächst nur die Abgrenzung zur lokalen und – soweit existent – regionalen Ebene in den Partnerländern, auf der SIGMA prinzipiell nicht tätig wird. Schwieriger ist hingegen insbesondere die begriffliche und inhaltliche Abgrenzung zwischen Central Government und Centre of Government.

Unter Centre of Government hat PUMA 1996 die Einheit oder Gruppe von Einheiten subsumiert, die unmittelbar dem Regierungschef bzw. dem Kabinett zugeordnet sind, diese beraten und ihnen zuarbeiten. Dabei werden dauerhafte administrative Tätigkeiten wahrgenommen, die aber einen starken politischen Bezug aufweisen.[28] SIGMA hat diese Definition 1998 weitgehend übernommen und darauf hingewiesen, dass das Centre of Government nicht nur an der Schnittstelle zwischen politischer Entscheidungsfindung und administrativer Umsetzung angesiedelt ist, sondern ihm i.d.R. zusätzliche Befugnisse in Bezug auf die Koordinierung von Querschnittsaufgaben wie Verwaltungsreformen, den öffentlichen Dienst und Fragen der europäischen Integration zugeordnet werden.[29]

---

schen und semi-parlamentarischen bzw. semi-präsidentiellen Regierungssysteme auch faktisch weitgehend funktionsfähig.

27 Vgl. OECD, 1992 (Anm. 23), S. 130/131.

28 Vgl. OECD/PUMA, Building Policy Coherence: Tools and Tensions, Public Management Occasional Papers Nr. 12, Paris 1996, S. 11.

29 Während das *„center of government"* in den meisten Ländern weitgehend vergleichbare Aufgaben wahrnimmt, lassen sich doch erhebliche Unterschiede hin-

Es fällt auf, dass gerade die genannten Querschnittsaufgaben des *Centre of Government* zu dem Bereich der Schlüsselfunktionen gehören, die nach SIGMA auch das *Central Government* kennzeichnen. Trotzdem scheinen die beiden Begriffe im Verständnis von SIGMA keine Synonyme zu sein. In der Praxis beschränken sich die Programmaktivitäten nämlich weder auf die wichtigen politisch-administrativen Einheiten des *Centre of Government* noch auf die Ebene des *Central Government*, jedenfalls wenn man diesen Begriff wörtlich mit Zentralregierung übersetzen und darunter die nationale Regierung und die Ministerialbürokratie verstehen will. Darüber hinaus bezieht SIGMA nämlich auch andere Institutionen wie z.b. unabhängige Rechnungshöfe und Zentralbanken in die Beratungstätigkeit ein, die nicht unter die genannten Kategorien fallen.[30] Infolgedessen scheint SIGMA grundsätzlich alle Institutionen zum *Central Government* zu rechnen, die auf der nationalen Ebene angesiedelt sind und potentiell eine wichtige Funktion bei der Durchsetzung von Reformen zur Stärkung marktwirtschaftlicher und demokratischer *Governance-* bzw. Regierungssysteme in den Partnerländern wahrnehmen können.

Ein solch offener Begriff hat vor allem den praktischen Vorteil, dass in den Partnerländern prinzipiell alle Institutionen der nationalen Ebene in eine Kooperation einbezogen werden können. Dadurch ist SIGMA die Möglichkeit eröffnet, flexibel auf geänderte Bedürfnisse oder Situationen zu reagieren, ohne durch ein zu enges Mandat eingeschränkt zu sein. Gerade in Transformationsländern, die durch Umbrüche und häufige Umstrukturierungen geprägt sind, ist diese Handlungsfreiheit von großer Bedeutung.

---

sichtlich der jeweiligen Organisationsformen und Bezeichnungen feststellen, die u.a. Kanzleramt, Generalsekretariat der Regierung oder Büro des Premierministers lauten. Vgl. dazu OECD/SIGMA, Foreword, in: dies. (Hrsg.), Management Challenges at the Centre of Government: Coalition Situations and Government Transitions, SIGMAPapers Nr. 22, CCET/SIGMA/PUMA (98) 1, Paris 1998, S. 3.

30 Im Rahmen der Beratungstätigkeiten für Rechnungshöfe und Zentralbanken sind verschiedene SIGMA-Studien entstanden. Vgl. z.B. OECD/SIGMA (Hrsg.), Effects of European Union Acession, Part 2: External Audit, SIGMAPapers Nr. 20, OCDE/GD (97) 164, Paris 1997; und OECD/SIGMA, Central Bank Audit Practices, SIGMAPapers Nr. 24, CCNM/SIGMA/PUMA (98) 41, Paris 1998.

Programmphase II: (1994-1996)

In der Programmphase II entwickelte SIGMA seine Aufgaben- und Zielbeschreibung im Vergleich zur Periode 1992-1994 fort, indem die grundsätzliche Konzentration auf die Institutionen des *Central Government* nun auch inhaltlich mit dem *Governance*-Begriff verbunden wurde. Ab 1995 wurde zwar als Ziel meist noch relativ unspezifisch die Stärkung von „capacities for improving governance" genannt,[31] daneben findet sich aber auch explizit die Ausrichtung auf eine Stärkung von „central capacities for improving governance."[32] Gleichzeitig scheint sich der *Governance*-Begriff in diesem geänderten Bedeutungszusammenhang nicht mehr oder zumindest nicht ausschließlich auf Regierungssystem i.e.S. zu beziehen. Aus dem sprachlichen Kontext heraus muss das Ziel einer Verbesserung von *Governance* hier vielmehr als Verbesserung der allgemeinen Steuerungsfähigkeit innerhalb und durch das Regierungssystem verstanden werden, die über die Stärkung von institutionellen Kapazitäten auf der Ebene des *Central Government* katalysiert werden soll. Diese modifizierte Begriffsverwendung ist in jedem Fall überzeugender als die vorherige Gleichsetzung von „*systems of governance*" mit „*systems of government*" und entspricht auch eher der eigentlichen Wortbedeutung von *Governance*.[33]

Programmphasen III/IV: (1996-1998 und 1998-2000)

1996 verwendete SIGMA neben *Governance* erstmals den Begriff *Good Governance*. Dies geschah in Zusammenhang mit einer Neudefinierung der Aufgaben und Ziele des Programms, die seitdem unverändert fortgeschrieben worden sind. Im Unterschied zu den vorangegangenen Programmphasen I und II soll SIGMA seit 1996 die mittel- und osteuropäischen Partnerländer bei deren „search for good governance" unterstützen. Der Begriff wird allerdings hier in einem sehr spezifischen Sinn verwendet, indem er einerseits auf die Steigerung der Effizienz der Verwaltung und andererseits auf die

---

31 Vgl. dazu z.B. OECD/SIGMA, Public Management Profiles: SIGMA Countries, GD (95) 121, Paris 1995, S. 3; oder dies. (Hrsg.), SIGMA, in: Public Management Forum (PMF) 1/1995, S. 16.

32 OECD, The Annual Report of the OECD: Report by the Secretary-General 1995, Paris 1996, S. 118.

33 *Governance* im Sinn von Steuerung bzw. Steuerungsfähigkeit lässt sich von lat. gubernare/gubernantia (steuern, Steuerung, Leitung) ableiten. Vgl. auch *Maurice Demers* (Anm. 15), S. 369.

Förderung einer engeren Bindung der Mitarbeiter des öffentlichen Dienstes an Werte wie Demokratie, Rechtsstaatlichkeit und ethische Grundsätze beschränkt bleibt.[34]

Neben der Unterstützung der Partnerländer bei ihrer Suche nach *Good Governance* werden noch zwei weitere Programmziele formuliert. SIGMA soll beim Aufbau tragfähiger Kapazitäten des „central governmental level" helfen,[35] welche die MOEL zur Bewältigung der Globalisierung und vor allem für die Vorbereitung auf den Beitritt zur EU benötigen, den die große Mehrheit der SIGMA-Partnerländer anstrebt.[36] In der Praxis genießt der EU-Beitritt sowohl für die MOEL als auch für EU/Phare Priorität, so dass sich die Beratungstätigkeit von SIGMA in den letzten Jahren zunehmend auf diesen – allerdings sehr weiten – Aufgabenbereich konzentriert hat.[37] Eng damit verbunden ist die dritte Aufgabe von SIGMA, Initiativen der EU und möglicher anderer Geber zu unterstützen und zu koordinieren, die sich speziell auf den Bereich der Verwaltungsreformen in den MOEL beziehen.

Nachdem bereits für die Programmphasen I und II eine wechselnde und nicht immer überzeugende Verwendung des *Governance*-Begriffs durch SIGMA konstatiert worden ist, kann die eingeschränkte Bedeutung, die

---

34 Zur neuen Aufgaben- und Zielbeschreibung für die Programmphasen III und IV, die auch aktuell noch gültig sind, vgl. z.B. OECD/SIGMA (Hrsg.), SIGMA, in: Public Management Forum (PMF) 4/1996, S.16; und dies. (Hrsg.), SIGMA, in: Public Management Forum (PMF) 2/2000, S. 16.

35 Zwischen den Begriffen „central governmental level" und „central government" scheinen aus der Sicht von SIGMA keine inhaltlichen Unterschiede zu bestehen, so dass sie als Synonyme verstanden werden müssen. Vgl. auch die entsprechenden Ausführungen im Text, S. 9-10.

36 Die Möglichkeit eines EU-Beitritts, auf den alle SIGMA-Partnerländer – mit Ausnahme von Albanien, Bosnien-Herzegowina und Mazedonien – bei Erfüllung der Beitrittskriterien inzwischen auch einen rechtlichen Anspruch haben, unterscheidet die MOEL grundsätzlich von anderen Transformationsländern. In diesem Zusammenhang kann man durchaus von einer „Finalität" des Transformationsprozesses sprechen, die sich im Beitritt zur EU manifestieren wird. Dieser folgt jedoch keinem Automatismus, sondern setzt die Erfüllung der politischen, wirtschaftlichen und sonstigen „Kriterien von Kopenhagen" und damit erhebliche Anpassungsleistungen der MOEL voraus.

37 Vgl. dazu insbesondere OECD/SIGMA (Hrsg.), Preparing Public Administrations for the European Administrative Space, SIGMAPapers Nr. 23, CCNM/SIGMA/PUMA (98) 39, Paris 1998; und dies. (Hrsg.), Sustainable Institutions for European Union Membership, SIGMAPapers Nr. 26, CCNM/SIGMA/PUMA (98) 57, Paris 1998.

SIGMA seit Beginn der Programmphase III dem Begriff *Good Governance* zuweist, ebenfalls nur schwer nachvollzogen werden. Nach SIGMA würde sich *Good Governance* ausschließlich in einer gesteigerten Verwaltungseffizienz der MOEL als „technischem" Aspekt sowie in einer gesteigerten Bindung der Verwaltungsmitarbeiter an bestimmte positiv konnotierte Wertvorstellungen als „politischem" Aspekt manifestieren.[38]

Aus dieser begrenzten Definition muss man jedoch schließen, dass die beiden anderen Programmziele von SIGMA nicht zum Bereich von *Good Governance* gerechnet werden. Damit wird terminologisch eine künstliche Trennung zwischen der Reform des öffentlichen Dienstes in den MOEL und den sonstigen Reformmaßnahmen, die zur Erreichung der Ziele der SIGMA-Partnerländer verwirklicht werden müssen, konstruiert. Insbesondere in Hinblick auf das Ziel, die Partnerländer beim Aufbau tragfähiger *„central governmental"*-Kapazitäten zur Vorbereitung und Bewältigung des EU-Beitritts zu unterstützen, ist eine dermaßen ausschließende Begriffsverwendung jedoch kaum durchzuhalten.

Tatsächlich sind die von SIGMA unterstützten Reformen in den MOEL eng aufeinander bezogen und zudem auf die Erreichung von Zielen gerichtet, die einander wechselseitig bedingen. In diesem Sinne sind Effizienz sowie die Bindung des öffentlichen Dienstes an demokratische und rechtsstaatliche Prinzipien untrennbar mit dem Aufbau tragfähiger institutioneller Kapazitäten verknüpft, da diese insgesamt Voraussetzung für die Stärkung der marktwirtschaftlichen und demokratischen Strukturen in den MOEL sind, die wiederum erst die Erfüllung der Beitrittskriterien der EU ermöglichen. Folglich kann sich *Good Governance* nicht auf einen Reformbereich beschränken, sondern muss in einer umfassenden Bedeutung in Bezug auf alle Reformmaßnahmen realisiert werden, wenn die genannten Ziele erreicht werden sollen.

3.3 Die Ableitung eines einheitlichen *Governance*-Ansatzes von SIGMA für die MOEL

Trotz der inkohärenten und teilweise nur wenig überzeugenden Verwendung der Begriffe *Governance* und *Good Governance* liegt der Programmarbeit von SIGMA dennoch ein inhaltlich überzeugender Ansatz zugrunde, der al-

---

38 *Thomas Fuster* spricht in diesem Zusammenhang für die Weltbank und OECD/DAC vom „administrativen Kernbereich" bzw. vom „politischen Assoziationsbereich" von *Good Governance*. Vgl. *ders.*, (Anm. 14), S. 99 ff. und S. 151 ff.

lerdings aus den bislang vorgestellten Aufgaben und Zielen des Programms und nicht aus den konkreten Begrifflichkeiten heraus abgeleitet werden muss.

Aus den bisherigen Ausführungen kann geschlossen werden, dass sich die von SIGMA angestrebte Verbesserung von *Governance* auf das Regierungssystem im formellen Sinn, vor allem aber auf die Verbesserung der Steuerungsfähigkeit innerhalb und durch das Regierungssystem bezieht. Eine verbesserte Steuerungsfähigkeit ist eine notwendige Voraussetzung für die erfolgreiche Umsetzung staatlicher Politik und die Erreichung politischer Ziele in den mittel- und osteuropäischen Transformationsländern. Dabei konzentriert SIGMA seine Aktivitäten aufgrund von deren Schlüsselfunktion für den Reformprozess auf öffentliche Institutionen, die auf der Ebene des *Central Government* angesiedelt sind, und versucht, über eine Stärkung von deren Kapazitäten die Steuerungsfähigkeit des Gesamtsystems zu verbessern.

Aufbauend auf dieser Deutung des von SIGMA implizit verwendeten *Governance*-Begriffs und in Verbindung mit den Zielen, welche sich die MOEL gesetzt haben und zu deren Unterstützung SIGMA eingerichtet wurde, lässt sich in einem zweiten Schritt eine programmspezifische Auffassung von *Good Governance* ableiten. Aus der Sicht von SIGMA bezieht sich *Good Governance* einerseits auf den „technischen" Aspekt der angestrebten Verbesserung der Steuerungsfähigkeit des Regierungssystems. Hierunter fallen alle Maßnahmen, welche die Effizienz der Aufgabenerfüllung durch die öffentliche Verwaltung und ihre Mitarbeiter steigern, wobei der konkrete Inhalt der zu erfüllenden Aufgaben zunächst unerheblich bleibt.

Effizienz soll jedoch kein Selbstzweck sein, sondern sie ist die notwendige Voraussetzung zur Erreichung bestimmter, normativ als gut bewerteter Ziele. Dazu gehören vor allem die Stärkung von Marktwirtschaft und Demokratie in den MOEL, die u.a. durch eine Bindung der Mitarbeiter der öffentlichen Verwaltung an diese Werte sowie an rechtsstaatliche und ethische Prinzipien gefördert werden soll. Die Verwirklichung dieses „politischen" Aspekts von *Good Governance* ist zugleich Voraussetzung für den Beitritt zur EU, die sich nicht nur als Wirtschaftsgemeinschaft, sondern zunehmend auch als politische und als Wertegemeinschaft versteht.

Ein konzeptionell einheitlicher *Governance*-Ansatz von SIGMA für die Reform von Staat und Verwaltung in den MOEL lässt sich folglich so definieren, dass eine Verbesserung der Steuerungsfähigkeit des Regierungssystems durch eine Kapazitätssteigerung von Institutionen des *Central Government* sowohl dem „technischen" als auch dem „politischen" Aspekt kumulativ Rechnung tragen muss, um *Good Governance* im Sinne einer Erreichung der politisch gesetzten und positiv konnotierten Ziele der MOEL zu realisieren.

4. Die technische Zusammenarbeit als Mittel zur Umsetzung des Governance-Ansatzes von SIGMA

Governance und *Good Governance* müssen allerdings inhaltsleere Begriffe bleiben, so lange sich die Programmaktivitäten von SIGMA im Bereich der technischen Zusammenarbeit mit den MOEL nicht auch in der Praxis konkret an ihnen orientieren. SIGMA hat insgesamt fünf Kooperationsfelder ausgewählt, auf die es seine Tätigkeiten konzentriert. Diese beinhalten:

♦ die Erarbeitung von Entwicklungsstrategien für die öffentliche Verwaltung (Public Administration Development Strategies);[39]

♦ Politikmanagement, Koordinierung und Regulierung (Policy-making, Coordination and Regulation);[40]

♦ Haushaltsmanagement und Ressourcenzuweisung (Budgeting and Ressource Allocation);[41]

♦ Management des öffentlichen Dienstes (Public Service Management);[42]

♦ Finanzkontrolle und Rechnungsprüfung (Financial Control and Audit).[43]

---

39 Dazu gehören u.a.: Allgemeine Aspekte der Entwicklung und Implementation von Reformprogrammen; Probleme des Organisations- und Mentalitätswandels; Netzwerkarbeit für die Kooperation zwischen Ausbildungs- und Forschungseinrichtungen für die öffentliche Verwaltung.

40 Dazu gehören u.a.: Politikformulierung und -implementierung durch die Regierung; Management von Gesetzgebung und Regulierung; Organisatorische Restrukturierungen im direkten Umfeld der Regierung und in der Ministerialverwaltung.

41 Dazu gehören u.a.: Prozess und Struktur der Budgetplanung; Finanzielle Aspekte des Programm-Managements; Rechnungs- und Finanzwesen sowie Datenverarbeitung; Öffentliches Beschaffungswesen.

42 Dazu gehören u.a.: Entwicklung von Strategien des Human-Resource-Management; Verbesserung des Rechtsrahmens und der institutionellen Strukturen des öffentlichen Dienstes; Stabs- und Organisationsentwicklung.

43 Dazu gehören u.a.: Externe Rechnungsprüfung, z.B. durch nationale Rechnungshöfe und sonstige oberste Prüfbehörden (Supreme Audit Institutions); Interne Rechnungsprüfung und Kontrolle durch die Verwaltung; Anforderungen der EU an die Rechnungsprüfung.

Inhaltlich lassen sich diese fünf Kooperationsfelder allerdings nicht scharf abgrenzen, da sie relativ weit gefasst sind und sich teilweise aufeinander beziehen, so dass von SIGMA geförderte Reformmaßnahmen i.d.r. Elemente aus mehreren Bereichen enthalten.

In Hinblick auf die praktische Umsetzung des *Governance*-Ansatzes von SIGMA stellt sich aber nicht nur die Frage, in welchen konkreten Kooperationsbereichen sich dieser manifestieren muss, sondern angesichts der großen Heterogenität der Partnerländer auch danach, ob SIGMA eine einheitliche Reformstrategie für alle MOEL verfolgt oder eher auf den Einzelfall bezogene Maßnahmen propagiert.

Eine einheitliche Reformstrategie könnte sich auf das Argument stützen, dass die realsozialistischen Staats- und Verwaltungssysteme durch bestimmte Grundmerkmale wie die faktische Einparteienherrschaft, die Planwirtschaft und die Kaderverwaltung geprägt waren.[44] Zudem verfolgen die MOEL mit Blick auf die Konsolidierung ihrer marktwirtschaftlichen und demokratischen Ordnungen sowie die Vorbereitung auf den Beitritt zur EU ähnliche Ziele. Andererseits ist jedoch bereits darauf hingewiesen worden, dass innerhalb des einheitlichen institutionellen Rahmens der realsozialistischen Regime gewisse Gestaltungsmöglichkeiten und nationale Differenzen bestanden, die sich im Verlauf der jeweiligen Transformationsprozesse eher noch akzentuiert haben.[45] Dementsprechend hat auch die von SIGMA seit 1992 vorgenommene Erstellung und Aktualisierung standardisierter und somit vergleichbarer Länderprofile der MOEL ergeben, dass die Partnerländer in Abhängigkeit von einer Vielzahl von Variablen durchaus unterschiedliche Regierungs- und Verwaltungssysteme entwickelt haben.[46]

---

44 Zu diesen Grundmerkmalen aller realsozialistischen Systeme vgl. *Klaus König*, Zur Transformation einer real-sozialistischen Verwaltung in eine klassisch-europäische Verwaltung, in: Verwaltungsarchiv 2/1992, S. 229 ff.; und *ders.*, Drei Welten der Verwaltungsmodernisierung, in: Klaus Lüder (Hrsg.), Staat und Verwaltung. Fünfzig Jahre Hochschule für Verwaltungswissenschaften Speyer, Berlin 1997, S. 399 ff.

45 Vgl. Anm. 11.

46 SIGMA erstellte erstmals 1993 sog. Public Management Profiles von den damals sechs Partnerländern. Die auf insgesamt 11 Länder erweiterte zweite Auflage wurde 1995 öffentlich zugänglich gemacht (vgl. SIGMA, Public Management Profiles: SIGMA Countries, überarb. Aufl. 1995, OCDE/GD (95) 121, Paris 1995). Die dritte und bislang letzte Auflage von 1999 bezieht alle Partnerländer mit Ausnahme Bosnien-Herzegowinas ein und ist online über den link „Publications" unter http://www.oecd./org/puma/sigmaweb/index.htm abrufbar. Laut SIGMA ist die Entwicklung unterschiedlicher Regierungs- und Verwaltungssysteme in den Part-

Aus diesem Grund hat es SIGMA immer ausdrücklich abgelehnt, einheitliche Reformstrategien für die MOEL oder die unreflektierte Übertragung bestimmter westlicher Verwaltungsreformmodelle und -inhalte zu unterstützen. Für die diesbezügliche Herangehensweise von SIGMA ist die folgende Beschreibung der Programmstrategie kennzeichnend: „The style is based on partnership and the principle that there are no models or prescriptive possibilities – rather, the emphasis is put on learning opportunities and supporting national reform efforts. [...] SIGMA is concerned to avoid imposing models of reform content or methodologies; to counter tendencies to see legislation as a solution to administrative problems; and to build support for reform amongst senior political and administration officials."[47]

In diesem Zusammenhang soll die Vermittlung von Expertenwissen aus verschiedenen westlichen Ländern durch SIGMA vor allem der Identifizierung alternativer Problemlösungen dienen, wobei die Letztentscheidung beim Partnerland verbleibt und von den konkreten Kontextbedingungen abhängig gemacht wird. Dabei wird die Skepsis gegenüber dem Recht als Steuerungsinstrument, auf das sich die legalistischen Verwaltungssysteme Kontinentaleuropas bislang überwiegend stützen, ergänzt durch die Ablehnung einer Übertragung von Konzepten des New Public Management, die aus den managerialistischen Verwaltungssystemen angelsächsischer Länder stammen.[48] Diese Zurückhaltung gegenüber dem inzwischen auch in Mittel- und Osteuropa als modern empfundenen New Public Management wird al-

---

nerländer u.a. auf deren spezifischen politischen, wirtschaftlichen und kulturellen Hintergrund, individuelle Rechts- und Verwaltungspraktiken sowie auf die Wiederaufnahme traditioneller Kontakte zu bestimmten OECD-Mitgliedstaaten und anderen Transformationsländern zurückzuführen.

47 OECD, The Annual Report of the OECD: Report by the Secretary-General 1992, Paris 1993, S. 108.

48 Vgl. dazu insbesondere ablehnend *Richard Allen*, „New Public Management": Pitfalls for Central and Eastern Europe, in: Public Management Forum (PMF) 1/1999, S. 1, 3 und 15; und ebenfalls kritisch *Helen Sutch*, The Relevance of New Public Management for Transition Countries, in: Public Management Forum (PMF) 3/1999, S. 3 ff. Zur generellen Problematik eines Transfers neuer Managementkonzepte auf Entwicklungs- und Transformationsländer am Beispiel des New Public Management vgl. die Einzelbeiträge in: Franz Thedieck/Joachim Müller (Hrsg.), Rezeption deutscher Beiträge zur Verwaltungsmodernisierung für die Zusammenarbeit mit Entwicklungsländern, Berlin 1997.

lerdings nicht von allen Politikern und Verwaltungsfachleuten in den Partnerländern geteilt und hat teilweise zu kontroversen Diskussionen geführt.[49]

5. Fazit

Sowohl die OECD als auch SIGMA verwenden die Begriffe *Governance* und *Good Governance* unsystematisch. Sieht man jedoch von den konzeptionell wenig überzeugenden Begrifflichkeiten ab, so lässt sich aus den Aufgaben und Zielen von SIGMA sowie der konkreten Programmarbeit dennoch ein einheitlicher *Governance*-Ansatz deduzieren. Demzufolge sollen die von SIGMA unterstützen Reformen von Staat und Verwaltung in den mittel- und osteuropäischen Partnerländern vorrangig die Steuerungsfähigkeit innerhalb und durch das Regierungssystem verbessern (*Governance*). Die Konzentration auf die Institutionen des *Central Government* wird dabei mit deren Katalysatorfunktion für den gesamten Reformprozess begründet.

Aus den entsprechenden Zielvorstellungen von SIGMA kann zudem eine spezifische Auffassung von *Good Governance* abgeleitet werden, die sowohl einen „technischen" Aspekt – bezogen auf die Steigerung von Effizienz und Effektivität von Staat und Verwaltung – als auch einen „politischen" Aspekt – bezogen auf die Stärkung von Demokratie und Marktwirtschaft sowie die Vorbereitung auf den EU-Beitritt – beinhaltet, die kumulativ erfüllt sein müssen.

Die praktische Umsetzung des *Governance*-Ansatzes von SIGMA soll dabei im Rahmen der fünf Kooperationsbereiche erfolgen, auf die sich die Programmaktivitäten beziehen. In dem Zusammenhang wird bewusst auf eine Übertragung bestimmter Reformmodelle aus westlichen Ländern verzichtet. Vielmehr geht es SIGMA darum, den Partnerländern alternative Problemlösungen vorzustellen, die ggf. den spezifischen nationalen Kontextbedingungen angepasst werden müssen.

---

49 Vgl. Public Management Forum 3/1999, S. 3. Gerade für vergleichsweise hochentwickelte Verwaltungssysteme wie die Tschechische Republik wird z.T. die Einführung betriebswirtschaftlicher Steuerungsinstrumente für die öffentliche Verwaltung gefordert. Vgl. dazu *Ev en Sýkora*, Zásady moderního personálního managementu platí i pro ve ejnou správu [Elemente des modernen Personalmanagements gelten auch für die öffentliche Verwaltung], in: Ve ejná Správa [Die öffentliche Verwaltung] 48/1999, S. 48 ff. Der Dank für diesen Hinweis und die entsprechende Fundstelle samt Inhaltsangabe gilt Frau *Dagmar Vankova*, Mag.rer.publ., Speyer (Anm. d. Verf.).

Die eigentliche Schwierigkeit bei der Beurteilung dieses und anderer *Governance*-Ansätze dürfte jedoch darin bestehen, einen nachweisbaren Kausalzusammenhang zwischen einer bestimmten Reformmaßnahme oder einem Maßnahmenbündel und eventuellen positiven Auswirkungen auf das politische und wirtschaftliche System eines Partnerlandes herzustellen. Letztlich wird sich jedoch an der kritischen Frage der Operationalisierbarkeit und Überprüfbarkeit der praktische Nutzen von *Governance* als Ansatz für die Zusammenarbeit mit den mittel- und osteuropäischen Transformationsländern erweisen müssen.

Rechtsstaatliche Verwaltung und Demokratie, Chancen und Risiken der entwicklungspolitischen Partnerschaft der Hanns-Seidel-Stiftung im Maghreb

von *Jürgen Theres*

1. Einführung

Der folgende Beitrag ist ein Bericht aus der Praxis der Verwaltungspartnerschaft der Hanns-Seidel-Stiftung im Maghreb und soll sich der Anwendungsorientierung des Forschungsgegenstandes widmen.[1]

Maghreb heißt auf arabisch: „Der äußerste Westen – der islamischen Welt" und wird von den Ländern Libyen, Tunesien, Algerien, Marokko und Mauretanien gebildet. Diese nord-westlichen Länder des afrikanischen Kontinents sind gleichzeitig südliche Anrainerstaaten des Mittelmeerraumes, den die Römer „Mare nostrum" nannten. Diese sind formal im Rahmen der 1989 gegründeten maghrebinisch-arabischen Union (UMA) verbunden, die jedoch wegen des ungelösten Sahara-Problems zur Zeit nicht funktionsfähig ist. Den Kern des Maghreb bilden die drei Länder Tunesien, Algerien und Marokko, die im Folgenden beispielhaft behandelt werden sollen.

Diese maghrebinischen Kernländer streben wegen ihrer intensiven wirtschaftlichen Kontakte[2] zu Europa eine enge Zusammenarbeit mit der Europäische Union an und bemühen sich im Hinblick auf die notwendige Anpassung an europäische Standards um Reformen ihrer Verwaltungen. Tunesien und Marokko haben in den letzten Jahren Assoziierungsabkommen mit der EU abgeschlossen[3], die nach einer Übergangsphase bis zum Jahre 2012 zu bilateralen Freihandelszonen mit der EU führen werden. Mit Algerien wird zur Zeit verhandelt.

Spätestens seit der Konferenz von Barcelona im Jahre 1995 ist es erklärte Politik der EU, die politische und ökonomische Anbindung der Maghreb-

---

1 Die Aussagen dieser Veröffentlichung sind ausschließlich diejenigen des Verfassers und müssen deshalb nicht den Auffassungen der Hanns-Seidel-Stiftung entsprechen.
2 50-70 % des Außenhandels mit Europa.
3 Inkraftgetreten für Tunesien März 1995, Marokko März 2000.

staaten an die Europäische Union durch Angleichung unter anderem der rechtlichen Rahmenbedingungen zu verstärken. Nach der weit fortgeschrittenen Integration der östlichen Anrainerstaaten sollen auch die Länder der Südflanke der EU an Europa angebunden werden.

Damit könnte ein friedliches, wirtschaftlich prosperierendes Gebiet geschaffen werden, das gegenüber den amerikanischen und asiatischen Wirtschaftsräumen seine ökonomisch-kulturellen Besonderheiten bewahren könnte. In Anbetracht der bürgerkriegsähnlichen Unruhen in Algerien mit etwa 100.000 Toten und den teilweise vorindustriellen gesellschaftspolitischen Strukturen im islamischen Maghreb mag diese Perspektive heute visionär erscheinen. Dennoch besteht sowohl auf Seiten Europas als auch auf Seiten des Maghreb bei vernünftiger Analyse der politischen und ökonomischen Entwicklungsparameter eine Interessenkongruenz zur verstärkten Assimilation.

Wenn man also von der politischen und ökonomischen Notwendigkeit der Schaffung eines friedlichen und prosperierenden Großraumes Europa ausgeht, muss man sich fragen, welche Voraussetzungen in den Ländern des Südens für eine stärkere Annäherung vorhanden sein müssen.

2. Die rechtsstaatlichen Verhältnisse der Maghreb-Länder

Hauptvoraussetzungen für eine Integration in Europa sind, wie die Erfahrungen der osteuropäischen Reformländer deutlich gezeigt haben, die auch im Begriff der „good governance" beinhalteten Postulate der Entwicklung rechtsstaatlicher Strukturen, wie die Berechenbarkeit der Verwaltung und die demokratisch-kontrollierende Teilhabe der Bevölkerung an der Macht. Dies gilt insbesondere für Länder, die erst in der Kolonialzeit modernes Öffentliches Recht einführten, das dann nach Ende der Kolonialzeit beibehalten wurde, da keine vorkolonialen Erfahrungen im rechtsstaatlichen Bereich existierten. So ist dieses Recht Teil der eigenen Verwaltungskultur der Maghrebländer geworden. Insoweit sollten in diesen Ländern die Prinzipien des kontinental-europäischen Rechtsstaates offensiv vertreten und verteidigt werden. Denn nur so können einerseits willkürliche Eingriffe der jeweiligen politischen Machthaber in Verwaltungsentscheidungen vermieden werden und andererseits besteht dann auch eine reelle Chance, gegen das weit verbreitete Übel der Korruption erfolgreich vorzugehen. Neben den formalen rechtsstaatlichen Bedingungen ist zur Bekämpfung der Korruption auch eine ethische Grundlage notwendig, die aber sowohl aus den Schriften des Islam wie aus der christlichen Kultur hergeleitet werden kann.

Eine der Voraussetzungen für die Entwicklungsorientierung politischen Handelns ist die Verbesserung der rechtlichen Rahmenbedingung. Denn nur bei gesetzmäßigem Handeln der Verwaltung und einklagbarem Recht sind sowohl nationale als auch internationale Investoren bereit, in diesen Ländern in signifikantem Maße zu investieren[4]. Eine Tatsache, die im Rahmen des sich beschleunigenden globalen Wettbewerbs noch stärker berücksichtigt werden muss. Eine unberechenbare, korrupte staatliche Verwaltung, eine parteiische Justiz und primär an ihrem persönlichen Profit interessierte Machthaber schrecken jeden seriösen Investor ab. Weiterhin müssen die Mindeststandards der Menschenrechte respektiert werden.

Im Maghreb erkennt man selbst in den staatlichen Führungen zunehmend die Defizite in diesen Bereichen als Hemmnisse einer ökonomischen Entwicklung und die sich daraus ergebende Notwendigkeit von Reformen an. Die Verwirklichung der Reformen ist jedoch von Land zu Land sehr unterschiedlich, da dies einschneidende Eingriffe in die bisherigen Machtstrukturen und in das etablierte Verteilungssystem der staatlichen Pfründe erforderlich macht, das in der Regel die bestehende Machtbalance stabilisiert. Ein mentales Hemmnis bei Reformvorhaben ist auch die durchaus verbreitete traditionell-islamische Vorstellung von staatlicher Herrschaft, die eher von der autoritären Führung einer durch die Religion legitimierten Macht als von einer rechtsstaatlichen Demokratie ausgeht.

Tunesien hat es bisher am erfolgreichsten geschafft, sein administratives System zu rationalisieren und auf die Bedürfnisse einer in die Weltwirtschaft integrierten Ökonomie auszurichten, so dass beachtliche Entwicklungsfortschritte erreicht werden konnten. Leider entwickelt das politische System zunehmend autoritäre, undemokratische Elemente, die der herrschenden Partei faktisch die Rolle einer Einheitspartei zubilligen. Auch die Menschenrechtssituation hat sich wegen repressiver Maßnahmen gegen die Opposition, die Presse und die Zivilgesellschaft erheblich verschlechtert.

Algerien wird nach dem absehbaren Ende des Bürgerkrieges mittelfristig die notwendigen Reformen, die eine Integration in Europa erfordern, durchführen müssen. Obwohl die Preise für Erdöl und –gas zur Zeit Rekordhöhen erreichen, womit 93 % des Staatshaushaltes finanziert werden, reichen diese zeitlich nur begrenzt verfügbaren Einnahmen nicht aus, um mittelfristig eine

---

4 S. *Schäfer*, Bürokratietheorie und Autonomie, in: Windhoff-Héritier, Verwaltung und ihre Umwelt, 1987, S. 45 f.; s. *Pitschas*, Recht und Gesetz in der Entwicklungszusammenarbeit, in: VERWARCHIV 1990, S. 466, 471; s. *Stahlmann*, Ursachen von Wohlstand und Armut, 1992, S. 64.

soziale Implosion des Landes zu vermeiden. Der Reformdruck ist insbesondere deshalb stark, da die demographische Entwicklung nur langsam berechenbar wird. Zur Zeit drängen noch sehr starke Jahrgänge von Jugendlichen auf den Arbeitsmarkt, wo eher Arbeitskräfte wegen des Abbaus der Staatsgesellschaften freigesetzt als eingestellt werden. Da die Emigration nach Europa als Ventil für die arbeitslosen Jugendlichen[5] nahezu unmöglich geworden ist, wächst ein gefährliches Potential heran, das den Staat erneut destabilisieren könnte. Zwar wurde die insbesondere vom unzufriedenen, jugendlichen Stadtproletariat getragene islamistische Revolte erfolgreich niedergeschlagen, wenn es jedoch nicht gelingt, den Jugendlichen eine soziale Perspektive zu geben, sind erneute Unruhen nicht ausgeschlossen[6].

Marokko versucht, die rechtsstaatlichen Verhältnisse zu verbessern. Obwohl formal weitgehend rechtsstaatliche Normen in Kraft sind, ist die Rechtsrealität noch unbefriedigend, da die Monarchie in der Vergangenheit ihre Stabilität zum Teil den auf Klientilismus begründeten politischen Strukturen des im letzten Jahr verstorbenen Königs verdankte. Der neue König Mohammed VI möchte Marokko zu einer konstitutionellen Monarchie nach spanischem Vorbild weiterentwickeln und in diesem Rahmen die rechtsstaatlichen und administrativen Defizite überwinden. Wegen der erheblichen Widerstände aus dem vom bisherigen System profitierenden, aufgeblähten Staatsapparat ist zu erwarten, dass es mindestens fünf bis zehn Jahre dauern wird, bis die rechtsstaatliche Entwicklung ein für die stärkere Integration nach Europa geeignetes Niveau erreicht haben wird. Die Menschenrechtssituation hatte sich schon seit Anfang des Jahrzehntes erheblich verbessert.

3. Projektziele

Ein wichtiges Ziel der Entwicklungshilfe im angehenden 21. Jahrhundert muss die Förderung demokratisch-rechtsstaatlicher Verhältnisse sowie die einer rationalen Verwaltung sein, denn nur so kann die Entwicklung sozialer und wirtschaftlich leistungsfähiger Gesellschaftsstrukturen vorangetrieben werden[7]. Aufgrund der unumgänglichen Einbindung der Entwicklungsländer

---

5 Schlachtruf der jugendlichen Fußballanhänger in algerischen Stadien „Donne-moi un visa!"

6 S. dazu ausführlich *Kepel/Gilles/Jihad*, Expansion et déclin de l'islamisme, Gallimard 2000, S. 166 f.

7 Vgl. *König*, Zum Konzept der Entwicklungsverwaltung; *ders.* (Hrsg.), Verwaltungs- und Entwicklungspolitik. 1986, S. 11, S. 33; s. *Pitschas*, Verwaltungszu-

in die Weltwirtschaft müssen diese Strukturen die wesentlichen Grundsätze eines liberalen Rechtsstaatsmodells respektieren, wobei jedoch historisch gewachsene, kulturspezifische Werte der jeweiligen Gesellschaften Berücksichtigung finden müssen, soweit diese mit den Anforderungen eines demokratischen Rechtsstaates vereinbar sind[8].

Denn Recht, das von einer Gesellschaft dauerhaft akzeptiert und internalisiert werden soll, muss stets das Produkt einer eigenständigen, sozialen Entwicklung der rechtsetzenden Gemeinschaft sein.[9] Das bedeutet, dass ein Projekt bei seinem Engagement in diesem Bereich nicht fertige Rechtsmodelle transferieren kann, sondern den lokalen Akteuren des Rechtsetzungsverfahrens helfen sollte, eine Harmonisierung des traditionellen Rechts mit den Erfordernissen eines modernen Rechts zu erreichen.

Schwerpunkte der Förderung rechtlicher Strukturen in den Projekten der Hanns Seidel-Stiftung im Maghreb liegen daher in der Entwicklung des Verfassungsrechts und der Verfassungsinstitutionen, der Verrechtlichung und Nachprüfbarkeit von Verwaltungsakten, der Dekonzentrierung, der Vereinfachung von Verwaltungsabläufen, der Dezentralisierung, weiterhin der Festigung der lokalen Demokratie sowie der Stärkung von staatlichen Kontrollinstanzen wie Verwaltungsgerichten, Rechnungshöfen und unabhängigen Justizorganen.

4. Projektpartner in der Verwaltungszusammenarbeit

Will man diese Ziele im Maghreb fördern, so geht es zunächst darum, die Bereitschaft der gesellschaftspolitisch relevanten Kräfte dahingehend zu stärken, die notwendigen Reformen im rechtsstaatlichen Bereich selbst anzugehen.

---

sammenarbeit vor neuen Herausforderungen, in: Pitschas (Hrsg.), Zukunftsperspektiven der Entwicklungszusammenarbeit, München 1993, S. 6 f.;

8   S. *Badura*, Bewahrung und Veränderung demokratischer und rechtsstaatlicher Verfassungsstrukturen in den internationalen Gemeinschaften, VVDStRL 23, S. 38; S. *Schäfer*, Bürokratietheorie und Autonomie, in: Windhoff-Héritier, Verwaltung und ihre Umwelt, 1987, S. 47; vgl. *Oberndörfer*, Politik und Verwaltung in der Dritten Welt, in: Oberndörfer/Hanf (Hrsg.), Entwicklungspolitik, S. 132; s. dazu *Tibi*, Der Islam und das Problem der kulturellen Bewältigung sozialen Wandels, 1991, S. 83.

9   Zu den historischen Erfahrungen mit oktroyiertem Recht s. *Alliot*, Über die Arten des "Rechts-Transfers" in: Fikentscher/Franke/Köhler (Hrsg), Entstehung und Wandel rechtlicher Traditionen, 1980, S. 161, 211 ff.

Grundsätzlich können Reformmaßnahmen um so schneller, leichter und mit einem geringeren Mittelaufwand initiiert und durchgesetzt werden, je erfolgreicher die jeweilige Zielgruppe auf die Politik der Regierung Einfluss nehmen kann.[10] Deshalb wird in der Projektarbeit zunächst versucht, innerhalb der Regierungen und der Verwaltungsrepräsentanten engagierte, reformbereite Führungspersönlichkeiten zu finden, die dann in ihrem Bemühen um Erarbeitung und Durchsetzung der notwendigen Reformmaßnahmen unterstützt werden.

Auch die Zusammenarbeit mit Wissenschaftlern, die dem westlich liberalen Rechtsstaatsmodell aufgeschlossen gegenüberstehen, sowie mit NGOs, die sich für die Durchsetzung liberal-rechtsstaatlicher Werte einsetzen, trägt dazu bei, obengenannte Reformen vorzubereiten. Die Möglichkeit, mit diesen Gruppen zusammenzuarbeiten, hängt in großem Maße von den Freiräumen ab, die die jeweiligen Regierungen diesen Gruppen gewähren. Im universitären Bereich gibt es in der Regel die weitestgehenden Freiräume, um Missstände anzusprechen und Reformen zu diskutieren.

NGOs, die zunehmend wichtigere Partner der Projektarbeit sind, haben sich im vergangenen Jahrzehnt insbesondere in Marokko und Tunesien entwickelt und machen verstärkt ihren Einfluss geltend. In Marokko sind zum Beispiel derzeit über 250 NGOs gesellschaftspolitisch tätig. Während die Regierung in Marokko offensiv mit diesen Gruppen zusammenarbeitet, werden sie in Tunesien leider zunehmend behindert.

5. Maßnahmen im Rahmen der Verwaltungspartnerschaft

Bei Reformen im Rechts- und Verwaltungsbereich handelt es sich nicht so sehr um ein Problem des instrumentalisierbaren, technologischen Wissenstransfers, sondern um einen langfristigen gesellschaftspolitischen Prozess[11]. Im Maghreb, dessen Elite in der Regel europäisch gebildet ist und die

---

10 S. *Kirchhoff*, Stand der Verwaltungsförderung zur Unterstützung besserer Rahmenbedingungen – Erfahrungen mit dem Sektorpapier "Verwaltungsförderung": Zwischenbilanz nach zehn Jahren und Zukunftsperspektiven, in: Pitschas (Hrsg.), Zukunftsperspektiven der Entwicklungszusammenarbeit, München 1993, S. 18 ; vgl. *Theres*, Die Evolution der politisch-administrativen Strukturen in Togo, 1989, S. 175.

11 S. *Kevenhörster*, Entwicklungsbeiträge durch Dialog und Training, 1988, S. 29; vgl. *Theres*, Droit et développement en Afrique, in: Revue de l'Ecole Nationale d'Administration Publique Rabat, 1990, S. 63.

durchaus über die Anforderungen von „good governance" informiert ist, liegen die Hemmnisse primär im Bereich der politischen Um- und Durchsetzbarkeit von Reformen. Diese häufig missachtete Tatsache bedeutet, dass auch der politischen Durchsetzung von Reformkonzepten größtmögliche Aufmerksamkeit gewidmet werden sollte.

5.1 Politikdialog

Die Reformbereitschaft der bereits an der politischen Macht beteiligten Gruppen wird von der Hanns-Seidel-Stiftung dadurch gefördert, dass mit zu Reformen bereiten Ministern und deren unmittelbaren Mitarbeitern *Studien- und Informationsreisen* zu europäischen Verwaltungen oder internationalen Fachtagungen durchgeführt werden. Die Bedeutung solcher Studienreisen darf nicht verkannt werden, da Leitbild- und Vorbildfunktionen bei der Realisierung von gesellschaftspolitischen Reformmaßnahmen eine wichtige Rolle spielen[12].

Die oben erwähnten Studienreisen können auch dazu dienen, dass die politischen Repräsentanten mit deutschen Homologen in einen Politikdialog treten und auch von dieser Seite zu Reformen ermuntert werden. Allgemein darf die Bedeutung eines flankierenden Politikdialogs auf einer eher persönlichen Basis nicht geringgeschätzt werden, da in vielen Entwicklungsländern aufgrund der oralen, personenbezogenen Kommunikationstradition Reformansätze oftmals eher durch persönliche Kontakte als durch ausgefeilte Studien angeregt werden können.

Zu einem gelungenen Politikdialog wären aber auch vermehrt Reisen deutscher Politiker und Verwaltungsrepräsentanten in den Maghreb nötig, die das Interesse der deutschen Politik an der evolutionären, friedlichen Entwicklung dieser Länder dokumentieren und dem Aufbau neuer Feindbilder entgegenwirken könnten. Leider findet ein solcher Politikdialog aufgrund des geringen Interesses Deutschlands am Maghreb nur in unzureichendem Maße statt. Diese Haltung müsste im Interesse eines europäischen Friedensraumes dringend überdacht werden.

---

12 S. dazu *Bryde*, The politics and sociologiy of african legal development, S. 32; vgl. *Theres*, Recht und Entwicklung in Afrika, in: Philipps/Wittmann (Hrsg.), Rechtsentstehung und Rechtskultur 1991, S. 116 f.

5.2 Wissenschaftskooperation

Reformprozesse können auch gefördert werden, indem Kontakte zwischen deutschen Hochschulen und juristischen Fakultäten, Verwaltungshochschulen, Richterakademien sowie Wissenschaftlern, die dem liberal-rechtsstaatlichen Gesellschaftsmodell nahe stehen, vermittelt und unterstützt werden. Das Projekt im Maghreb arbeitet insoweit insbesondere mit der Hochschule Speyer und der Universität München zusammen. Fremdsprachenkenntnisse deutscher Verwaltungswissenschaftler sind im Bereich der Wissenschaftskooperation unbedingt erforderlich, denn die Erfahrungen der Vergangenheit haben gezeigt, dass ein längerfristiger Gedankenaustausch ohne französische Sprachkenntnisse nicht zustande kommen kann.

In Kolloquien mit internationaler Beteiligung können Reformkonzepte initiiert und wichtige Anregungen zur Durchsetzung von Reformmaßnahmen gegeben werden. Insbesondere aufgrund der Tatsache, dass wegen der geringen Anzahl von Fachleuten viele Verwaltungswissenschaftler gleichzeitig in Beraterstäben der Regierung mitarbeiten, besteht die Möglichkeit, Entscheidungen der Regierungen indirekt mit zu beeinflussen. Im Sinne dieser Zielsetzung hat das Projekt im vergangenen Jahrzehnt über 80 internationale, regionale und lokale Kolloquien mit Partnern aus dem Hochschulbereich und NGOs zu aktuellen Reformthemen wie Weiterentwicklung der Verfassung, Verwaltungsreform, Dezentralisierung in all ihren Aspekten, Einführung der Verwaltungsgerichtsbarkeit, interne und externe Finanzkontrolle etc. organisiert.

Zur Information weiterer Kreise wurden über 50 Fachbücher veröffentlicht, die überwiegend die Kolloquiumsergebnisse zusammenfassten oder aktuelle Beiträge zu Reformdiskussionen beinhalteten.[13]

5.3 Fortbildung

Die Schaffung neuer gesetzlicher Grundlagen und deren politische bzw. parlamentarische Umsetzung allein gewähren noch keinen Erfolg. Wichtig ist vielmehr, dass die Angehörigen des öffentlichen Dienstes als entscheidende Träger der Reformmaßnahmen, diese inhaltlich akzeptieren und korrekt anzuwenden gedenken. Hindernisse bei der Errichtung rechtsstaatlicher Verhältnisse, d.h. bei der Durchsetzung der Reformmaßnahmen sind oft dann

---

13 Auflistung der Publikationen unter www.hssma.org.

gegeben, wenn die oben genannten Personengruppen nur unzureichend ausgebildet sind. Aus diesem Grund hat die Hanns-Seidel-Stiftung innerhalb der letzten zehn Jahre in über 1500 Seminaren die Fortbildung von über 45000 Beamten, darunter auch Gemeindebeamten unterstützt. Nachdem zunächst die Mitarbeiter der Zentralverwaltungen fortgebildet wurden, werden nunmehr schwerpunktmäßig die leitenden Beamten der Gemeinden im Rahmen der Dezentralisierungsbemühungen im Landesinnern fortgebildet.

6. Zusammenfassung

Zusammenfassend kann festgestellt werden, dass die Probleme bei der Umsetzung der notwendigen Reformen im Bereich der „Governance" nicht so sehr fachlicher Art als vielmehr politischer Art sind. Es geht vor allem darum, die Reformmaßnahmen gegen starke Interessengruppen, die vom bisherigen System profitiert haben[14], durchzusetzen. Aus diesem Grunde müssen Akteure in der Gesellschaft, die diese Prozesse beeinflussen können, fachlich und politisch unterstützt werden. Dabei ist es notwendig, jeweils ausgehend von der speziellen Situation eines Landes, die Kräfte zu unterstützen, die diese Prozesse positiv beeinflussen können. Das können Politiker, hohe Verwaltungsbeamte, Hochschullehrer oder Vertreter von NGOs sein.

Kurzfristige Erfolge können in diesem Bereich nicht erwartet werden, da es sich um schwierige gesellschaftspolitische Machtverschiebungen und Änderungen von Werten und Einstellungen handelt[15]. Außerdem sollte man sich der Begrenztheit der mit den Instrumenten der Zusammenarbeit zu beeinflussenden Parameter der gesellschaftspolitischen Entwicklung stets bewusst sein. In Anbetracht der schnell voranschreitenden Globalisierung bleibt dennoch zu hoffen, dass den Maghreb-Ländern genügend Zeit bleibt, diesen Prozess erfolgreich zu bestehen, ehe wegen unzureichender Investitionen Entwicklungschancen verstreichen.

---

14 Vgl. auch *Theres*, Recht und Verwaltung, unterschätzte Problemfelder einer nachhaltigen Entwicklung in E+Z 1996:3, S. 90 f.
15 S. *Kevenhöster*, Entwicklungsbeiträge durch Dialog und Training, 1988, S. 23; s. *Pitschas*, Die Reform der Öffentlichen Verwaltung als Organisationsentwicklung durch Fortbildung, in: Verw-Archiv 1981, S. 13.

Local Governance und Verwaltungskultur in Entwicklungsländern

von *Klaus Simon*

Einführung

Local governance ist eine entwicklungspolitisch wichtige Ausprägung von Governance. Es wird hier weniger normativ-inhaltlich im Sinne von good governance, sondern empirisch-strukturell behandelt: als Konstellation von Akteuren in Netzwerk(ansätz)en, die intersektoral (staatlich, privatwirtschaftlich, gemeinschaftlich) und intergouvernemental (subnational und national), also interorganisational zusammengesetzt sind. Speziell geht es um zwei Dimensionen von Governance in Entwicklungsländern:

- Einmal vorwiegend um die lokale und regionale Dimension, hier local governance genannt. Deren entwicklungspolitische Relevanz ergibt sich aus den zwar immer wieder kritisch hinterfragten, aber heute alternativlos überall empfohlenen und verfolgten Dezentralisierungsstrategien in Entwicklungsländern[1]. An local governance interessiert entwicklungspolitisch besonders, welche Chancen es als Akteurs-Netzwerk zur Steuerung lokaler Politik in entwicklungsförderlichem Sinne eröffnet.

- Zum anderen um die kulturelle Dimension, in der wichtige Voraussetzungen für diese Zielsetzung liegen. Dazu gehören sowohl die Inhalte als auch eventuelle Unterschiede und Vereinbarkeiten von Kulturen auf verschiedenen Ebenen: allgemeine Landes- oder Gesellschaftskulturen, speziellere Regional- oder Lokalkulturen, funktionsspezifische Organisationskulturen wie Verwaltungs- und Unternehmenskulturen. Die Bedeutung dieser mentalen Systeme für die Funktionsfähigkeit von Organisationen wird zunehmend erkannt, nachdem sie lange gegenüber strukturellen und institutionellen Fragen vernachlässigt wurden. Sie wirken sich innerhalb der Organisation aus, aber auch gegenüber deren Umwelt ein-

---

1 Hierzu kann auf laufend erscheinende Veröffentlichungen verwiesen werden: neuestens *Thedieck*, 2000 m. w. Lit.; ferner die Weltentwicklungsberichte 1997 und 2000/2001; *Steinich*, 1997a; als empirische Übersicht *Simon* 1994; kritisch *Rösel*, 1999.

schließlich anderen Organisationen. Deshalb gelten sie als ein Erfolgsfaktor auch für interorganisationale Netzwerke.

1. Local Governance in Entwicklungsländern

1.1 Von "Local Government" zu "Local Governance"

Verwaltungs- oder organisationskulturelle Probleme von local governance ergeben sich aus seiner spezifischen Struktur:

Der Wandel von klassischem local government zu local governance bedeutet den Übergang zu einer Art Regime-Strukturen, wie sie aus der amerikanischen Stadtpolitik bekannt sind und für Deutschland etwa von Kleger[2] als "urbane Regime" konzipiert wurden: Netzwerke, in denen organisierte Akteure aus allen Sektoren, die über die erforderlichen Ressourcen verfügen, zur Steuerung lokaler Politik kooperieren und die politischen und administrativen Akteure nur eine Gruppe unter anderen, vielleicht mit Moderationsfunktion, sind.

Local governance führt in den Außenbeziehungen zu den Adressaten und Interaktionspartnern zu Vertrags- anstelle hierarchischer Beziehungen, Wettbewerb anstelle Zuständigkeit. Einseitige Beziehungen wie natürlich Subordination, aber inzwischen selbst Dienstleistung, werden durch wechselseitige wie zumindest Kooperation, möglichst aber Koproduktion abgelöst, Bürger sollen Kunden, ja Koproduzenten werden[3]. Konzeptionell wird dieser Wandel befördert von Verwaltungsreformen nach dem Modell eines New Public Management.

1.2 Local Governance in Entwicklungsländern[4]

– Empirisch erst in Ansätzen vorhanden

Neuerdings wird dieselbe "Entzauberung des Staates" in Entwicklungsländern festgestellt wie Anfang der 80er Jahre von Willke für Industrieländer[5].

---

2   *Kleger*, 1996.

3   Z. B. *Banner*, 1999.

4   *Simon*, 2000

5   *Trotha /Rösel*, 1999, vgl. *Trutz von Trotha*, in: DIE ZEIT 10. 8. 2000; ferner *Bierschenk/Sardan*, 1997, 1999.

Empirische Grundlage ist, dass in *Westafrika*, vorwiegend mangels staatlicher Präsenz und Kompetenz, *lokale und regionale Governance-Konstellationen* existieren. "Para-Staatlichkeit" traditioneller Führer und Akteure im Verein mit NGOs herrsche in einer "lokalen politischen Arena"[6]. Es gibt ähnliche[7], aber auch *andere*, fast gegensätzlich *Befunde:* z. B. aus unseren Untersuchungen in einer ländlichen Provinz *Chiles*[8], wo die zentralistische Instrumentalisierung des zivilgesellschaftlichen Sektors und die lokale Beziehungsschwäche zwischen Politik und Wirtschaft weithin kein Governance-Spektrum entstehen lassen, oder aus *Mali,* wo der staatliche Durchgriff zumindest vor der Dezentralisierung bis auf die lokale Ebene reichte und die Bevölkerung ihn nur mit den von Spittler bekannten Ausweichstrategien mildern konnte[9], und auch aus *Uganda*[10], wo umgekehrt der erklärte Dezentralisierungswille der Regierung lokal leerlief, weil die Verwaltung nicht mit der Zivilgesellschaft kooperierte und passiver Zentralismus fortdauerte[11].

Zusammenfassend sind also eher *unterschiedliche Konstellationen* festzustellen: Besonders in Afrika finden sich fast überall traditionelle Strukturen, so dass sogar von "Re-Traditionalisierung" die Rede ist[12]. (N)GOs der "Geber" sind überall dauernd präsent. Öffentliche Politik und Verwaltung aus den verschiedenen Ebenen sind teils in unterschiedlicher Leistungs- und Steuerungsfähigkeit und ggf. mit überwiegend noch zentralistischer Tendenz vorhanden, teils (vor allem auf der untersten Ebene) abwesend. Einheimische NGOs und traditionale lokale Gemeinschaften (Zivilgesellschaft) existieren ebenfalls in unterschiedlicher Stärke, teilweise staatlich instrumentalisiert oder reguliert, sonst überwiegend von ausländischer Unterstützung abhän-

---

6 *Klute*, 1999.

7 Etwa für Nigeria: *Francis,* 1995, *König,* 1997; Burkina, Niger: *Bako-Arifari,* 1999; Benin: *Fritz,* 1998; Ghana: *Amanor/Annan,* 1999.

8 *Simon/Neu,* 2000 und *Simon* u. a., 1997 mit Länderband Chile von *Bernadette Neu/Lilian Eckert/Ira Haberstroh*.

9 *Steinich*, 1997.

10 *Mathauer,* 1997, 2000; *Breckner,* 2000; vgl. *Olowu,* 1999, der den Ausschluss der seiner Ansicht nach hoch leistungsfähigen religiösen Organisationen beklagt.

11 Ähnlich für andere afrikanische Staaten *Amanor/Annan,* 1999 (Ghana), *Rejine/van Rouveroy,* 1999 (Togo), *Miles,* 1993 (Niger, Nigeria, Vanuatu).

12 *Chabal/Dioz,* 1999.

gig. Die private Wirtschaft ist als politischer Akteur schwach und oft nicht in die local governance integriert[13].

– Entwicklungspolitisch defizitäres Stadium

Angesichts dessen *reicht* es *keineswegs*, dass *empirisch* eine lokale Akteurskonstellation von Chefferie und Organisationen der Entwicklungszusammenarbeit die staatlichen Steuerungs- und Präsenzdefizite teils ausgleicht, teils aber verschärft[14] und dass sie äußerlich die Merkmale von local governance aufweist. Entwicklungspolitisch muss auf dem *normativen* Charakter des Governance-Ansatzes insistiert werden:

– Es geht in Entwicklungsländern nicht nur um die Herausbildung nichthierarchischer Strukturen, also z. B. einer Allianz der über die Ressourcen verfügenden Akteure. Vielmehr sind auch demokratische *Legitimation* mit Offenheit für Beteiligung aller relevanten Akteure erforderlich. Hier liegen auch die politischen Defizite der Netzwerkansätze bei uns.

In dieser Hinsicht gibt es überall erheblichen *Reformbedarf unter Einschluss des Staates* und das besonders zugunsten der *armen Bevölkerung*. Die bei *von Trotha/Rösel*[15] eher positiv wiedergegebene Äußerung eines Tuareg "Nous n'avons pas besoin d'Etat" erscheint deshalb weit übertrieben.

– Ferner braucht es zur Effizienzsteigerung durch "synergetic partnerships" zwischen je für sich defizitären Akteuren[16], auch die *tatsächliche Kooperation*, damit das "collaborative advantage"[17] genutzt wird, und nicht nur für die Interessen der Akteure nützliche Koalitionsbildungen.

Idealtypisch bedeutet diese Konstellation aus der Sicht des klassischen local government eine *Funktionsveränderung*

– vom universellen Steuerungsanspruch der lokalen Politik zur *Kooperation*, günstigstenfalls *Koordination*, mit

---

13 *Tangri*, 1998, 120. Dies ist besonders schade, weil lokale Wirtschaftsentwicklung auch politische Dezentralisierung fördern kann, so *Doner/Hershberg*, 1999.

14 NGOs mit Ressourcen und Leistungsfähigkeit schwächen Position der Präfektur gegenüber traditionellen Chefs (*Rejine/van Rouveroy*, 1999, 179 f.). Vgl. die Warnung vor Übergehung des Staates durch Kooperation NGO-private lokale Beratungsinstitutionen bei *Laurent*, 1999, 116.

15 *von Trotha/Rösel*, 1999.

16 *White/Robinson*, 1998, 242.

17 *Huxham*, 1996.

- offenerer *Einbeziehung aller Bevölkerungsgruppen* in Steuerung und Implementation und
- größerer *Autonomie* gegenüber den regionalen und nationalen Instanzen, teilweise sogar
- *Übernahme* von deren Funktionen und *Personal* (z. B. regionale technische Dienste) in die lokale Verwaltung.

Die Vorteile solcher Governance-Strukturen sind auch für Entwicklungsländer vielfach dargestellt worden[18].

Die folgende Skizze zeigt schematisch denkbare Akteurstypen in einem local governance-Netzwerk.

---

18   *Ostrom* 1996; *Larmour,* 1997; schon früher *Hyden,* 1990; vgl. *Atomate,* 1996.

Akteure im Local-Governance-Netzwerk

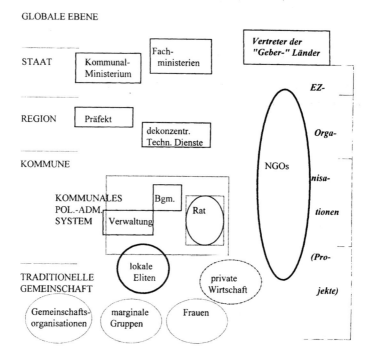

Rechtecke: öffentlicher Sektor
Ellipsen: privater/gemeinschaftlicher Sektor
kursiv: ausländische EZ

(nach: gtz 1999, 4. 4. 1.)

- Organisationskultur als Bedingung

Dezentralisierungsreformen in Verbindung mit local governance bedeuten einen tiefgreifenden Umbruch, zumal wenn sie mit weiteren Veränderungen wie Verwaltungsreform, Globalisierung und "reconciliations"-Versuchen zusammentreffen: "La décentralisation est un nouveau cadre de concertation entre individus, groupes d'intérets divers, institutions diverses. Elle bouleverse toutes les règles de jeux dans une nouvelle arène avec des acteurs nouveaux qui se retrouvent dans des roles différents et nouveaux.[19]"

Wie aus solchem Umbruch nun *Chancen* oder Probleme im Reformprozess hervorgehen, das hängt mit von der *verwaltungs- und (inter)organisationskulturellen Situation* in diesen Konstellationen ab, die nachfolgend zu behandeln ist: "governance modes are highly complex and are shaped by local, political and cultural conditions."[20]

2. Potentielle kulturelle Unterschiede zwischen Akteuren in Local Governance

2. 1 (Verwaltungs-, Unternehmens- und Organisations-)Kultur als Konzept

Kultur als Bedingung von Funktionen in und zwischen Organisationen ist heute weithin anerkannt. Es gibt auch breite Literatur zu Teilaspekten, vor allem zur Kultur *in* Organisationen, speziell privater Unternehmen, meist als "Organisationskultur" bezeichnet[21]. Die Verwaltungskultur der öffentlichen Akteure, die hier eher interessiert, ist jedoch noch weniger bearbeitet[22]. Sie rückt allerdings mit dem "Stillstand auf der Baustelle"[23] der kommunalen *Verwaltungsreform* stärker ins Blickfeld, weil ihre Vernachlässigung als ein Grund dafür angesehen wird, dass die Reform nicht besser vorankommt.

Immerhin haben für Entwicklungsländer bereits Illy und Thedieck[24] die Bedeutung der *Verwaltungskultur als zentrale Bedingung für Verwaltungsreformen* erkannt. Sogar von "cultural capital" (neben "money capital" und dem viel zitierten "social capital") ist heute im Zusammenhang mit Entwicklung die Rede[25].

---

19 gtz, 1999, 105.
20 *Huppert/Urban*, 1998, 61.
21 Z. B. *Bleicher*, 1999; *Schreyögg*, 1999; bester Kurzüberblick *McCarthy*, 1998.
22 *Jann*, 1983; *Römer-Hillebrecht*, 1998; *van Waarden*, 1993.
23 *Bogumil*, 1998.
24 *Illy/Kaiser*, 1985; *Thedieck*, 1997.
25 *Portes/Landolt* 2000, 531, nach *Bourdieu*.

In unserem engeren Themenzusammenhang finden sich beim UNDP zu "Decentralised Governance Policies ..." 1998 die Ermahnungen: "Consider the existing cultural DNA" und "Consider the mental model which is being used"[26].

Die hier im Mittelpunkt stehenden kulturellen Relationen *zwischen* Organisationen und in interorganisationalen Netzwerken sind noch kaum behandelt, aber plötzlich in aller Munde, vor allem der Unternehmensberater, inzwischen auch der Alltagspresse[27], weil Erfolge der grassierenden Allianzen und Fusionen mit davon abhängen.

Trotz dieser vielen Bezugnahmen auf die Kultur ist die Bereitschaft, sie in der Praxis zu berücksichtigen, noch wenig verbreitet [28]. Eine löbliche Ausnahme macht die GTZ, wenigstens halb, mit einem sog. "culture audit" für ihr "Provincial Administration Program" in Südafrika. Dessen publizierte Darstellung[29] zeigt Bewusstsein für die Problematik, aber auch, dass deren Behandlung noch in den Kinderschuhen steckt.

Hier steht Verwaltungskultur im Vordergrund, weil die Verwaltung der hauptsächlich interessierende Akteur ist. Gemeinsamkeiten mit den Kulturen der anderen Akteure nehmen aber in dem Maße zu, in dem alle sich am Vorbild der privaten Unternehmung, der Unternehmenskultur, orientieren. In local governance Konstellationen kommen Ansätze zu gemeinsamer Netzwerkkultur als *interorganisationaler Kultur* hinzu, die wiederum analog zu privatwirtschaftlichen strategischen Allianzen[30] oder sogar mergers gesehen werden.

Organisationskultur bildet den *Oberbegriff* für diese verschiedenen Teilkulturen und wird in der Folge auch so verwendet. Darunter ist zu verstehen: Ein System *gelernter organisationsspezifischer und auf die Organisation im weitesten Sinne bezogener Einstellungen* (in verschiedenen Tiefenschichten und damit zeitlichen Stabilitätsgraden von festen Werten bis zu

---

26 UNDP, 1998.

27 Z. B. DIE ZEIT, 14. 9. 2000 zum deutsch-französischen Luft- und Raumfahrt-Konzern EADS; vgl. *Dülfer*, 1999.

28 Zutreffend kritisiert *Peters*, 1996, 113, den "collective faith in manipulating formal structures and procedures" für Verwaltungsreformen. Typisch *Bardill*, 2000, wo Kultur nur in der Überschrift vorkommt.

29 *Schmidt*, 1999.

30 *Thomas-Slayter*, 1994, 1485: ""dynamic interface" between civil organizations, markets and states .. let us ... call it an alliance".

oberflächlichen Meinungen, teilweise auch typische Verhaltensmuster[31]) einschließlich Wirklichkeitsvorstellungen von Organisationsmitgliedern.

Dreierlei Annahmen zu diesen mentalen Dispositionen sind hier wichtig:

- Sie beeinflussen das individuelle *Verhalten* und die Kollektiv*funktionen* und letztlich auch -Strukturen: "structure follows culture".

    Zwar geschieht in einem Lernprozess auch Gewöhnung an neue Strukturen, die Beziehung ist also grundsätzlich *wechselseitig*. Trotzdem tritt etwa bei der Umsetzung von Verwaltungsreformen "Stillstand auf der Baustelle" ein: Organisationsänderungen können zwar rasch verfügt werden, die entsprechenden Einstellungen *ändern* sich aber, soweit überhaupt, nur sehr viel *langsamer*. Ihre Wandlungsfähigkeit ist deshalb ein zentrales Problem für Verwaltungsreformen.

- Sie werden in einem *Kollektiv* mehr oder weniger geteilt und sind in ihrer Verteilung für das Kollektiv spezifisch. Zwischen verschiedenen Kollektiven (Kulturkreis, Schicht, Berufsgruppe und eben auch Organisation und Behörde) kann es in diesen Verhaltensdispositionen Unterschiede geben, so dass sie mehr oder weniger kompatibel sein können, was als Problem bei mergers (aktuell etwa Daimler-Benz und Chrysler) häufig auftritt.

- Sie hängen miteinander inhaltlich mehr oder weniger fest zusammen als *System*, was ihren Einfluss auf das Verhalten verstärken und ihre Erkennbarkeit und evtl. Übertragbarkeit als Paket erleichtern kann. Für interorganisationale Beziehungen in Entwicklungsländern ist aus dieser Dimension besonders wichtig die Kompatibilität der Kulturen mit Reform-Inhalten[32].

    Hier sollen im wesentlichen Ausmaß und Wahrscheinlichkeit kultureller *Unterschiede* und Kompatibilitäten *zwischen* Organisationen in local governance erörtert werden. Auf Inhalte kann nur abschließend kurz eingegangen werden.

---

31 Speziell dazu *Keraudren*, 1996; ferner Deutungs-/Sozialkultur bei *Römer-Hillebrecht*, 1998; values/practices bei *Hofstede*, 1999.

32 Da liegt gegenwärtig das Problem unserer Verwaltungsreform: Überkommene bürokratische Verwaltungskultur existiert nebeneinander mit der neuen Organisations- oder gar Unternehmenskultur des NPM.

2.2 Kulturtypen und -unterschiede in Local Governance

Organisationskultur wird zunehmend als wichtiger Faktor der Leistungsfähigkeit von Organisationen in Entwicklungsländern "entdeckt" und dies speziell für die hier relevante *entwicklungspolitische Leistungsfähigkeit*[33].

Ferner ist die Kritik an der entwicklungspolitischen Leistungs*un*fähigkeit der dortigen öffentlichen Verwaltung seit Jahrzehnten weitgehend eine Kritik ihrer Verwaltungskultur, auch wenn der Begriff dafür erst neuerdings geläufig geworden ist. Wenn durch local governance andere Akteure die Verwaltung ergänzen oder ersetzen, erweitert sich das Kulturproblem von der Verwaltungskultur auf die Organisationskulturen aller Akteure.

Das wirft über *intra*organisationale Fragen hinaus weitere auf, die *inter*organisationaler Art sind:

- Sind Unterschiede zwischen Verwaltungskultur/Organisationskultur der Beteiligten für die Kooperation in local governance von Bedeutung, also: Wie *kompatibel* sind die Kulturen der local governance-Akteure?

- Wie *offen* sind die jeweiligen Organisationskulturen überhaupt für Netzwerkkooperation in local governance?

- Ist die Herausbildung einer Art *eigener Netzwerkkultur* denkbar und sinnvoll und ggfs. in welcher Intensität?

- Interkulturell: Nationalkulturen

Obwohl es hier um *local* governance geht, kann auch die interkulturelle Problematik der globalen und nationalen Ebenen dort eine Rolle spielen. Zwar dürfte die Tendenz zur global-player-Management-Kultur, falls es sie gibt, noch kaum soweit hinunter gedrungen sein; doch sind ausländische und internationale EZ-Organisationen als wichtige Akteure in local governance permanent und ubiquitär präsent. Das daraus resultierende Problem der interkulturellen Kooperation ist seit ja Jahrzehnten Thema in der Entwicklungszusammenarbeit.

In ihrer Organisationskultur werden z. B. von Hofstede die meisten Entwicklungsländer (allerdings waren keine afrikanischen dabei) nach seiner 20 Jahre alten Studie in das hierarchische Modell der "Pyramide" oder patriarchalische der "Familie" eingeordnet; Ausnahmen sind Indien und einige Schwellenländer Südostasiens. Dagegen wählte er für Industrieländer den

---

33 *Grindle*, 1997.

verhandlungsgeprägten "Wochenmarkt" (Beispiel GB) oder die regelhafte "geölte Maschine" (Beispiel D) als Bilder[34]. Hier bilden Frankreich und andere romanische Länder Ausnahmen (Pyramide)[35].

Kulturunterschiede bestehen also typischerweise zwischen Industrieländer- und Entwicklungsländer-Organisationen, aber auch zwischen Organisationen aus unterschiedlichen Entwicklungsländern und zwischen solchen aus unterschiedlichen Industrieländern. Umgekehrt kommen Ähnlichkeiten vor: So liegt etwa die Kultur Frankreichs im Autoritätsgefälle, Skandinaviens in der Femininitätsdimension (Lebensqualität) näher an der Afrikas, soweit man dort von gemeinsamen Grundzügen einer afrikanischen Organisationskultur sprechen kann, und liegen latino-amerikanische mit -europäischen Ländern insoweit näher beieinander. Unter local-governance-Beteiligten könnte das sowohl die Nord-Süd- als auch die Süd-Süd-Kooperation als auch die Geberkoordination beeinflussen.

Die *Universalismus*-These nimmt dagegen eine weltweit länderübergreifende intrasektorale, branchen-, funktions- oder berufsspezifische Verwaltungskultur und Unternehmenskultur an, zumindest für die "global players": Bürokraten oder Manager in aller Welt seien sich jeweils kulturell ähnlicher als ihren Mitbürgern, d. h. der übrigen Bevölkerung einschließlich anderer Berufsgruppen[36].

Empirisch stellt das etwa Jamil für die NGOs in Bangladesh fest: "NGOs share an international community development culture more than reflecting their own national cultural norms"[37]. Sie scheinen also die eigentlichen cultural global players zu sein. Diese Universalismus-These wird allerdings

---

34 *Hofstede*, 1997. Er entnahm das den für Organisationen erklärungskräftigsten Dimensionen Risikovermeidung und Autoritätsgefälle (Machtdistanz). Die anderen waren Maskulinität/Femininität, eine Art Leistungs- vs. Lebensqualitäts-Dimension, und Individualismus/Kollektivismus. Inzwischen ist noch eine entwicklungspolitisch wichtige Basisdimension in der Zeitorientierung gefunden worden, wo Langfristigkeit die wirtschaftlich erfolgreichen Tiger auszeichnet. Ähnliche Einteilung aus strukturfunktionalistischer Sicht in der rein theoretischen Arbeit *Römer-Hillebrechts*, 1997, über "administrative Lebensstile".

35 Zwar sind diese Zuordnungen inzwischen differenziert worden. In der Gesamttendenz entsprechen sie noch dem Stand der Erkenntnis. Vgl. für Afrika z. B. *Grzeda/ Asogbavi*, 1999; für Bangladesh *Jamil*, 1998; generell *Dülfer*, 1999, und die Übersicht bei *Hickson/Pugh*, 1995.

36 Überblick zur Kontroverse bei *Lubatkin* u. a., 1999.

37 *Jamil*, 1998, 129.

bestritten von Hofstede[38]: Nach ihm müssten sich z. B. afrikanische Bürokraten und Manager stärker von westlichen Bürokraten und Managern unterscheiden, als beide Gruppen jeweils von ihren Landsleuten. Die *traditionellen Akteure und die öffentliche Verwaltung* im local governance vertiefen die Unterschiede vermutlich, da sie die "*nationalsten*" Kulturen von allen Beteiligten haben dürften, letztere u. a., weil Staatsangehörigkeit in der Verwaltung erforderlich ist[39].

Das bedeutet, dass von der globalen und nationalen Ebene bis hinunter in die Kulturen eines local governance-Netzwerkes, je nach dessen Zusammensetzung, kulturelle Relationen von Ähnlichkeiten bis zu extremsten Unterschieden möglich sind.

– Stadienspezifisch: moderne/traditionelle Kultur

Mit den nationalspezifischen hängen, wie aus vorstehenden Gruppierungen schon zu erkennen, stadienspezifische Unterschiede zwischen moderner und traditioneller Kultur eng zusammen.

Neuere Befunde verdeutlichen dies, indem sie zeigen, dass Wohlstandssteigerung auch in Entwicklungsländern die Risikobereitschaft etwas erhöht, also insoweit eine kulturelle Annäherung an Industrieländer bringt[40].

Fundamental bleibt aber beispielsweise für local governance die unterschiedliche Weltsicht[41]. Nach ihr ist etwa in traditionalem afrikanischen Verständnis "la décentralisation paradoxale" und "l'autorité centrale . . . est en réalité considerée comme illégitime . . . pour ce qui concerne les problèmes intérieurs où sont parties prenantes les puissances du monde invisible"[42]. Sehr anschaulich für local governance zeigt dies das Beispiel eines lokalen "clash of cultures" in Togo, wo Kantons-Chef und andere traditionelle Führer ge-

---

38 *Hofstede*, 1998.

39 Als Lösung bietet *Hofstede*, 1998, heute an, die "practices" könnten, weil oberflächlicher, eher sektor-, funktions- oder berufsspezifisch variieren. So könnten hier auch eher universalistische Organisationskulturen entstehen als in den tieferen "values". Das stößt sich aber an der Annahme, die oberflächlicheren Kulturschichten seien durch die grundlegenderen beeinflusst. Es hilft vor allem nicht weiter in Umbruchsituationen, um die es sich gegenwärtig bei local governance in Entwicklungsländern handelt. Dafür sind (noch) keine "practices" vorhanden, so dass zunächst auf die "values" zurückgegriffen werden muss.

40 *Hofstede*, 1999.

41 *Dülfer*, 1999, versucht für Management-Zwecke handfeste Interpretationen der Weltreligionen.

42 *Poirier*, 1999, 86.

gen die Überschwemmung des Marktes Wettergottheiten günstig stimmen, der Präfekt aber die Drainage verbessern wollten ("prefect and the chief draw on two different cosmologies")[43].

Wie relevant die fast überall fortdauernden[44] traditionellen Strukturen werden oder bleiben, wird von der Strategie des Umgangs damit zwischen Eliminierung, nichtregulierter Dualismus, kontrollierter Dualismus oder Integration[45] beeinflusst, was letzteres als "reconciliation" wohl die bevorzugte Variante ist, so in der Weltbank-Studie von Dia.

– Intersektoral: Verwaltungs-/Unternehmens-Kultur

Eine weitere Unterschiedslinie in local governance verläuft *zwischen* den *Sektoren*:

Die Verwaltungskultur öffentlicher *Behörden* trifft auf die Unternehmenskultur privater *Unternehmen*. Diese interorganisationale Beziehung kann locker wie eine privatunternehmerische Allianz bleiben. Selbst dabei aber wird zum Problem, ob beide in ausreichendem Maße vereinbar sind und wie sich dieses Maß bestimmen lässt. Je intensiver die Kooperation wird, desto größere Kompatibilität erfordert sie zwischen den Kulturen der beteiligten Behörden, der Unternehmenskultur der Wirtschaft oder der Organisationskultur der Partner aus dem sog. *"Dritten Sektor"*.

– Intrasektoral: Unterschiede in und zwischen Behörden

Schließlich sind selbst *innerhalb der Sektoren* Unterschiede zu erwarten: Z. B. im öffentlichen Sektor, wozu auch int*er*gouvernementale zwischen Behörden verschiedener Ebenen und int*ra*gouvernementale zwischen solchen verschiedener Aufgabenstellung gehören: etwa zwischen Ministerialbediensteten, denen die Welt vor allem in Akten und auf Besprechungen und Konferenzen entgegentritt, und den street level bureaucrats der Kommunalverwaltung mit starkem Publikumskontakt. Selbst *intraorganisationale* Unterschiede finden sich, also nach Verwaltungszweigen und selbst innerhalb einer Behörde nach Aufgaben[46], was besonders in multifunktionalen Behördenkomplexen wie in local governance zu vermuten ist.

---

43   *Rejine/van Rouveroy*, 1999, 178.
44   *Miles*, 1993.
45   *Hinz*, 1999, 222; ähnlich und ausführlicher *Bako-Afari*, 1999a.
46   Vgl. *Römer-Hillebrecht*, 1997, für Unternehmen *Hofstede*, 1998a.

Eine Art merger-Problematik könnte entstehen zwischen Ingenieuren der staatlich dekonzentrierten services techniques, und der lokalen oder regionalen Einheitsverwaltung, in die sie bei Dezentralisierung häufig integriert werden (sollen).

Sogar innerhalb des gemeinschaftlichen Sektors unterscheiden sich z. B. Wohlfahrtsverbände, und selbst kirchliche, etwa evangelische von katholischen, in ihrer Organisationskultur[47].

2.3 Kooperationsrelevante Eigenschaften von Verwaltungs- und Organisationskulturen

– Relevanz organisationskultureller Unterschiede

Vielleicht ist ein verwirrender Eindruck von einander multidimensional ü-berschneidenden Unterschieden in der Organisationskultur entstanden: zwischen Kulturkreisen, Entwicklungsstadien, Landeskulturen, in der Organisationskultur sektoral zwischen Verwaltungskultur und Unternehmenskultur, innerhalb von Verwaltungskultur und Unternehmenskultur nach Funktionen und Berufen sowie intergouvernementalen Ebenen und policies. Diese *Unterschiede können zwar, müssen aber nicht die Kooperation erschweren.* Es gibt noch wenige Erfahrungen damit. Irgendwie funktionieren local governance-Netzwerke, vor allem dort, wo sie gewachsen sind wie z. B. urbane Regime. Die Frage ist nur, ob sie so effizient wie möglich funktionieren. Danach bemisst sich auch, ob "die involvierten Organisationskulturen zu koordinieren" sind[48]. Eine kritische Gegenposition lehnt das als "cultural imperialism" gerade am Beispiel von local governance (wenn auch in den USA) ab[49].

Was an *Übereinstimmungen oder nur Vereinbarkeiten* nötig ist, was kompatible Kulturen sind, lässt sich auf heutigem Erkenntnisstand nicht vorhersagen. Allerdings gibt es weitere organisationskulturelle Voraussetzungen, von denen man schon allgemein sagen kann, dass sie erforderlich bzw. nützlich sind.

---

47   *Broll*, 1997.

48   Was *Schmidt*, 1999, 92, voraussetzt.

49   *Grubbs*, 2000.

- Offenheit und Flexibilität einzelner Verwaltungskultur -Typen

Organisationskulturen werden u. a. nach *strukturellen Dimensionen* typisiert, die für die Netzwerkkooperation von Bedeutung sind: nach ihrer Stärke oder Schwäche, Innen- oder Außenorientierung, Geschlossenheit oder Offenheit, Einheitlichkeit oder Pluralität, Rigidität oder Flexibilität. Aus den Begriffspaaren ist bereits zu entnehmen, dass jeweils die Typen der zweitgenannten Ausprägung günstigere Kooperationspotentiale erwarten lassen.

- Interorganisationale Netzwerkkultur?

Die Kulturen der beteiligten Organisationen brauchen in dem Maße nicht verändert oder einander angepasst zu werden, in dem sich neben oder über ihnen eine gemeinsame *Netzwerkkultur* der Beteiligten als mentale Kooperationsgrundlage bildet. Annahmen, dass eine solche von selbst entsteht, gründen sich auf Theorien, dass wiederholte erfolgreiche Interaktion und gemeinsame policy-Orientierung Lernprozesse auslösen, in denen eine Annäherung zumindest auf der Ebene der Einstellungen geschieht[50].

Zu solchen gemeinsamen Netzwerk-Kulturen sind bisher noch kaum Arbeiten vorhanden[51], meist behilft man sich mit Analogien aus den Konzepten der Organisationskultur.

- Vertrauen

Vertrauen ist für Netzwerke inzwischen als Beziehungsdimension prominent geworden, die übereinstimmend als kooperationsförderlich gilt. Es wird ferner als Transaktionskosten sparender und das Principal-Agent-Problem entschärfender Koordinationsmechanismus angesehen.

Die Vertrauens-Dimensionen ist einerseits für Netzwerke besonders wichtig, weil diese definitionsgemäß keine stärker formalisierten Institutionen wie der privatrechtliche Markt oder geregelte öffentliche Ordnungssysteme darstellen. Andererseits erlaubt die Informalität von Vertrauen verschiedener Intensität und Funktion, dass *trotzdem Konflikte* aufgrund von Mitgliederinteressen und *Wettbewerb* zugunsten von Effizienz und Innovation akzeptiert werden[52].

---

50 *Schmidt*, 1999, *Grubbs*, 1999.
51 *Kissling-Näf/Knoepfel*, 1994.
52 *Lane*, 1998.

Reziprozität und Solidarität sind typische Beziehungsmuster von Gemeinschaften in Entwicklungsländern, die auf solcher Vertrauensbasis funktionieren[53].

3. Inhalte für Reformen der Verwaltungskultur zwischen Bürokratie, Tradition und New Public Management

Welche Chancen und Probleme für die anstehenden Verwaltungs- und Organisationsreformen resultieren aus den Inhalten der Organisationskulturen in local governance? Letztlich ist dies auch nur durch Ausprobieren feststellbar, durch "expérimenter des modes d'organisation" mit allen Beteiligten, wie es ein afrikanisches NGO-Netzwerk formuliert[54].

Eine Hauptfrage dürfte sein, *welche* Organisationskulturen *inhaltlich* angestrebt werden und als *Kulturtypen* verfügbar sind. Das ist natürlich lokal, regional und national differenziert und unterschiedlich für Regionen, etwa Afrika im Vergleich mit Lateinamerika oder Asien, zu beurteilen. Insgesamt dürfte es aber doch auf eine Auswahl unter *drei Basis-Modellen* hinauslaufen, die das verfügbare kulturelle Möglichkeitsspektrum umreißen: traditionale, bürokratische und New-Public-Management-Kultur in einer wie immer gewichteten *Mischung*.

Die Gewichtung dieser drei Modelle in Akteursgruppen typischer local governance-Konstellationen könnte in groben Zügen etwa wie mit den Kurven in der nachstehenden Graphik skizziert werden.

---

53 *Hyden,* 1990; *Coston,* 1998.

54 *Enda Graf Sahel,* 1999, 25. Dazu finden hoffentlich Verfahren des interorganisationalen Lernens Anwendung, was ein eigenes, noch kaum erkanntes, geschweige denn bearbeitetes Thema bildet.

Potentiale von Organisationskultur im Local-Governance-Netzwerk

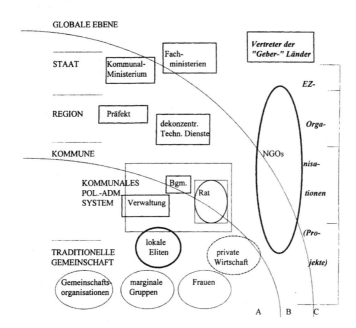

Kurvenabschnitte: inhaltliche Potentiale von Verwaltungs- und Organisationskultur:
C (oben): "modern" (Bürokratie und NPM),
B (Mitte): "prismatisch" (Tradition mit bürokratischer Form),
A (unten): Tradition

- New Public Management

Das heute auch in der Dritten Welt überall unter verschiedenen Bezeichnungen propagierte New Public Management[55] ist am ehesten rechts oben im

---

55 Vgl. *Lingnau*, 1996, ferner die Beiträge im Schwerpunkteheft zu Verwaltungsmodernisierung von E+Z 1997; *Adamolekun/Kiragu*, 1999.

Spektrum vorhanden, also bei den *"Geber"-Organisationen, nationalen Regierungen* von Entwicklungsländern und *internationalen NGOs*. Freilich ist es dort noch längst nicht in Reinkultur und wohl noch nicht einmal als dominierende Kultur zu finden, sondern eher als Beimengung zu einer überkommenen und gegenüber Reformversuchen zählebigen bürokratischen Verwaltungskultur. Ungeklärt bleibt noch, was davon auch im NPM brauchbar, was unverzichtbar ist.

NPM würde jedenfalls, worauf Thedieck richtig hinweist, eine "Anpassung der Verwaltungs- und Organisationskultur erfordern", deren Gelingen problematisch ist[56].

Nicht leicht zu beantworten ist auch die Frage, ob NPM gerade zu traditionellen Einstellungen besser passt als zur Bürokratie[57]. Viel kritisierte Abweichungen von Präzision, Regelhaftigkeit, Unpersönlichkeit der Bürokratie etc. könnten als positive Anknüpfungspunkte für die vom NPM geforderte Kreativität, Innovation und Team-Orientierung umgedeutet werden. Nicht zufällig ist ja die Kooperationsorientierung, die das NPM auch von der hoheitlichen Orientierung unterscheidet, in die Nähe der Korruption gerückt worden, wie sie in Entwicklungsländern noch häufiger als in Industrieländern vorkommt, wenn auch heute differenziert beurteilt wird.

Zu bedenken bleibt jedoch, dass NPM wie die Bürokratie dem Modernisierungs-Paradigma der Rationalisierung, Effizienz etc. verschrieben ist. Dieses Paradigma wird selbst in den Industrieländern nicht mehr unbesehen akzeptiert, noch weniger in Entwicklungsländern. "Target economy", Hydens "economy of affection" in Afrika[58] oder der Vorrang persönlicher Beziehungen stehen als Wertvorstellungen vermutlich der Postmoderne näher als der Modernisierung. Dem Ziel, ein Berufsethos in der öffentlichen Verwaltungskultur zu etablieren, würde NPM mit seinen Zeit-Jobs und extrinsischer Orientierung kaum dienen.

Vor allem ist zu bezweifeln, ob für Entwicklung als *Armutsbekämpfung* eine Verwaltungskultur Aussichten bieten kann, die letztlich dem rational choice

---

56 *Thedieck*, 1997, 100. Von diesen Bedenken scheinen unbeeindruckt Selbstdarstellungen wie die der burkinabischen Ministerin *Bonkoungou*, fast im Originalton von Management-Lehrbüchern: "The role of the new government will be more to provide an impulse than to engage in production... It will become a catalyst.., a strategist.., a broker.. and a contractor.." etc., 1996, 116.

57 Das wäre ein brauchbarer Aspekt der ansonsten überzogenen These *von Trothas* (DIE ZEIT 10. 8. 2000), dass die Zukunft in Afrika liege.

58 *Hyden*, 1990.

und in dessen Folge public choice entstammt, also einer Kultur der individuellen Nutzenmaximierung, die *Solidarität* außer acht lässt oder sie *aus dem öffentlichen in den gemeinschaftlichen Sektor abschieben* will.

– Prismatische Bürokratie

Von Mischungen aus bürokratischer Formalkultur und fragmentarisch angepassten, aus westlicher Verwaltungsförderung übernommenen Inhalten mit traditionalen Elementen dürfte weiterhin der breite mittlere Kurvenabschnitt mit den *nationalen und subnationalen einheimischen Organisationen* in Entwicklungsländern geprägt sein. Der Zustand der Brechung, wie ihn der Begriff "prismatisch" nach Riggs[59] veranschaulicht, taugt für diese Verwaltungskultur immer noch als geeignetster Oberbegriff einer real unüberschaubaren Vielfalt. Dominiert wird diese freilich von der traurigen Perversion des entwicklungspolitisch ältesten Paradigmas, des Bürokratie-Modells: etwa in der "bürgerfeindlichen", leistungsunwilligen und -unfähigen Verwaltungskultur vieler Entwicklungsländer[60].

Die Frage, ob zunächst erst eine "richtige", d. h. reale Bürokratie vonnöten wäre oder diese gleich ins "results-oriented management" übersprungen werden kann, scheint zunehmend in letzterer Richtung beantwortet zu werden.

– Traditionale Formen

Als drittes Element sind traditionale Vorstellungen in der Graphik dem unteren Kurvenabschnitt zugeordnet, weil sie auf lokaler und vor allem gemeinschaftlicher Ebene noch stärker verankert sind als auf höheren Ebenen und in den anderen Sektoren. Deshalb erfordern sie auch für *local* governance besondere Berücksichtigung. Sie bilden zwar kaum ein "Modell" kollektiver Ordnung in Organisationen oder gar eine Verwaltungskultur im modernen Sinne, weil Lebenswelt und funktionale Organisation ineinander übergehen, mit definitionsgemäß weniger Ausdifferenzierungen im engeren behördlichen Sinn.

Trotzdem nimmt ihre Bedeutung für die Herausbildung von Organisationskultur in local governance eher wieder zu, weil nicht nur in einigen Regionen die traditionalen Kulturen noch lebendig sind, sondern sogar eine Re-

---

59 *Riggs*, 1964.
60 Z. B. *Fritz*, 1998, für Benin, *Brewer-Carias*, 1995, für Lateinamerika.

Traditionalisierung beobachtet wird[61]. Obwohl die traditionale Kultur den Prinzipien universalistischer Verwaltung entgegensteht[62], ist ihre *"reconciliation"* mit modernen Reformansätzen inzwischen Programm geworden. Die Warnung vor "excluding the African forms of governance and leadership from the administrative reform"[63] wird insoweit heute ernst genommen.

Kann man reconciliation aber so verstehen, dass traditionelle Kultur *für* Anforderungen des *NPM instrumentalisiert* wird[64]? Etwa indem als incentives dann nicht Geld, sondern Gesichtsverlust in der Gruppe oder Familie ausgespielt werden? Oder müsste man die Möglichkeit einer eigenen Verwaltungskultur auf der Basis traditioneller Werte offen halten[65], was bei Hofstede einer ausgeprägteren Lebensqualitäts- (von ihm als niedrige masculinity bezeichnet) Dimension entspräche?

Einige Vorschläge versuchen, traditionale Elemente daraus für Reformen oder Übergangsphasen in die Verwaltungskultur zu integrieren[66]: Ein "wettbewerbsorientiertes Patron-Klient-System mit Elementen öffentlicher Kontrolle und Rechenschaftspflicht" ist für Neubert gegenüber "autoritären Systemen ein nicht zu unterschätzender Fortschritt"[67]. Management by Identifikation entsprechend den Clan-Strukturen wird für öffentliche Unternehmen empfohlen[68]. Auch die alte Idee einer "prebendary administration" wäre hier zu nennen[69]. Allgemeiner formuliert, wird ein "balance between individual and collective values, between competition and solidarity" unterstellt und für governance gefordert[70].

---

61 *Chabal/Dioz*, 1999. Neben Dezentralisierung sieht *Heinz*, 1999, 222, "die alle Länder des südlichen Afrika prägende Realität der traditionellen Strukturen" als eine der beiden wichtigsten Bedingungen.

62 *Neubert*, 1999.

63 *Rosario/Weimer*, 1998 für Mozambique.

64 Wie bei *Dia*, 1996.

65 So *Bonkoungou*, 1996. Vgl. die *Grzeda/Assogbavi*, 1999, für Besonderheiten afrikanischer Unternehmenskultur: Orientierung an community, Personalbeziehungen, Ältere, Gruppe, Verwandtschaft, Tradition, Harmonie vor Effizienz, starke Hierarchie, Arbeitsintensivität, Lebensqualität.

66 Vgl. auch *Miles*, 1993, zu Aufgaben für traditionale Führer und *Esman*, 1999, für nach Ethnien "representative bureaucracy".

67 *Neubert*, 1999, 80.

68 *Fleßa*, 1999, aus Befunden tansanischer Krankenhäuser, ähnlich *Coston*, 1998.

69 *Garvey*, 1991.

70 *Bonkoungou*, 1996, 120 f.

4. Bevölkerung und eine Kultur "ihrer" Verwaltung

In solcher Offenheit für traditionale, bürokratische und NPM-Inhalte in den Verwaltungskulturen seiner Teilnehmer und vielleicht einer eigenen Netzwerk-Kultur bietet das Konzept von local governance eine Chance, Dezentralisierung und Verwaltungsreformen in Entwicklungsländern in den unterschiedlichsten kulturellen Zusammensetzungen an lokale Bedingungen anzupassen und zu testen. Das wäre jedenfalls besser als der Versuch, nach dem Scheitern der Bürokratie-Übertragung erneut auf einseitige Modelle zu setzen oder der Illusion nachzugehen "nous n'avons pas besoin d'Etat"[71]. Denn eine Verwaltungkultur nach einem "administrative model imposed on the population first by colonial measures and then by recent reforms is not merely deficient, it is scarcely functioning"[72].

Es würde auch eine Dimension des Verwaltungskultur-Konzeptes optimieren helfen, die hier nicht weiter behandelt werden konnte, letztlich aber fundamental für Entwicklung ist: Die Einstellungen der Bürger gegenüber der Verwaltung[73]. Sie empfinden sie nicht als "ihre", wenn man an das Spittler-Syndrom denkt, Steinichs Befunde zu einer Verwaltungs-Vermeidungs-Kultur der Dogon oder die prägnante Analyse des Misstrauens der Bevölkerung gegenüber der Verwaltung im Benin bei Fritz.[74] Deshalb muss die neue Verwaltungskultur Partizipation einschließen, was ebenfalls in local governance leichter erreichbar sein dürfte als im klassischen local government oder auf höheren Ebenen. So könnte zumindest lokal erreicht werden, dass "governance" nicht "the latest round of an elitist, technocratic approach to development" wird[75]. Beiträge der Entwicklungszusammenarbeit zu diesem Ziel würden freilich nahe legen, dass sich deren Organisationen selbst als Teil von local governance sehen, das sie sind, und nicht als Außenstehende. Anders als bisher sollten sie bei "cultural audits" ihre eigene Organisationskultur folgerichtig mit in die Analyse einbeziehen lassen[76].

---

71 Siehe oben Anm. 15.
72 *Rejine/van Rouveroy,* 1999, 182.
73 *Jann,* 1983, unterscheidet diese als Verwaltungskultur I von Einstellungen und Verhaltensmustern der Behörden.
74 *Spittler,* 1981; *Steinich,* 1997; *Fritz,* 1998; vgl. *Francis,* 1995.
75 Das befürchtet *Kiely,* 1998, 38.
76 *Schmidt,* 1999.

Literaturverzeichnis

Adamolekun, Lapido/Kiragu, Kithinji, 1999: Public Administration Reforms, in: Adamolekun, Lapido (Hrsg.): Public Administration in Africa. Boulder.

Amanor, Kojo/Annan, Joe, 1999: Linkages between Decentralisation and Decentralised Cooperation in Ghana. (ECDPM Discussion Paper 9). Maastricht.

Atomate, Armand, 1996: Reducing Poverty by Building Local Service Delivery Capacities, in: Adamolekun, Lapido u. a.(Hrsg.): Civil Service Reform in Francophone Africa. World Bank Technical Paper No. 357. Washington D. C.

Bako-Arifari, Nassirou, 1999: La négotiation de la représentation locale de la puissance publique dans les espaces de marginalité de l'Etat en milieu rural, in:, Rösel/Trotha.

Bako-Arifari, Nassirou, 1999a: Traditional Local Institutions, Social Capital and the Process of Decentralisation. A Typology of Government Policies in Developing Countries. Working Papers on African Societies Nr. 38.

Bardill, John E., 2000: Towards a Culture of Good Governance: The Presidential Review Commission and Public Service Reform in South Africa, in: Public Administration and Development 20.

Bierschenk, Thomas/Sardan, Oliver de, 1997: Local Powers and a Distant State in Rural Central African Republic, in: The J. of Mod. African Studies, 35.

Bierschenk, Thomas/Sardan, Oliver de, 1999: Dezentralisierung und lokale Demokratie. Macht und Politik im ländlichen Benin in den 80er Jahren, in: Rösel/Trotha.

Bleicher, Knut, 1999: Das Konzept Integriertes Management: Visionen – Missionen – Programme. Frankfurt.

Bogumil, Jörg, 1998: Stillstand auf der Baustelle? Barrieren der kommunalen Verwaltungsmodernisierung und Schritte zu ihrer Überwindung. Baden-Baden.

Bonkoungou, Juliette, 1996: From Modernization of the Administration to Governance: Burkina Faso, in: Adamolekun, Lapido u. a.: Civil Service Reform in Francophone Africa. World Bank Technical Paper No. 357. Washington D. C.

Breckner, Elke, 2000: Local Governance im Distrikt Kamuli/Uganda. Eine Untersuchung über komparative Vorteile von Organisationen und ihre Voraussetzungen am Beispiel der AIDS/HIV-Problematik. Magisterarbeit Konstanz.

Brewer-Carias Allan R., 1995: Die Probleme der öffentlichen Verwaltung und der Handlungsspielraum des Staates in Lateinamerika, in: Mols, Manfred/Thesing, Josef (Hrsg.): Der Staat in Lateinamerika. Mainz.

Broll, Berthold, 1997: Steuerung kirchlicher Wohlfahrtspflege durch die verfaßten Kirchen. Gütersloh (zugl. Diss. Konstanz).

Chabal, Patrick/Dioz, Jean-Pascal, 1999: Unordnung und ihr politischer Nutzen, in: der überblick

Coston, Jennifer, 1998: Administrative avenues to democratic governance: the balance of supply and demand, in: Public Administration and Development 18.

Dia, Mamadou, 1996: Africa's Management in the 1990s and Beyond. Reconciling Indigenous and Transplanted Institutions. World Bank, Directions in Development. Washington.

Doner, Richard F./Hershberg, Eric, 1999: Flexible Production and Political Decentralization in the Developing World: Elective Affinities in the Pursuit of Competitiveness, in: Studies in Comparative International Development 34.

Dülfer, Eberhard, 1999: Internationales Management in unterschiedlichen Kulturbereichen. München.

Enda Graf Sahel (Ph. De Leener, E. S. Ndione, J. P. Périer, P. Jacolin, M. Ndiaye), 1999: Pauvreté, décentralisation et changement social. Dakar.

Esman, Milton, 1999: Public Administration and conflict management in plural societies: the case for representative bureaucracy, in: Public Administration and Development 19.

Fleßa, Steffen, 1999: Ansatzpunkte eines neuen Führungsstiles öffentlicher Unternehmen in Afrika, in: Zeitschrift für öffentliche und gemeinwirtschaftliche Unternehmen 22.

Francis, Paul, 1995: State, Community and Local Development in Nigeria. World Bank Technical Paper No. 336. Washington D. C.

Fritz, Joachim, 1998: Verwaltungspapier Benin. Das politisch-administrative System der Republik Benin. Deutsche Stiftung für internationale Entwicklung. Reihe Verwaltungspapiere. Bad Honnef.

Garvey, Brian, 1991: Patrimonial Economics and Informal Bureaucracies: Public Administration and Social Reality in Least Developed Countries of the 1990s, in: Public Administration and Development11.

Grindle, Merilee, 1997: Diverging Cultures? When Public Organizations Perform Well in Developing Countries, in: World Development 25.

Grubbs, Joseph W., 1999: Cultural imperialism. A critical theory of interorganizational change, in: Journal of Organizational Change 13.

Grzeda, Maurice/Asogbavi, Tov, 1999: Management Development Programs in Francophone Sub-Shaharan Africa, in: Management Learning 30.

gtz, 1999: Atelier Décentralisation en Afrique occidentale et centrale" Bamako, 9 au 12 novembre 1999. Documentation.

Hickson, David J./Pugh, Derek, S., 1995: Management worldwide: the impact of societal culture on organizations around the globe. London.

Hinz, Manfred O., 1999: Dezentralisierung im Schnittfeld traditioneller und demokratischer Strukturen: das Beispiel Namibia, in: Rösel/Trotha.

Hofstede, Geert, 1997: Lokales Denken, Globales Handeln: Kulturen, Zusammenarbeit und Management. München.

Hofstede, Geert, 1998: Attitudes, values, and organizational culture: disentangling the concepts, in: Organization Studies 19.

Hofstede, Geert, 1998a: Identifying organizational subcultures: an empirical approach, in: The Journal of Management Studies 35.

Huppert, Walter/Urban, Klaus, 1998: Analysing Service Provision. Eschborn.

Huxham, Chris (Hrsg.), 1996: Creating Collaborative Advantage, London.

Hyden, Goran, 1990: Reciprocity and Governance in Africa, in: Wunsch, James S./Olowu, Dele (Hrsg.): The Failure of the Centralized State – Institutions and Self-Governance in Africa. Boulder.

Illy, Hans F./Kaiser, Eugen, 1985: Entwicklungsverwaltung: Wandlungen im Selbstverständnis eines Forschungsbereiches, in: Nuscheler; Franz (Hrsg.) Dritte-Welt-Forschung, PSV-Sonderheft 16.

Jamil, Ishtiaq, 1998: Administrative Culture in Public Administration: Five Essays on Bangladesh. Diss. Bergen.

Jann, Werner, 1983: Staatliche Programme und "Verwaltungskultur", Opladen.

Keraudren, Philippe, 1996: In Search of Culture: Lessons From the Past to Find a Role for the Study of Administrative Culture, in: Governance 9.

Kiely, Ray, 1998: The crisis of global development, in: ders./Marfleet, Phil (Hrsg.): Globalisation and the Third World. London/New York.

Kissling-Näf, Ingrid/Knoepfel, Peter, 1994: Politikorientierte Lernprozesse: Konzeptuelle Überlegungen, in: Werner Bußmann (Hrsg.): Lernen in Verwaltungen und Policy-Netzwerken. Chur, Zürich.

Kleger, Heinz, 1996: Metropolitane Transformation durch urbane Regime: Berlin-Brandenburg auf dem Weg zu regionaler Handlungsfähigkeit. Amsterdam.

Klute, Georg, 1999: Lokale Akteure des Dezentralisierungsprozesses im Norden von Mali, in: Rösel/von Trotha.

König, Claus-Dieter, 1997: Traditionelle Herrschaft als Strukturelement der Zivilgesellschaft in Nigeria, in: v. Bredow, Wilfried von/Jäger, Thomas 1997: Demokratie und Entwicklung. Theorie und Praxis der Demokratisierung in der Dritten Welt, Opladen.

Lane, Christel, 1998: Introduction: Theories and Issues in the Study of Trust, in: dies./Bachmann, Reinhard (Hrsg.): Trust within and between organizations. conceptual issues and empirical applications, Oxford, New York.

Larmour, Peter, 1997: Models of governance and public administration, in: International Review of Administrative Sciences 63.

Laurent, Pierre, 1999: Développement local, stabilité politique et décentralisation: apercu sur la réforme en cours au Burkina Faso, in: Rösel/von Trotha.

Lingnau, Hildegard, 1996: Lean Management als Konzept zur Reform öffentlicher Verwaltungen in Afrika südlich der Sahara. Schlussfolgerungen aus den Verwaltungsreformen Benins und Ugandas. Köln.

Lubatkin, Michael H. u. a., 1999: Managerial Work and Management Reform in Senegal, in: American Review of Public Adminsitration 29.

Mathauer, Inke, 1998: Entry Points for the promotion of self-help along the principle of subsidiarity by the German Development Service. Country Report Uganda. Gutachten im Auftrag des DED. Konstanz.

Mathauer, Inke, 2000: Zur Suche nach komparativen Vorteilen in Interaktionsbeziehungen auf lokaler Ebene am Beispiel des Subsidiaritätsförderungsvorhabens in Kamuli-District, Uganda, in: Bodemer, Klaus

(Hrsg.): Subsidiaritätsprinzip, Dezentralisierung und local government – Konzeptionelle Fragen und Fallbeispiele aus drei Kontinenten. Hamburg.

McCarthy, Eunice, 1998: The Dynamics of culture, organisational culture and change. AI & Society 12.

Miles, William F. S., 1993: Traditional Rulers and Development Administration: Chieftaincy in Niger, Nigeria, and Vanuatu, in: Studies in Comparative International Development 28.

Neubert, Dieter, 1999: Probleme politischer Transition in Afrika. Zum Verhältnis von Patronage und Demokratie, in: Internationales Afrikaforum 35.

Olowu, Bamidele, 1998: Strategies for improving administrative efficiency in the democratizing states in Africa, in: International Review of Administrative Sciences 64.

Olowu, Bamidele, 1999: Professional Developments. Building strong local government through networks between state and non-governmental (religious) institutions in Africa, in: Public Administration and Development, 19.

Ostrom, Elinor, 1996: Crossing the Great Divide: Coproduction, Synergy, and Development, in: World Development 24.

Peters B. Guy, 1996: The Future of Governing: Four Emerging Models. University Press of Kansas.

Poirier, Jean, 1999: Décentralisation, démocratie et éthocratie, in: Rösel/ von Trotha.

Portes, Alej/Landolt, Patricia, 2000: Social Capital: Promise and Pitfalls of its Role in Development, in: Journal of Latin American Studies 32.

Rejine, Miriam/Rouveroy van Nieuwaal, E. Adriaan van, 1999: Illusion of Power. Actors in Search of a Prefectural Arena in Central Togo, in: Rösel/von Trotha.

Riggs, Fred W., 1964: Administration in developing countries: the theory of prismatic society. Boston.

Römer-Hillebrecht, Sven, 1998: Verwaltungskultur : ein holistischer Modellentwurf administrativer Lebensstile. Baden-Baden.

Rösel, Jakob, 1999: Decentralization: Some critical remarks on an ideal and a strategy, in: ders./von Trotha.

Rösel, Jakob/Trotha, Trutz von (Hrsg.): Dezentralisierung, Demokratisierung und die lokale Repräsentation des Staates: theoretische Kontroversen und empirische Forschungen, Köln.

Rosario, Artur Domingos do/Weimer, Bernhard, 1998: Decentralization and Democratization in Post-War Mozambique; What Role for Traditional African Authorities in Local Government Reform. Paper 14th Congress of the International Union of Anthropological and Ethnological Sciences, Williamsburg, Virginia, USA, Maputo.

Schein, E., 1985: Organizational culture and leadership. A dynamic view: San Francisco.

Schmidt, Bettina, 1999: Cultural Audit. Ein Instrument für die Entwicklungszusammenarbeit, in: Entwicklungsethnologie 8.

Schreyögg, Georg, 1999: Organisation: Grundlagen moderner Organisationsgestaltung, Wiesbaden.

Simon, Klaus/Neu, Bernadette, 2000: Neue Impulse für die Dezentralisierung in Chile: Machtzuwachs lokaler Akteure und politische Lernprozesse, in: Bodemer Klaus (Hrsg.): Subsidiaritätsprinzip, Dezentralisierung und local government – Konzeptionelle Fragen und Fallbeispiele aus drei Kontinenten, Hamburg.

Simon, Klaus, 2000: Local Governance nach dem Subsidiaritätsprinzip in Entwicklungsländern, in: Bodemer, Klaus (Hrsg.): Subsidiaritätsprinzip, Dezentralisierung und local government – Konzeptionelle Fragen und Fallbeispiele aus drei Kontinenten, Hamburg.

Simon, Klaus u. a., 1997: Ansatzpunkte für Selbsthilfeförderung nach dem Subsidiaritätsprinzip, Gutachten i. A. des Deutschen Entwicklungsdienstes, Ergebnisbericht, ferner Länderband Chile von Neu, Bernadette/ Eckert, Lilian/Haberstroh Ira.

Simon, Klaus, 1994: Lokale Selbstverwaltung in der Dritten Welt, in: Gabriel, Oskar W./Voigt, Rüdiger (Hrsg.): Kommunalwissenschaftliche Analysen, Bochum.

Spittler, Gerd, 1981: Verwaltung in einem afrikanischen Bauernstaat: das koloniale Französisch-Westafrika 1919 – 1939, Wiesbaden.

Steinich, Markus, 1997: "Erst wenn wir unseren Kopf in unsere eigenen Hände nehmen können . . .". Subsidiaritätsförderung als Beitrag zur Armutsbekämpfung in Entwicklungsländern, Münster (zugl. Diss. Konstanz).

Steinich, Markus, 1997a: Dezentralisierung und Entwicklung: Licht in die entwicklungspolitische Dunkelheit, in: NORD-SÜD-aktuell, H. 1)

Tangri, Roger, 1998: Politics, Capital and the State in Sub-Saharan Africa, in: Kasfir, Nelson (Hrsg.): Civil Society and Democracy in Africa, London.

Thedieck, Franz, 2000:Dezentralisierung und kommunale Selbstverwaltung in der Entwicklungszusammenarbeit, in: Konrad-Adenauer-Stiftung, Auslands-Informationen 10.

Thomas-Slayter, Barbara P., 1994: Structural Change, Power Politics, and Community Organizations in Africa: Challenging the Patterns, Puzzles and Paradoxes, in: World Development 22.

Trotha, Trutz von/Rösel, Jakob, 1999: "Nous n'avons besoin d'Etat." Dezentralisierung und Demokratisierung zwischen neoliberaler Modernisierungsforderung, Parastaatlichkeit und politischem Diskurs, in: Rösel/ von Trotha.

UNDP, 1998: Factors to Consider in Designing Decentralised Governance Policies and Programmes to Achieve Sustainable People-Centered Development, New York.

Waarden, Frans van, 1993: Verwaltungskultur, in: Der Bürger im Staat 43.

Weltentwicklungsbericht, 1997: Weltbank: Der Staat in einer sich ändernden Welt, Washington D. C.

Weltentwicklungsbericht, 2000: World Bank: Entering the 21st Century: The Changing Development Landscape, Washington D. C.

White, Gordon/Robinson, Mark, 1998: Towards synergy in social provision: civic organizations and the state, in: Minogue, Martin u. a. (Hrsg.): Beyond the new public management: changing ideas and practices in governance, Cheltenham und Northhampton.

Erfahrungen mit Dezentralisierungsprojekten

von *Jörn Altmann**

Mit dem Zusammenbruch des kommunistisch-sozialistischen Blocks haben sich für viele Länder Turbulenzen ergeben, die sie bis heute nicht in den Griff bekommen haben. Althergebrachte Strukturen mussten teilweise abrupt verändert werden, was sowohl intern als auch extern zu schwierigen Aufgaben führte. Besonders sensibel ist dabei in sehr vielen Ländern die Abkehr von der bislang gewohnten zentralistischen Orientierung.

Seit Anfang der 90er Jahre haben sich viele Transformations- und Entwicklungsländer für eine Dezentralisierungspolitik entschieden. Die Entscheidung für Dezentralisierung war und ist in verschiedenen Ländern eine Reaktion auf Druck 'von unten', aus der Bevölkerung heraus, auch im Kontext allgemeiner Demokratisierungsprozesse. Dabei reagiert die Politik oft unfreiwillig, zögerlich oder abblockend. In anderen Ländern entwickelt die Regierung von sich aus Initiativen, nicht selten nach Regierungswechseln oder gravierenderen Machtveränderungen. In vielen Ländern vollzieht sich die Dezentralisierung in einer *Post-conflict*-Situation und wird als Instrument des Konfliktmanagements und der Friedenssicherung und Versöhnung betrachtet.

Die Erwartungen, die sich mit der Entscheidung für eine Politik der Dezentralisierung und Local Governance (DLG) verbinden, sind meist hoch gesteckt. Sie umfassen ein breites Spektrum: Unbestritten ist Dezentralisierung der Verwaltung ein wichtiges Element der Unterstützung und Konsolidierung von Demokratisierungsprozessen. Das Spektrum reicht aber darüber hinaus und umfasst ferner u.a. Gewährung und Wahrung von Menschenrechten, erhoffte ökonomische Impulse in Wirtschaft und Staat, Verringerung von Wanderungsbewegungen, soziokulturelle Identifizierungseffekte,

---

* Prof. Dr. *Jörn Altmann* lehrt Internationale Wirtschaftsbeziehungen und Internationales Management an der University of Economics and Technology / FH Reutlingen und ist Managing Partner von Administration and Development Consultants (ADC). Er hat neben anderen einschlägigen Erfahrungen im Auftrag des BMZ 1998/99 eine Querschnittsevaluierung von bilateralen Dezentralisierungsprojekten durchgeführt und war 1999/2000 Mitglied eines internationalen Teams zur Evaluierung der Rolle von UNDP im Bereich von Dezentralisierung und Local Governance.

ethnische und religiöse Befriedungseffekte, Umweltwirkungen sowie eine effiziente, bürgerfreundliche Verwaltung.

Die bisherigen Ergebnisse in Entwicklungsländern haben die in sie gesetzten Erwartungen nicht erfüllt. Die insgesamt recht zurückhaltende Beurteilung von Dezentralisierungserfolgen kann auf zwei Aspekte zurückgeführt werden:

- Zum einen beschäftigt sich die wissenschaftliche Analyse mehr mit Dezentralisierungs-*Misserfolgen* als mit erfolgreicheren Beispielen. Hierdurch schleicht sich tendenziell ein leicht pessimistischer Grundton in die Betrachtung ein.

- Zu anderen hängen Erfolg und Misserfolg natürlich auch vom Erfolgskriterium ab, d.h. von der 'Messlatte', und möglicherweise sind die Erwartungen in mancher Hinsicht zu hoch gesteckt. Beispielsweise kann allein die Tatsache, dass überhaupt erstmals Kommunalwahlen in einem Land stattfinden, ein wichtiger Erfolg sein, auch wenn andere Kriterien (noch) nicht erfüllt sind.

(1) Taxonomie der Dezentralisierung

Für Dezentralisierungskonzepte gibt eine Vielfalt unterschiedlicher Ansätze. Die Konzepte von Dezentralisierung und Local Governance werden sehr unterschiedlich interpretiert und verwendet, nicht selten auch innerhalb ein und derselben Institution.[1] Dies erschwert Planung und Durchführung sowie Evaluierung und Vergleich von DLG-Projekten, insbesondere bei insgesamt sehr heterogenen Länderbeispielen.[2] Dezentralisierung hat verschiedene Di-

---

1 Im Rahmen einer UNDP-Evaluierung haben wir versucht, eine Übersicht über die diversen Konzepte zu erarbeiten. Das Ergebnis wurde ein 40-Seiten-Papier. Vgl. *Richard Flaman*, Decentralization: A Sampling of Definitions, Joint BMZ-UNDP Evaluation of Decentralization and Local Governance, Working Draft, October 1999

2 *"One of the most critical prerequisites to translate decentralization from theory to practice is a clear understanding of the concept. To be able to better envision what decentralization means, how best it can be planned and implemented, what its intricacies are, and how its challenges can be overcome, development practitioners should be equipped with appropriate tools which could provide an analytical knowledge of decentralization from a conceptual viewpoint accompanied by real and field-tested examples of the concept in practice."* UNDP, Decentralized Governance Monograph: A Global Sampling of Experiences, Management Develop-

mensionen: politische Dezentralisierung (Stichworte: Demokratisierung, Zivilgesellschaft, Entscheidungsgewalt auf nachgeordneten Verwaltungs- bzw. Regierungsebenen), räumliche Dezentralisierung (Ballungsgebiete entspannen, regionale Wachstumspole), administrative Dezentralisierung (hierarchische und funktionale Verteilung von Macht und Aufgaben zwischen zentralen und nicht-zentralen Strukturen) und marktmäßige Dezentralisierung (Versorgung mit öffentlichen Gütern, insbesondere Dienstleistungen, Liberalisierung, Privatisierung, NROs).

Hinsichtlich des administrativen Aspekts wird üblicherweise unterschieden zwischen Devolution, Dekonzentration und Delegation. Devolution bedeutet die Übertragung von Kompetenzen von zentralen auf lokale Regierungseinheiten mit eigener, staatlich geregelter Rechtspersönlichkeit. (Insbesondere im frankophonen Bereich wird Devolution oft mit Dezentralisierung gleichgesetzt. Dekonzentration bedeutet die Verlagerung von Kompetenzen bezüglich spezifizierter Entscheidungen, finanzieller und verwaltungsmäßiger Funktionen auf verschiedene Ebenen der zentralen Verwaltungen. Dies ist die am wenigsten umfassende, aber am weitesten verbreitete Form der Dezentralisierung. Delegation bedeutet die Übertragung von Entscheidungs- und Verwaltungsgewalt und -verantwortung für bestimmte, begrenzte Aufgaben auf Institutionen und Personen, die sowohl zentral kontrolliert als auch selbständig sein können (z.B. staatseigene Betriebe, kommunale Verbände oder private Unternehmen).

Dekonzentration und Delegation erbringen tendenziell die besten direkten Effekte auf lokaler Ebene, Devolution die besten sozio-demokratischen Effekte. In vielen Fällen werden Elemente dieser Ebenen kombiniert (policy mix, teilweise als 'hybrid' [gemischt] bezeichnet). Hervorzuheben ist, dass die Dekonzentration von *Aufgaben* auf breiter Basis zu beobachten ist, dies jedoch weniger deutlich auch von einer Dekonzentration von *Ressourcen* begleitet wird.

(2) Wissenschaftliche Begleitung der Dezentralisierung

Seit etwa vier Jahrzehnten beschäftigt sich die Wissenschaft mit der Dezentralisierung. Ein kausaler Zusammenhang zwischen Dezentralisierung und Entwicklungserfolg ist bislang empirisch nicht nachzuweisen, etwa im Hinblick auf beschleunigtes wirtschaftliches Wachstum, *sustainable (human)*

---

ment and Governance Division, Bureau for Policy Development, New York, April 1998, p. 6.

development oder Armutsbekämpfung. Auch ein wahrscheinlicher Zusammenhang von Dezentralisierung und Demokratisierung ist – obgleich plausibel – nicht stringent belegt.

Ein strategisch gesteuerter Dezentralisierungsprozess erfordert permanentes und umfassendes Monitoring und Evaluieren. Dieses ist zumeist stark verbesserungsfähig. Ausgangsdaten (baselines), Indikatoren und Benchmarks werden nur in Ausnahmefällen systematisch erarbeitet und beachtet. Ein *Wirkungsmonitoring* (impact monitoring) wird durchgängig nicht durchgeführt.

Abgesehen von der Interpretationsbreite des DLG-Konzepts liegt dies an der relativ kurzen Zeitspanne, in denen bislang Erfahrungen gesammelt werden konnten, an fehlenden Indikatoren, unzureichender Monokausalität (eine Ceteris-paribus-Analyse ist nicht möglich) und erheblichen Datenproblemen. Die Datenbasis ist oft veraltet und brüchig; viele Zusammenhänge lassen sich nur schwer quantifizieren. Meist besteht auch eine beträchtliche Zurückhaltung der Regierungsverwaltungen bezüglich der Weitergabe finanzieller und budgetärer Daten. Auf der Projektebene kommen unscharfe Ziel- und Ergebnisformulierungen und defizitäre operationale Planungen hinzu, die eine Evaluierung der Zielerreichung erschweren.

Die Rolle der Dezentralisierung im Entwicklungsprozess bezüglich ihrer wirtschaftlichen, politischen und sozialen Wirkungen kann somit nur unzureichend identifiziert werden. Dies engt auch die Möglichkeiten von Monitoring und Evaluierung von Dezentralisierungsmaßnahmen ein. Umgekehrt bereitet die Identifizierung und Isolierung von Einflussfaktoren bzw. Schlüsselvariablen auf den Erfolg der Dezentralisierungspolitik besondere methodische Schwierigkeiten.

Es ist bereits problematisch, den Dezentralisierungsprozess eines einzelnen Landes umfassend zu erfassen. Noch größere methodische Probleme ergeben sich bei dem Versuch, horizontale Analysen zwischen den Dezentralisierungspolitiken verschiedenen Ländern anzustellen. Die einzelnen Länderbeispiele sind äußerst heterogen und unterscheiden sich u.a. hinsichtlich ihrer kolonialen Vergangenheit, ihrer Entwicklung nach der Unabhängigkeit, geographischen Besonderheiten, ihrer ökonomischen Basis und Struktur, ihren sozialen, religiösen und ethnischen Strukturen und Traditionen, dem Durchleben ökonomischer und politischer Krisen, den angewendeten (nicht selten wechselnden) Entwicklungsstrategien, Experimenten der Geber, Geberkonkurrenz usw.

Die wissenschaftlichen Ergebnisse sind ausgesprochen schwer in ihrer Gesamtheit zu überblicken. Hierfür ist nicht nur die quantitative Fülle ursächlich, sondern auch die Tatsache, dass relevante Arbeiten in den verschiedensten wissenschaftlichen Disziplinen zu identifizieren sind. Hinzu kommt, dass die Literatur in den – aus deutscher Sicht – vier Hauptsprachen Deutsch, Englisch, Französisch und Spanisch nur ungenügend 'quer verzahnt' ist, da Sprachbarrieren insbesondere zwischen frankophonen Autoren einerseits und anglophonen und spanischsprechenden Autoren andererseits die gegenseitige Auswertung behindern. Daneben gibt es ein weitgehend unausgeleuchtetes Feld von Literatur in z.B. Hindi, Chinesisch, Arabisch, Swahili oder Indonesisch.

Hinsichtlich des Erkenntnisobjekts handelt es sich um theoretische Analysen, vergleichende Fallstudien von Ländern oder Ländergruppen, empirische Analysen aller oder nur bestimmter Verwaltungszweige sowie aller oder nur bestimmter Formen der Dezentralisierung. Dabei werden vor allem lokale bzw. regionale Effekte, weniger die makroökonomischen Effekte (und Voraussetzungen) analysiert. Teilweise stehen auch die curricularen Anforderungen im Blickpunkt von Dezentralisierungsstudien.

(3) Historische Hauptphasen der Dezentralisierungspolitik

Pauschal gesehen kann man drei Hauptphasen in der wissenschaftlichen Diskussion der Dezentralisierung unterscheiden. Die erste Phase setzt in den frühen 60ern an und beschäftigte sich vorrangig mit administrativen Fragen der lokalen Verwaltungen in der nach-kolonialen Zeit, d.h. im Rahmen weitgehend zentralistisch geprägter Strukturen. Die zweite Phase setzt etwa in den frühen 80ern an und stellt vorrangig auf Aspekte der Jahre Partizipation der Bevölkerung im Entwicklungsprozess und in strukturellen Anpassungsprozessen ab. Fragen der regionalen und sektoralen Planung sowie der materiellen und sozialen Infrastruktur stehen dabei im Vordergrund, und die Analysen sind eher auf die Entwicklungsstrategien zur Armutsbekämpfung ausgerichtet als auf die Dezentralisierungsansätze. Die dritte und noch andauernde Phase begann Anfang der 90er Jahre und betont die bislang ziemlich vernachlässigten politischen Aspekte der Dezentralisierung. Dies bezieht sich vor allem auf Demokratisierungsprozesse und die Einbindung der Zivilgesellschaft und schließt die Analyse der Rahmenbedingungen ein (z.B. bezüglich ethnischer und religiöser Konflikte).

Dezentralisierung ist kein Selbstzweck, sondern instrumentale Politik; sie ist notwendige Bedingung einer leistungsfähigen und entwicklungsorientierten öffentlichen Verwaltung in einem demokratischen Rechtsstaat. Es handelt sich nicht bloß um ein alternatives Verwaltungskonzept, sondern um einen sehr politischen Prozess der Veränderung, häufig als Bestandteil einer umfassenden Reform zur Demokratisierung. Diese ist schwieriger zu realisieren als eine rein administrative Dezentralisierung. Dezentralisierung ist eine Querschnittsaufgabe und impliziert gravierende und massive Veränderungen auf allen Ebenen und in allen Sektoren der Gesellschaft. Je größer diese Veränderungen sind, desto größer ist tendenziell auch der immanente Widerstand.

(4) Beabsichtigte und tatsächliche Wirkungen der Dezentralisierung

Eine Entscheidung für eine DLG-Politik kann unrealistische Erwartungen nähren, dass die lokalen Bedürfnisse ganz oder zumindest sehr viel besser befriedigt und dass lokale Probleme gelöst würden. Hinzu kommen erhoffte Wirkungen in Bezug auf Unterstützung und Konsolidierung von Demokratisierungsprozessen, bezüglich ökonomischer Impulse in Wirtschaft und Staat, Verringerung von Wanderungsbewegungen, soziokulturelle Identifizierungseffekte und Umweltwirkungen bis hin zu effizienter, bürgerfreundlicher Verwaltung. Oft wird dabei zuwenig berücksichtigt, dass die erwarteten Wirkungen sich nur längerfristig einstellen können. Unabhängig davon sind die angestrebten Ziele nur selten operational formuliert. Meist drücken sie eher diffuse Erwartungen, Hoffnungen oder Empfehlungen aus oder verwenden wenig aussagekräftige Elemente („beitragen, verstärken, unterstützen" etc.), die das Erwartungsmanagement (*management of expectations*) eher erschweren. Die tragenden Elemente von Partizipation der Zivilgesellschaft und Local Ownership im Entwicklungsprozess beruhen auf einer optimistischen, teilweise visionären, tendenziell aber harmonistischen und von geringer Konflikt- und Friktionsintensität geprägten Erwartungshaltung. Diese Sichtweise steht in deutlichem Kontrast zur Realität.

In der Fachwelt besteht weitgehende Einigkeit darüber, dass die Ergebnisse bisheriger auf Dezentralisierung ausgerichteter Reformen in Entwicklungsländern enttäuschend waren oder zumindest nicht die in sie gesetzten Hoffnungen erfüllt haben. Dies ist ein prägnantes Merkmal der meisten Dezentralisierungsansätze. Die Beurteilung von Dezentralisierungsansätzen sollte daher durchaus von Demystifizierung und Entideologisierung gekennzeichnet sein, allerdings ohne zu demotivieren. Dezentralisierung scheint schwieriger zu realisieren zu sein als makroökonomische Reformen z.B. in Rahmen von Strukturanpassungen: In vielen Fällen bleibt die Realität der Dezentralisierung weit hinter den politischen und nicht selten auch rechtlich normierten Absichtserklärungen zurück. Da hierfür in aller Regel *interne*

Gründe ursächlich sind, stehen die Ergebnisse in deutlichem Gegensatz zu den als fundamental erachteten Grundsätzen von Partizipation und Ownership bei Zieldefinition, Planung und Implementierung von Entwicklungsprozessen.

(5) Erfolgsbedingungen

Aufgrund der bisherigen Erfahrungen lassen sich einige Bereiche identifizieren, die als wichtigste Erfolgsbedingungen für Dezentralisierung anzusehen sind. Allgemein lassen sich dabei externe und interne Faktoren unterscheiden. Auf die sehr komplexen externen Faktoren (u.a. Welthandels- und finanzsystem, Weltwährungssystem, koloniale, post- und neokoloniale Einflüsse, ökonomische und politische Dependenzen etc.) kann hier nicht eingegangen werden, da sich ihr Einfluss in der Dezentralisierung in analoger Weise auswirkt wie in der allgemeinen Entwicklungsproblematik. Wir skizzieren im folgenden daher Faktoren, die in größerem Maße als interne Faktoren anzusehen sind, d.h. solche, die durch die nationale Politik des betreffenden Landes beeinflussbar sind. Dass Analphabetentum, Armut oder Geschlechterdiskriminierung gravierende Hindernisse darstellen, braucht nicht ausgeführt zu werden.

Rechtlicher Rahmen

Dezentralisierung erfordert ein günstiges Umfeld. Optimal ist eine Verankerung in der Verfassung, ergänzt durch einen organischen Gesetzesrahmen, geeignete Verantwortungs- und Zuständigkeitsstrukturen sowie kompatible Kultur und Einstellungen.

Politischer Wille und Dedikation

Demokratisierungsprozesse werden oft von der Basis erzwungen, aber auch von neuen, reformorientierten Regierungen und vor allem vom alten Verwaltungsapparat nur zögerlich vorangetrieben. Das Problem liegt weniger in der Schaffung der formalen Rahmenbedingungen als in der Umsetzung und Anwendung der existierenden Rechtsinstrumente. Dies muss teilweise gegen den immanenten Widerstand der Verwaltungsapparate geschehen. Insbesondere in der Steuerpolitik existieren meist erhebliche, kontraproduktive politische Schutzräume, nicht selten verstärkt durch Korruption. Dabei ist ein konsistenter Rechtsrahmen nur eine notwendige, nicht aber hinreichende Voraussetzung.

Eine unabdingbare Voraussetzung ist daher der politische Wille und die Dedikation der politischen Entscheidungsträger zur Reform. Der DAC/ OECD ist da rigoroser: „Without top-level commitment the whole process tends to remain ‚fake'."[3] Hinzu kommen bestimmte Effizienzkriterien. Dies verdichtet sich in dem Begriff *'good governance'*. Der politische Wille einer Regierung korrelliert meist auch sehr deutlich mit der Absorptionsbereitschaft und -fähigkeit für Beratung in der Dezentralisierungspolitik.

Daher ist es kein logischer Widerspruch, dass eine erfolgreiche Dezentralisierungspolitik einen starken Staat erfordert. Die Aktivitäten auf lokaler und regionaler Ebene müssen von der Zentralregierung unterstützt und komplementiert werden.

Es ist allerdings hervorzuheben, dass die politische Dedikation der Regierung nicht in jedem Fall als unabdingbare *Voraussetzung* für den Beginn einer Zusammenarbeit angesehen werden muss, sondern dass der politische Wille durchaus auch erst geschaffen werden und folglich Ergebnis eines Projektes sein kann. Sofern sich die politische Unterstützung zumindest während der Projektarbeit entwickelt, ist dies durchaus ein Erfolg.

Partizipation und Ownership

Ein wichtiger Erfolgsfaktor ist die Sensibilisierung und Motivierung der Bevölkerung an der Basis. Wenn es gelingt, dass in den Gemeinden Entscheidungen über Finanzmittel möglich sind, die genau dort für die unmittelbaren Lebensinteressen der Bevölkerung eingesetzt werden, wo sie erhoben wurden, stärkt dies die Identifikation (i.S.v. Partizipation und Ownership), ökonomisch auch die Steuermoral, und wirkt als Akzelerator des Prozesses. Allgemein ist es wichtig, das Interesse an lokaler Selbstverwaltung zu stärken, vorangegangene Vertrauensverluste abzubauen und die Zuversicht in ein Mindestmaß an Verwaltungseffizienz wiederzubeleben: Integration, Partizipation und Konsensbildung sind auch staatsstabilisierende Faktoren. Topdown 'aid agency'-Ansätze haben vergleichsweise die geringsten Erfolge erzielt.

---

3   DAC, Summary Report on the Workshop on „Democratic Decentralisation: Experience and Ways Forward" (PDGG(96)3), Seite 3.

Verfügbarkeit von Ressourcen

Der Erfolg der Dezentralisierung hängt insbesondere ab von einer bedarfsgerechten Zuweisung von Aufgaben an die verschiedenen Verwaltungsebenen (sinnvollerweise nach dem Subsidiaritätsprinzip), von einer aufgabengerechten Verfügbarkeit von finanziellen Mitteln sowie von einer aufgabengerechten Ausstattung mit personellen Ressourcen in quantitativer und qualitativer Hinsicht.

Ein zentrales Defizit ist meist das Fehlen – oder die Verzögerung – der fiskalischen Dezentralisierung; Dezentralisierungskonzepte bleiben oft stecken, weil die Finanzautonomie der Gemeinden vernachlässigt wird. Eine entsprechend konzipierte Finanzverfassung (einschließlich des Finanzausgleichs) ist *unabdingbare* Voraussetzung für den Erfolg einer Dezentralisierungspolitik. Viele Gemeinden sind sonst auf Dauer nicht lebensfähig. Nur zu oft aber erweist sich die excessive zentrale Kontrolle über die finanziellen Ressourcen als Hindernis, verstärkt durch Probleme der lokalen Instanzen, ihre eigenen (Steuer-) Einnahmequellen zu erschließen oder auszuschöpfen. Im Ergebnis ergibt sich daraus eine trotz Dezentralisierung fortdauernde Abhängigkeit der lokalen Ebene von – aus lokaler Sicht -externer Finanzierung.

Üblicherweise besteht erheblicher Bedarf an Investitionen in das Humankapital. Hier sind sehr bedauerliche Fehlinvestitionen zu beobachten, nicht zuletzt durch verwaltungsinterne Fluktuation.

Neben den angesprochenen Ressourcen im engeren Sinne haben auch andere Faktoren Ressourcencharakter, welche sich auf Dezentralisierungsprozesse auswirken. Hierzu zählen das Bildungssystem, die Alphabetisierungsrate, die Kommunikationsstrukturen oder der Zugang zu zentralen und dezentralen Medien.

Soziokulturelle Regelwerke

Erst in neuerer Zeit wurde die Bedeutung eines Problemfeldes erkannt, das als Institutionenökonomik bezeichnet wird. Als 'Institutionen' werden zum einen – in traditioneller Sicht – Organisationen verstanden. Zum anderen – dies ist hier der wichtigere Aspekt – sind 'Institutionen' Regelwerke, für die in der betrachteten (Zivil-)Gesellschaft ein Grundkonsens besteht und die von einem Durchsetzungsmechanismus unterstützt werden. Solche kulturellen, traditionellen, religiösen und anderen Regeln und Einstellungen beschränken das menschliche Handeln, indem sie Handlungsweisen verbieten, gebieten oder erlauben. Sie haben sich in der Gesellschaft herausgebildet und werden privat durchgesetzt (durchaus auch im informellen Sektor). Diese sehr komplexen Regelwerke sind in hohem Maße mitbestimmend für Erfolg oder Misserfolg von Dezentralisierung, werden jedoch nur selten hinreichend berücksichtigt. Vielfach bietet es sich an, den Dezentralisierungsprozess mit einer Reform der öffentlichen Dienststrukturen zu verknüpfen. Ein weiterer wichtiger Aspekt ist, ob und wie strategische Gruppen (z.B. Parteien, Militär, Beamte), die diese Regelwerke in oft wechselnden Koalitionen nachhaltig beeinflussen können, die Dezentralisierung unterstützen.

(6) EZ und nationale Eigenverantwortung

Die Entscheidung für Dezentralisierung ist in jedem Fall eine *interne* Entscheidung von zentraler politischer Tragweite. Wegen der hohen Bedeutung für eine demokratische Gesellschaftsentwicklung sollte die EZ diese Reformen flankieren. Dies kann nur dann sinnvoll geschehen, sofern sowohl die Dezentralisierung als auch die EZ auf nationaler und lokaler Ebene gewollt und umgesetzt werden. Die in diesem Zusammenhang in der EZ gängigen Annahmen hinsichtlich Partizipation und Ownership, dass die Bevölkerung aktiv in den Reformprozess integriert ist und sich die Beteiligten – einschließlich Verwaltungen – mit diesem Prozess identifizieren, entsprechen bedauerlicherweise nicht immer der Realität. *Gegen* die Partner und ohne Kooperation der Partner kann Dezentralisierung nicht verwirklicht werden. In manchen Ländern ist das Dezentralisierungskonzept und sogar die Gesetzgebung moderner als die Gesellschaft. Wichtige Strukturelemente der EZ-Unterstützung müssen daher Risikobereitschaft und Kreativität sein. Hinzu kommt ein gewisses Durchhaltevermögen (oder auch Beharrlichkeit), um bei Misserfolgen und Rückschlägen nicht den Mut zu verlieren.

In den seltensten Fällen existieren auf der Partnerseite strategisch orientierte Pläne für die Umsetzung der proklamierten DLG-Politik. Diese visiert in der Regel anspruchsvolle, wenngleich generelle und vage Entwicklungsziele auf der konzeptionellen Ebene an. Das Problem besteht jedoch darin, solche Visionen in die Wirklichkeit umzusetzen. Schlüssige Konzeptstrukturen im Hinblick auf wer was wann wie und warum tun soll, sind bestenfalls partiell identifizierbar. Defizite auf der operativen Ebene werden verstärkt durch unzureichende Managementkapazitäten. Hinzu kommt eine insgesamt unbefriedigende konzeptionelle Fundierung auch auf der Geberseite. Insbesondere die *Ziel*-Orientierung der Planung ist meist nur undeutlich erkennbar, unabhängig davon, dass die Zielstruktur oft weder konsistent noch realistisch ist. Dabei stellt sich die Frage, inwieweit Geber – bei Abwesenheit nationaler Strategien – in die Entwicklung von strategischen Visionen involviert sein könnten oder sollten.

In zahlreichen TZ-Projekten bi- und multilateraler Geber wird versucht, die Partner in dieser grundsätzlich längerfristig angelegten politisch-administrativen Evolution zu unterstützen. Das Standing der verschiedenen Geber im Bereich der Dezentralisierung ist recht unterschiedlich. Viele Länder haben in den vergangenen Jahren die Unterstützung von UNDP als neutralem und gleichzeitig internationalem Geber gesucht, der insbesondere auch innenpolitisch oft eine Vermittlerrolle spielen kann. Andere Länder haben explizit die Zusammenarbeit mit bestimmten Regierungen gesucht (darunter auch Deutschland), um einen Gegenpol gegen z.B. französisch oder britisch geprägte Traditionen und Tendenzen zu entwickeln. Die Glaubwürdigkeit und Akzeptanz eines Gebers hängt auch von seiner Verpflichtung zu langfristigem Engagement und der Stabilität seiner Ressourcenzusagen ab.

Ein wichtiger Aspekt ist die grundsätzliche Übereinstimmung, der konzeptionelle 'Fit' zwischen den Vorstellungen von Partnerland und Geberland. Hier muss eine möglichst weitgehende Kongruenz zwischen den Erwartungen und den Strategien beider Seiten bestehen. In diesem Zusammenhang scheinen die Regierungsverhandlungen, auf denen die spätere Projektarbeit aufbaut, häufig nicht genügend genutzt zu werden, um den konzeptionellen 'Fit' zu prüfen. Es ist auch sinnvoll, bereits in der Planung klar definierte Abbruchkriterien zu definieren.

Die Nachfrage nach strategischer, technischer und finanzieller Unterstützung von Dezentralisierungspolitiken steigt weiter an. Parallel dazu nehmen die Geberaktivitäten auf diesem Sektor zu. In verschiedenen Fällen ist zu beobachten, dass dabei ein Wettbewerb ausgefochten wird. Wie auch im allgemeinen, ist die Geberkoordinierung im Bereich der Dezentralisierungspolitiken in hohem Maße defizitär. Die Absprache mit anderen Gebern (und eigenen Projekten!) *vor* Projektbeginn und die anschließende Koordination *während* der Durchführung ist eine zentrale Schwachstelle in der TZ. Dieser erhebliche Managementfehler auf der Geberseite ist weniger auf Unfähigkeit als auf Unwilligkeit zurückzuführen, deren Ergebnis ineffizienter Einsatz knapper Ressourcen ist.

Die Geberunterstützung konzentriert sich vor allem auf die technische, operative Ebene und insgesamt zuwenig auf die strategische und politische Ebene der Dezentralisierung. So wichtig es ist, auf der lokalen Ebene für die betroffene Bevölkerung greifbare Ergebnisse zu erzielen, so notwendig ist auch ein strategischer „Schirm".

Projekte der deutschen politischen Stiftungen verfolgen einen politischeren Ansatz als die der GTZ, die im fachlichen Sinne 'technischer' ansetzt. Die Forderung nach komplementären Ansatz von GTZ und politischen Stiftungen ist berechtigt, ist aber keine neue Erkenntnis. Zu diskutieren wäre, ob für unterschiedliche *Phasen* unterschiedliche Träger eingesetzt werden sollten. Die ursprüngliche *Arbeitsteilung* zwischen GTZ und den politischen Stiftungen (mit dem *Staat* bzw. *privaten Zivilgesellschaft* als Beratungsobjekt) ist *fließend geworden*. Die semantische Trennung von Staat und Zivilgesellschaft ist in der Realität ohnehin nicht aufrechtzuerhalten.

Die Möglichkeiten der Einflussnahme auf die normative Gestaltung der Dezentralisierung durch die EZ sind meist gering, da die wesentlichen konzeptionellen Entscheidungen bereits vorher getroffen wurden. Das DAC betont daher zu Recht das unabdingbare Eigenengagement und die Eigenverantwortung der Partnerländer: „Each developing country and its people (are) ultimaltely responsible for their own development."[4] Die Machtverlagerung und die Stärkung der finanziellen Autonomie auf kommunaler Ebene sind die herausragenden politischen Elemente jedes Dezentralisierungsprozesses. Unrealistische Erfolgserwartungen sind hier nicht angebracht. Dezentralisierungsprojekte haben *immer* eine politische Dimension, die klar erkannt und von Geber- wie von Partnerseite akzeptiert werden muss.

Auf der Projektebene wiederholen sich typische Schwachstellen. Bedarfsanalysen scheinen meist nicht als sonderlich wichtiger Aspekt gewertet zu werden, weil der Bedarf als irgendwie gegeben angesehen wird; hinsichtlich Fortbildungen leiten er sich oft nur aus der Beobachtung on-the-job ab, verbunden mit entsprechenden Ad-hoc-Vorschlägen des Partners, jedoch selten aus dem Vergleich von Anforderungs- und Qualifikationsprofilen, weil beides nicht hinreichend bestimmt ist. Capacity Building konzentriert sich vorrangig auf Training, Studienreisen, Seminare und Konferenzen und die Entwicklung von Handbüchern, während ein multidimensionaler and strategischer Managementansatz vernachlässigt wird. Auch die Trägeranalyse ist meist keine Stärke der Projektkonzeption. Die Ziel- und Ergebnisstrukturen sind oft unscharf und haben oft nur losen Bezug zur Realität. Obgleich verbal oft angesprochen, stehen die dynamischen und miteinander verzahnten Beziehungen zwischen zentralen und lokalen Regierungsebenen, dem öffentlichen Sektor, der Zivilgesellschaft und der privaten Wirtschaft

---

4 DAC, Shaping the 21st Century, Paris 1998, S. 14.

selten im tatsächlichen konzeptionellen Blickpunkt. Das Informationsmanagement, auch bezüglich der Erfahrungen in anderen Ländern, ist sowohl auf der nationalen als auch auf der Projektebene in der Regel deutlich verbesserungsbedürftig. Ein immer wieder zu beobachtender Schwachpunkt ist die Vernachlässigung eines institutionellen ‚Gedächtnisses'.

Wegen der Langfristigkeit der Dezentralisierungsprozesse kann eine ausgeprägte Abhängigkeit von Geberfinanzierungen Erfolg und Nachhaltigkeit des eingeschlagenen Reformprozesses in Frage stellen. Die notwendige langfristige Finanzierung kann jedoch in kurzfristigen Projekt-, Programm- und Finanzierungszyklen auf Geberseite nicht hinreichend verankert werden. Zusammen mit der politischen Eigenverantwortung der Partnerländer sind die internen und externen Finanzierungsstrukturen von grundlegender Bedeutung für den Erfolg.

Governance Outreach in the OECD

von *Albrecht Stockmayer**

I. OECD Governance

Governance has become a fashion in international policy discussions. As a tribute to this trend the OECD has designated governance as the force that can maintain the balance in a triangular paradigm of economic growth, social cohesion and *good* governance. The paradigm is testimony to the growing realization that processes and institutions are just as important as policies. Good policies are more likely to be successful and sustainable if implemented in a context of effective governance.

Behind this fairly direct mission statement, however, lies a more complex set of issues: What is the meaning of the term "governance?" What elements are essential to "good governance"? Which are the dimensions of governance work and how do they translate into governance activities of the organisation?

What is 'governance' in the OECD?

Contrary to other organizations the OECD has not taken up governance as a subject of development cooperation. To effectively support countries' efforts to address future challenges of governance, the OECD needed to be able to anticipate issues of emerging importance. These issues are all in one way or another related to governance. Most of the issues identified can be grouped into four categories that point to some of the most pressing emerging challenges of governance regardless of its origin:

---

* The usual disclaimers apply. Author's address: *Albrecht Stockmayer*, OECD-PUMA, 2 Rue André Pascal, 75775 Paris Cédex,
e-mail: Albrecht.Stockmayer@oecd.org.
PUMA's website can be found at http://www.oecd.org/puma.

➤ *Governance and Growth*

This is a theme that responds most directly to the OECD Ministerial request that the OECD intensify its efforts to disseminate work on good governance more widely. Countries have become increasingly interdependent, both economically and in terms of social outcomes. Well-performing governance institutions and management systems for mediating conflict, achieving workable consensus, delivering public services, allocating resources, and promulgating and enforcing efficient laws and regulations are essential to ensuring that all can benefit within this more interdependent environment. Ensuring the integrity, transparency and performance of public institutions is of strong relevance to both OECD and non-OECD countries in promoting a common, politically stable foundation for international trade and investment to occur under conditions of mutual trust and understanding.

➤ *Strengthening and a vibrant democratic community*

Globalisation trends involving increased mobility of capital and cross-border transactions have created a demand for increased capacities to deal with policy issues at the international level in order to ensure that social as well as economic objectives can be met and that citizens can fully benefit from these trends. At the same time, due to greater decentralisation of national policy to sub-national levels of government, fragmentation of policy responsibilities has increased dramatically, posing major governance challenges of policy co-ordination, accountability, and coherence, and increasing the complexity of implementation. Though some aspects of public policy are closer to citizens, others are further away or divided among multiple levels. Such an environment may reduce the quality of public policy if it is too fragmented, or on the other hand, create an increased risk of citizen alienation and distrust of governments, given the difficulty of ensuring accountability.

➤ *Governance and a forward looking public sector*

Communication and other technologies continue to change more rapidly than governments are able to adapt. Governments constantly struggle to strengthen policy capacities to provide appropriate policy frameworks that support innovation, while taking into account ethical considerations for such issues as genetic engineering, equity of access to medical advances, rights to privacy, etc., and the social consequences of structural changes in key technologies. A key challenge will be to determine who in society makes scientific and technological decisions and, to the extent that the public sector decides or regulates the use of new technologies, how to integrate scientific expertise into public policy decisions. Concerns that information technology (IT) can contribute to an "information dual society" suggest that efforts to overcome social exclusion will gain even further in importance. Using IT effectively and equitably in its communication with and services for citizens is likely to pose a continuing challenge for governments.

➢ *Governance and managing global change*

Governments will require strategic policy capacities to adapt to longer-term trends (intensification of market forces, globalisation and the information revolution, emerging risks to security and developments in cross-border criminal activity, ageing populations and migration patterns), while remaining flexible enough to respond quickly to short-term uncertainty (e.g. terrorist acts, natural disasters, financial crises). A key factor in responding effectively to these developments will involve countries' abilities to communicate the benefits and costs of change and to achieve a workable social consensus on how the change will be managed.

Why Governance in the OECD: The Ministerial Mandate

The Council at Ministerial level requested in May 1999 that the OECD

> "elaborate a proposal for a 'good governance' initiative to better share the results of the Organisation's existing work in this field with interested non-member countries, where appropriate in co-operation with other international organizations."

Ministers welcomed OECD efforts to encourage more effective, efficient and transparent governance structures in both OECD Member and non-member countries, through its work in a number of areas. They mentioned specifically public sector management, anti-bribery, regulatory reform, corporate governance, ethical principles in public life, local and regional administrations, and indicators of global progress on governance.

In 2000 Ministers reviewed the programme and work done in this area and called on OECD

> "to continue to make its vital contribution to policy-making and implementation on governance issues, in dialogue with

economies outside the Organisation's membership through its developing Governance Outreach Initiative, in partnership with other international and regional organisations, and in broad and open consultation with civil society."

The *purpose* of the Governance Outreach Initiative is to enhance the impact and relevance of the OECD governance work, by building on current extensive efforts to strengthen experience sharing and dialogue among OECD and non-OECD countries on governance issues. Outreach activities will improve accessibility for non-Members to OECD's contributions and priorities on governance, strengthen partnerships with other bodies working on governance and identify and exploit synergies among various OECD outreach activities.

Key elements of this task include:

- helping governments to accept the challenges of globalisation by including new actors and taking into account interactions between institutions acting at various levels;
- improving capacities for collective/participatory and coherent decision making at all levels of government and across these levels;
- improving effectiveness, transparency and accountability;
- developing strategies for public management reform;
- establishing a professional public service with staff selected and managed on the basis of merit;
- implementing Public Service Ethics recommendations and Codes of Conduct;
- establishing efficient external Audit Institutions and practices; improved administrative oversight including strengthened parliamentary oversight;
- strengthening national procurement legislation and procedures.

What governance: Definitions?

There have been many attempts at defining governance, both outside and inside the Organization. In general, governance is defined as the exercise of economic, political and administrative authority to manage a country's affairs at all levels. It embraces all methods used to distribute power and manage public resources, and the organisations that shape government and the execution of policy. It also encompasses the mechanisms, processes and institutions, through which citizens and groups articulate their interests, exercise their legal rights, meet their obligations, and resolve their differences. But this is not a definition; it is rather a summary description of what has been the outcome of mostly inconclusive attempts to come to a single agreed version of a definition.

What should be retained is the need to take into account at least two domains:

- processes by which authority in whatever form is exercised in the management of a country's economic and social resources
- institutional capacities of a government and its actors to design, formulate and implement policies and to fulfil government functions.

In addition, the way in which authority is exercised and the criteria for its exercise including the relations to all those who impact on government action may enter into the definition.

Up to now there was no overriding necessity to come to a common definition beyond the many and varied definitions that committees and working parties draw up in the discharge of their mandates.

The OECD being an organization of governments and whose main activities are related to their members' economies and to markets, stated summarily effective governance is the set of policies, institutions and relationships that facilitate the functioning and operation of pluralistic democracies and market economies for the benefit of everyone. In this context, it is the role of government to implement effectively the institutional and policy framework for the efficient operation of markets, based on the rule of law. At the same time, it is important for government to have effective communications and relations with civil society. High standards of transparency and accountability should be applied to both government and civil society.

In the OECD the issues of governance often are expressed in terms of principal/agent relations. Problems arise whenever an interested party delegates the responsibility to act on his or her behalf to an agent, but due to information asymmetries (when the agent has access to more information than the principal), the agent can relinquish responsibility without the principal's knowledge. This type of problem can affect numerous relationships: politicians sometimes may not adequately represent the interests of voters; bureaucrats or regulators do not always act in accordance with the mandates of politicians or voters; and company management may not always represent the interests of shareholders. The negative consequences of principal-agent problems can be reduced through institutions that establish effective monitoring, and mechanisms that make performance more transparent and measurable, and that reward good performance. In this context, one dimension of public governance is that governments have a role to play in promoting efficient systems of corporate governance.

II. Governance Dimensions

Ultimately, all policy issues have a governance dimension, and this paper will seek to take a focused approach to the OECD's work on governance issues by emphasising processes, relationships, roles and capacities/capabilities, rather than the substantive dimensions of policy. In this context, the presentation of the OECD's work on governance issues is organised under the following headings of strategic governance challenges:

(1) intervening effectively in markets and society;
(2) managing cross-cutting issues and building policy coherence;
(3) fostering integrity and fighting corruption.

Intervening Effectively in Markets and Society

Government sets the rules and the framework in which all enterprises can operate in a competitive environment and it contributes to maintaining social cohesion. While this framework is above all national, markets have become increasingly international, vastly expanding the space in which governments need to provide a framework for a level playing field and where borders are open to trade and investment. This expanding need for efficient markets calls for greater attention to governance issues at local, national and international levels. The changes in markets are paralleled by a change in social capital and its formation. And finally, business profiles have dramatically changed over the last few years.

The main elements of better systems of governance/ment are:

- a performance-oriented and efficient public sector;
- a good corporate governance framework providing for transparency of corporate structures and operations and the accountability of management;

- the development of a competitive environment which enhances the efficient functioning of markets;
- effective regulatory regimes
- vigorous action to fight corruption and organised crime;
- investment in people through sound education and training policies, and strengthening social safeguards.

Amid growing reliance worldwide on the private sector, the issue of *corporate governance* has similarly risen in prominence on the international agenda.

Corporate governance involves a set of relationships between a company's management, its board, its shareholders and other stakeholders. Corporate governance also provides the structure through which the objectives of the company are set, and the means of attaining those objectives and monitoring performance are determined. [1]

Financial crises in Asia and elsewhere in the last several years have made clear why shortcomings in corporate governance can be harmful to national economic performance and ultimately to global financial stability. No country can claim immunity from deficiencies in the area of corporate governance. European countries face mounting calls for better treatment of minority shareholders and greater transparency in mergers and acquisitions. In Japan, efforts to re-launch economic dynamism clearly require improvements in corporate governance in areas such as information disclosure and the structure of company boards. Even in the United States, where issues of corporate governance have been at the forefront of public attention for the longest period of time, institutional investors, in particular, have expressed concern that in companies with dispersed ownership, management could be pursuing interests other than the shareholders' long-term interests.

In May 1999, OECD Ministers adopted the OECD Principles of Corporate Governance.[2] Ministers encouraged their implementation and use within Member countries, and called on the OECD, in co-operation with the World

---

1   For a definition see OECD Document SG/CG(99)5 of 16-Apr-1999.

2   http://www.oecd.org/daf/governance/principles.pdf: "The Principles are intended to assist Member and non-Member governments in their efforts to evaluate and improve the legal, institutional and regulatory framework for corporate governance in their countries, and to provide guidance and suggestions for stock exchanges, investors, corporations, and other parties that have a role in the process of developing good corporate governance."

Bank, the IMF and other international organisations, to promote the implementation and use of the Principles in non-member countries. The OECD Principles cover five main areas: the rights of shareholders and their protection; the equitable treatment of all categories of shareholders; the role of employees and other stakeholders; timely disclosure and transparency of corporate structures and operations; and the responsibilities of the board towards the company and shareholders.

The Corporate Governance Principles are intended to provide a benchmark and assistance to governments and private sectors in their efforts to evaluate and improve their own regulatory frameworks and practices for corporate governance. They are designed to leave adequate flexibility for implementation according to specific circumstances, cultures and traditions in different countries. They will also provide guidance for stock exchanges, investors, private corporations and national commissions on corporate governance as they elaborate best practices, listing requirements and codes of conduct.

OECD and the World Bank have entered into an agreement to co-operate closely to promote improved corporate governance on a global scale, using the OECD Principles as an important point of reference in these activities. One first major step in this co-operation was the launching in September 1999 of the World Bank/OECD Global Corporate Governance Forum, which brings together developing, transition and developed (donor) countries, regional development banks and international organisations, along with private sector participants.

Managing Cross-cutting Issues and Building Policy Coherence

Policy effectiveness requires that governments co-ordinate, integrate and balance decisions across multiple economic and social disciplines, institutional jurisdictions and policy fields. This task belonging to the standard canon of public tasks has been eroded over time. We see the growing use of decentralization, even public sector policies implemented but also codetermined by private service providers. Private businesses are taking over the policy function for areas that have been relinquished by formal institutions.

Yet governments face great difficulties in improving policy coherence, given the growing number of players and interests involved, including non-governmental organisations and civil society, the wide range of objectives they pursue and the complex and rigid institutions involved.

Tackling crosscutting issues and building policy coherence is at the heart of the OECD's mission. A wide range of work is undertaken, such as on the relationship between trade and other policies, and the OECD's project on sustainable development of which the underlying objective is to achieve policy coherence in these areas.

The focus of concern of policy makers is shifting away from conventional questions of co-ordination toward the management of cross-cutting issues, which transcend the boundaries of established policy fields, and do not correspond to the institutional responsibilities of individual ministries.

Crosscutting issues are largely unprecedented, at least in their scale, and the institutional structures to cope with them often do not exist. The typical case is that a number of ministries is responsible for one aspect or another of the problem, but none is responsible for it in its entirety. This raises not only issues of co-ordination, but also the question of obtaining a more holistic conceptualisation of the problem, that is, an understanding that is greater than the mere piecing together of the partial perspectives of line ministries.

Crosscutting issues outstrip the conventional patterns of thought on which co-ordination mechanisms have traditionally been based. This poses a problem for the centre. Providing a strategic view of a problem area is part of the role of central bodies of government, both political and administrative. But these bodies usually build that view largely on the basis of information and analysis emanating from line ministries. The challenge for the centre is to develop a holistic perspective on cross-cutting questions even though the ministries themselves have not perceived the full dimensions of the problem.

Crosscutting policies require organisational support that transcends institutionally defined policy fields, while respecting ministerial portfolios. The traditionally vertical, compartmentalised structures of government tend to limit information flows among ministries, and to impede co-ordinated action. Co-ordination mechanisms are designed to ensure horizontal consistency among identified policy fields. How well can these mechanisms manage crosscutting issues that are difficult to circumscribe, especially in a highly interconnected policy context?

Crosscutting issues increase the need to integrate rather than merely co-ordinate the policies of different ministries. The design of integrative mechanisms needs to strike a balance between competing objectives: strengthening the horizontal capacity of the governmental apparatus; ensuring that ministerial responsibilities remain clear; and, maintaining the centre's pivotal role in the strategic management of actions. The challenge is to find institutional linkages that correspond to the interdependencies inherent to crosscutting issues.

Specifically dealing with *Development Cooperation* policy coherence an OECD report, *Policy Coherence Matters,* was discussed at the 1999 DAC High Level meeting and Ministerial Council meeting. This report argues that OECD countries have a pivotal role to play in facilitating developing countries efforts to fully exploit the benefits of open trade and investment, notably by improving the framework for international trade and capital flows, addressing environmental concerns, facilitating participation of developing countries in the global information society, and enhancing the coherence of development co-operation policies.

Fostering Integrity and Combating Corruption

Integrity is a fundamental pre-condition for governments seeking to provide a trustworthy and effective framework for the economic and social life of their citizens. The cost of corruption is increasingly well-known and documented. It erodes confidence in political institutions and endangers public sector reforms; exacts a disproportionate cost on the poor who may be deprived of basic public services; distorts the allocation of resources and undermines competition in the market place. Corruption has an obvious effect on investment, growth, and development. Promoting public integrity and fighting corruption are critical for sustained economic growth.

The OECD has a wide number of activities in this area which seek to help both Member and non-member countries, often in partnership with civil society. These include improving ethical conduct in the public service, fighting corruption, and combating tax evasion and money laundering.

The OECD first put international corruption on its agenda in 1989 and later developed two basic objectives for its work: to fight corruption in international business and to help level the competitive playing field for all companies.

The entry into force on 15 February 1999 of the OECD Convention on Combating Bribery of Foreign Public Officials in International Business Transactions, represented a landmark in international co-operation to fight bribery and corruption. The Convention was signed by all OECD countries and five non-member countries[3]. It is designed to stem the flow of bribe

---

3   Argentina, Brazil, Bulgaria, Chile, and the Slovak Republic.

money in international business by criminalizing bribery of foreign public officials, improving accounting and auditing practices, increasing transparency in public procurement procedures, and denying tax deductions for bribe payments.

In 1996 Recommendation which invited all OECD Member countries to put an end to the practice of according tax deductibility for bribe payments made to foreign officials. In addition, a 1997 Recommendation invited OECD countries to adopt appropriate accounting and auditing requirements, and to deny bribing companies access to public procurement procedures.

The 1999 Convention is not an end in itself. OECD Ministers recognised that it was necessary to pursue further analysis of other issues relating to corruption. The relevant OECD Working Group is examining acts of bribery in relation to foreign political parties and candidates for foreign political office, bribery of foreign public officials as a predicate offence for money laundering legislation, the role of foreign subsidiaries in bribery transactions, and the role of off-shore financial centres in bribery transactions. Topics on current work include private sector (or commercial) bribery, problems relating to the solicitation of bribes, and legal issues concerning civil law remedies.

The Anti-Corruption Network for Transition Economies serves as a vital source of information on national, regional and international anti-corruption initiatives. The Anti-Corruption Network for Transition Economies is particularly important because firm and household surveys indicate that levels of corruption are perceived to be higher in Eastern Europe and the Former Soviet Union than other regions of the world. The costs to these countries include incomplete control of executive policy-making functions, administrative barriers and economic inefficiencies discouraging enterprise development and entrepreneurship, as well as increased risk lowering foreign direct investment.

The second major activity in this context was the OECD's work on *integrity in the public service*. And here the most recent step was the publication of a survey that studied ethics measures for the public sector in OECD countries.[4]

---

4 Trust in Government: Ethics Measures in OECD Countries, October 2000, see http://www.sourceoecd.org/data/cm/00000795/4200061e.pdf.

Types of outputs

Governance work in the OECD is characterised not only the policy areas that receive attention. Of equal importance are the types of outputs engendered in different policy areas. Each type of output has a specific role to play in informing and influencing public managers and decision-makers:

➢ *Information on country initiatives and promising practices* exchanged at meetings, through electronic communications, through country "fact sheets," and through newsletters, e.g. PUMA's "Focus".

➢ *Comparative information and analysis* places the information provided by countries into the context of different political, managerial and institutional approaches to governance. It identifies emerging and continuing trends that may help to build policy-level support for changes.

➢ *Assessment* takes comparative analysis to the next level, attempting to determine the merits of particular innovations, practices or techniques, whether they may be applicable beyond the cases which are being studied, and if so, what factors may contribute to their transferability. They can take the form of individual *country reviews*, or *evaluative benchmarking*, involving either the use of comparative indicators or analysis of what works and why and how it may be applied in a wider context. Peer review is often used to support such analysis, either by a small subset of countries providing in-depth review, or a more general review through the OECD Committee structure.

➢ *Recommendations* adopted by the OECD Council are commonly reserved for a few strategic and exceptional topics where the nature of the topic and demand converge. These issues involve cross-border interdependence where common approaches, reinforced by high-level attention and peer pressure, provide greatest benefit. Technical issues where best practices can be identified, may be the subject of recommendations at the Committee level.

III. Governance Outreach

The four dominant themes cited at the outset of this paper present a large potential field of action in which non-member countries are likely to be able to benefit from good information, analysis and assessment regarding how they may best be able to respond. The overarching goal of this is to focus on governance as a means *to secure well performing institutions*. To do this, three main directions need to be pursued:

- *Making better policy*: including efforts to strengthen policy development and co-ordination, to improve coherence, to inform consideration of alternative policy instruments (such as whether government should deliver services directly, contract out, or regulate), to build strategic approaches to change and to strengthen relations with citizens and civil society;
- *Strengthening law-making and regulatory quality:* including to develop and evaluate institutions and processes through which laws and regulations can more efficiently achieve public policies within dynamic and global markets, to consider the contribution from the three branches of government and those empowered by government; and
- *Managing public sector performance:* including to develop ethical and adaptable human resource skills and capacities, to manage partnerships between levels of government and with non-government institutions, to identify best budgeting and management practices, and to benchmark performance.

Making better policy

These are questions of strategic and long-term capacities for change, and machinery and processes for strengthening policy coherence and policy development. They will be of particular relevance in supporting countries' efforts to respond to the emerging fragmentation of policy-making across international, national and sub-national levels; and in strengthening capabilities for adapting to long-term trends such as demographic changes, and rapid scientific and technological advance. Successful policy development will depend upon transparent information dissemination and consultation, maintaining an accountable public service, and co-ordination between levels of government and non-governmental or quasi-governmental actors. Effective use of information technology is likely to play a growing role that cuts across all of these areas.

OECD work includes review of developments in areas such as the health system, the governance implications of new scientific developments, and the way governments can address the increasing demand of citizens for security in all aspects of their lives. Policy-making considerations may be linked more closely to how choices of different policy instruments may influence achievement of objectives in dealing with these policy issues.

The OECD Centres of Government Network provides a valuable forum at high level for identification of forward-looking issues and sharing of promising practice at the policy co-ordination level. Work related to policy co-ordination across levels of government involves closer partnerships with other international institutions, legislatures, sub-national levels of government and external actors such as international NGOs that have a growing influence on supranational policy development.

Strengthening law-making and regulatory quality

The quality of law-making and regulation plays an important role in achieving economic and social objectives; the institutions and processes in place must be adaptable enough to support innovation within an environment of change and uncertainty. Governance work evolves from assessment of best practices in producing quality regulations to look at broader factors that influence effective implementation of public policies carried out through regulation and to reviews of individual countries' processes for assessing and promoting regulatory quality. The ultimate objective is to develop a transferable methodology that countries can use to carry out their own self-assessments.

In this area OECD work addresses the quality and clarity of laws, trends in law-making revolving around issues where laws may have cross-border impacts such as those impacting on trade, environment and migration, and the role of the legislature, judiciary and supranational institutions. Another track goes beyond instruments to examine the institutions needed to consolidate the move from state-led to market-led growth. To promote markets, social objectives are addressed, including questions regarding how best to address labour force and labour market concerns. Many kinds of institutions are needed in the public sector to establish the rules of the game, mediate disputes, ensure transparency, etc. So institutional (re)building is a continual task as conditions evolve.

Managing public sector performance

Work in these areas addresses the building blocks of good government – effective human resource, performance and budgetary management. They need to be in place (along with quality legal and regulatory frameworks mentioned above) to support implementation of sound economic, environmental and social policy. Public management reforms that have devolved service tasks to lower levels of government increased autonomy and results orientation. Their impacts are analysed and assessed. Governance work promotes the development of services that are well integrated and accessible for citizens and customised to meet their needs as a potentially powerful tool against social exclusion. As with other areas of OECD work, networks are constantly reviewed to become more flexible and broad-ranging, branching out beyond the central management agency level to address policy concerns related to interests of both the executive and legislative branches. Better understanding of the interface between the administrative and political level will be an important concern to address within these broadened networks.

Work on managing public sector performance provides an empirical basis for promoting governance and public management reforms in both Member and non-Member economies. Such work can also recognise the differences in starting points for different countries, and tailor information and advice to address such differing conditions. Work on budgetary management will incorporate the aspect of cross-cutting decision-making and policy coordination and work on human resource management focus on the skills requirements of the public service of the future (2010-2015) including the ability to manage horizontally, to develop partnerships and to work in a diverse society. The political level and senior civil servants will be seeking ways to develop a senior management corps with a shared vision that responds not only to issues facing individual organisations but also to common issues and priorities of the government. Work to analyse national efforts to promote ethics in the public sector will also continue to be shared with non-members.

IV. Some concluding remarks

What can we retain from this short survey to be OECD's contribution to the governance topic and to its treatment for countries that are not members?

(1) Policy areas discussed in the OECD and methods and instruments associated with OECD work lend themselves to work on governance.

(2) While a balance between policy analysis and development and the work on government and governance processes has yet to be reached, at least both domains are discussed and actively pursued. Overall guidance on policies of the OECD appear to point in the direction of a more systematic way of combining both domains.

(3) The lack of an agreed definition of governance or of *good* governance has not prevented OECD from dealing with a wide variety of govern-

ance topics. In fact, the need to manage diversity in an organisation with soon 30 members will make it next to impossible to reach a common ground from which common definitions may result. Managing diversity, one of the subjects the OECD is constantly confronted with is a subject that in the final instance will help to deal successfully with a topic that has global as well as national dimensions and repercussions.

Finally, the methods the organisation employs to do its routine work - exchanging information on policies, developing common principles and examining by way of peer review the application of these principles - can help to contribute to meaningful work of governance, both nationally and globally. As long as this issue receives some interest among its members OECD will be pursue governance work in a way that is of particular interest to countries outside the bounds of the organisation.

Governance als Ansatz der GTZ

von *Markus Steinich*

1. Das Governance-Universum der GTZ

Entsprechend dem erzielten oder zumindest vorgegebenen Konsens in der EZ-Community, ist auch in unternehmensinternen Dokumenten und offiziellen Verlautbarungen der GTZ der Verweis auf die entwicklungspolitische Bedeutung von Governance und Good Governance schon fast von obligatorischer Natur. Bei genauerer Analyse scheint die Beschäftigung der GTZ, wenn nicht der EZ insgesamt, mit dem Governance-Konzept aber vor allem durch folgende Aspekte gekennzeichnet:

- Bislang gibt es kein einheitliches (hausübergreifendes) Verständnis von Governance oder Good Governance.
- Entsprechend wird eine Vielzahl von (Good) Governance-Konzepten verwendet.
- Diese werden nicht immer eindeutig von bestehenden Konzepten abgegrenzt, etwa von den politischen Kriterien der Bundesregierung oder dem TZ-Verständnis von Capacity Development.

Auf folgende Governance-Konzepte wird hausintern Bezug genommen:

Schaubild 1:

Entsprechend gibt es nicht *den* Governance-Ansatz der GTZ, der hier nun mit letzter Autorität zu beschreiben wäre. Im folgenden soll vielmehr versucht werden, die unterschiedlichen verwendeten Konzepte zu klassifizieren (Kapitel 2) und damit aus dem hoch aggregierten Begriff (Good) Governance einen analytischen Begriff zu machen. Darauf aufbauend wird ein TZ-Ansatz der (Good) Governance-Förderung (Kapitel 3) vorgeschlagen.

2. Ausprägungen von Governance in der Arbeit der GTZ

Ausgehend von den „klassischen" Definitionen von insb. OECD und Weltbank können vier wesentliche Dimensionen von Governance abgeleitet werden, denen sich auch (zumindest teilweise) präzise deutsche Übersetzungen zuordnen lassen:

- Governance als Konzept der Trägerförderung bzw. der Förderung von organisationellen Systemen zur Erbringung bestimmter (öffentlicher) Leistungen.

- (Good) Governance als ordnungspolitischer Sammelbegriff für die Beschreibung einer bestimmten Qualität von politisch-administrativen Rahmenbedingungen: Gutes Regierungssystem.

- (Good) Governance zur Bezeichnung der Fähigkeit zu entwicklungsorientierter staatlicher Steuerung: Gute Regierungsführung.

- Good Governance als Prädikat für die Politikinhalte einer entwicklungsorientierten Regierung: Gute Politik.

In der folgenden Übersicht werden diesen vier Dimensionen die gängigen Definitionsversuche und die mit ihnen in Verbindung gebrachten Governance-Konzepte zugeordnet:

Schaubild 2:

---

1. Konzept der Trägerförderung/ Förderung von Leistungssystemen

- "the management of a country's economic and social resources for development" (World Bank 1992)
- "the institutional framework in which the integrity of a service interaction or a related set of service interactions is decided" (Huppert/Urban 1998)

Governance, Local Governance, Urban Governance I, Global Governance I

---

2. Ordnungspolitischer Sammelbegriff

- "the form of political regime"; "the process by which authority is exercised" (World Bank 1992)

Good Governance I, Global Governance II, Urban Governance II
Economic Governance, Public Governance I

---

3. Fähigkeit zu entwicklungsorientierter staatlicher Steuerung

- "the capacity of government to formulate and implement policies and discharge government functions" (OECD 1995)

Good Governance II, Global Governance III, Urban Governance III, Public Governance II

---

4. Politikinhalte einer entwicklungsorientierten Regierung

- "In einem auf Zusammenarbeit ausgerichteten Umfeld ist es für eine reformwillige Regierung entscheidend, unter Beweis zu stellen, inwiefern sie sich um gute Regierungsführung ("Good Governance") bemüht, ob sie z.B. Korruption bekämpft, zu hohe Militärausgaben abbaut oder positive Voraussetzungen schafft, die Kapitalflucht einzudämmen" (BMZ 1998).

Good Governance III

Damit wird unmittelbar einsichtig, dass die vermeintlich eindeutigen Konzepte von Urban Governance, Good Governance oder Global Governance mehrdimensional verwendet werden (wie bereits durch die römischen Ziffern in Schaubild 2 angedeutet) und lediglich Local Governance den Anspruch auf Eindeutigkeit erheben könnte:[1]

Schaubild 3:

	Urban	Local	Good	Global
Konzept der Trägerförderung/ Förderung von Leistungssystemen				
Ordnungspolitischer Sammelbegriff				
Entwicklungsorientierte staatliche Steuerung				
Politikinhalte einer entwicklungsorientierten Regierung				

2.1 Governance als Konzept der "Trägerförderung"/ Förderung von Leistungssystemen

Im Rahmen ihrer Beschäftigung mit Fragen der Trägerförderung ist "Governance", verstanden als Inbegriff aller Mechanismen, die eine Gesellschaft zur Lösung gesamtgesellschaftlicher Probleme in Form der Verteilung von Ressourcen/Lebenschancen, Rechten und Pflichten befähigen, in der (G)TZ ein altes Thema mit Variationen (vgl. dazu ausführlich Steinich 1997: 30 ff):

Dominierender Ansatz in den 50er bis 70er Jahren war das *"institution-building"*, also der Aufbau von (neuen) staatlichen Organisationen oder pa-

---

1 Auf die weiteren dem Governance-Universum der GTZ zuzurechnenden Konzepte soll hier nicht weiter eingegangen werden.

rallelen Projektstrukturen, um das technisch-effiziente Management des Projekts während der Projektlaufzeit zu gewährleisten bzw. zu verbessern.² Dabei wurde in der Regel lediglich mit einem Träger, also mit der mit der Projektdurchführung betrauten (staatlichen) Organisation zusammengearbeitet.

Stark beeinflusst durch die Debatte um die Nachhaltigkeit von Entwicklungsprojekten fand in den 80er Jahren eine Hinwendung zum Ansatz des *"institutional development"* statt.³ Die Hauptunterschiede zum Ansatz des "institution building" bestehen darin, dass nun zum einen bereits bestehende Organisationen gefördert wurden; diese Förderung diente zum anderen nicht nur der dauerhaften Effizienzsteigerung des Projektmanagements, sondern auch der nachhaltigen Steigerung der Problemlösungskapazität dieser Organisation. Erweitert wurde der Ansatz des "institutional development" durch die Einsicht in die Notwendigkeit einer Trägerdiversifizierung, die sich in dieser Zeit aus der Ernüchterung über die Leistungsfähigkeit des Staates und die (aus heutiger Sicht teilweise unbegründete) vorherrschende Euphorie bzgl. der Effektivität nichtstaatlicher Träger ergab. Neben staatlichen Organisationen wurden also auch nichtstaatliche Organisationen gefördert.

Ab Mitte der 80er Jahre begann eine Debatte in der EZ, die auch die Rolle von Organisationen in der TZ nicht unberührt ließ. Bestimmende Themen waren die Notwendigkeit und optimale Gestaltung von Strukturanpassungsmaßnahmen, die sich daraus ergebende Frage nach einer dem Staat angemessenen Rolle im Entwicklungsprozess und die damit einhergehende Forderung nach Good Governance. Entsprechend wurden Organisationen nicht mehr als Akteure oder Träger von Projekten behandelt. Vielmehr wurden sie nun als Manifestationen der ökonomischen, administrativen und politischen nationalen Rahmenbedingungen gesehen und damit als Ansatzpunkte zu deren Veränderung. Somit verließ die Organisationenförderung die Projektebene und ergänzte die makro-ökonomische Strukturanpassung um eine organisationelle und vor allem institutionelle makro-orientierte Komponente (vgl. Roger 1991: 253-257). Das Förderungsziel bestand nun in der nachhal-

---

2 Tatsächlich lief es auf ein "organization-building" hinaus, so dass die deutschen Bezeichnungen "Trägeraufbau" bzw. "Trägerbefähigung" weniger missverständlich sind (vgl. *Fischer/Horn*, 1990: 18, 33). Für eine Kritik des "institution-building", vgl. z.B. *Reichard*, 1992: 4/5.

3 Noch treffender könnte die Bezeichnung "institutionalizing organizational development" sein, denn Prozess und Ergebnis des "organizational development" sollen zeitüberdauernd, d.h. normativ verankert und damit letztendlich institutionalisiert werden. Jedenfalls ist die deutsche Bezeichnung "Trägerentwicklung" wiederum eindeutiger (vgl. *Fischer/Horn*, 1990: 19).

tigen Erhöhung der Problemlösungskapazität eines Systems *("capacity building/ development")*. Da die genannten Rahmenbedingungen staatlicherseits gesetzt werden, waren die Fördermaßnahmen hauptsächlich auf staatliche nationale Organisationen gerichtet.

Seit Beginn der 90er Jahre erhält die Beschäftigung mit Organisationen als Akteuren eine neue Dimension durch den *Governance-Ansatz*. In den 80er Jahren waren nichtstaatliche Organisationen zwar bereits als Träger von Projekten anerkannt worden, doch herrschte damals weiterhin ein nach innen gewandter organisationeller Blick vor. Die Einbettung der Organisationen in ein bereits existierendes arbeitsteiliges organisationelles System war zu diesem Zeitpunkt noch nicht thematisiert worden. Mit dem Governance-Ansatz soll diesem Defizit begegnet werden. Die bestehende Vielfalt eigenständiger Organisationen wird dabei als "Kennzeichen einer sozial und politisch entwickelten Gesellschaft" gesehen: "Institutionelle Differenzierung bedeutet in diesem Sinne Mitwirkung, Teilhabe und Autonomie für die gesellschaftlichen Akteure" (Reichard 1992: 3). Die Trägerorientierung im Sinne der Unterstützung einer antragstellenden Organisation wird folglich durch eine Aufgabenorientierung ersetzt.[4] Als Reflex auf eine bereits bestehende oder sinnvollerweise anzustrebende funktionale Arbeitsteilung zwischen bereits existierenden staatlichen und/oder nichtstaatlichen Organisationen wird nun ein Netzwerk dieser Organisationen gefördert. Ziel ist eine nachhaltige Aufgabenerfüllung durch die nachhaltige Steigerung der Problemlösungskapazität des Netzwerkes oder von "institutionellen Arrangements" (Sülzer 1991; Reichard 1992: 23) bzw. instionellem Pluralismus (vgl. Bolay 1995: 95-99). Seinen theoretischen Rahmen erhält diese Diskussion durch die horizontale Dimension der Subsidiarität (vgl. Simon et al. 1993) und die daran anknüpfende Suche nach komparativen Vorteilen gemäß Sektoren oder Organisationen bzw. von Leitlinien zu Organisational/ Institutional Choice (vgl. Mathauer 2000, Simon 2000; Huppert/ Urban 1998, Steinich 1997). Auch der Begriff der lokalen Regime und die Beschäftigung mit Betreibermodellen, Verantwortungsstufen und Produktionstiefen sind hier zuzuordnen.

---

4 *Bolay/Sülzer* fordern dann zu Recht den Verzicht auf den Trägerbegriff, da es einen Träger in dieser Ausschließlichkeit nicht gibt (dies. 1992: 1/2).

Diese Governance-Dimension zieht sich, wie in Schaubild 3 zusammengefasst, durch verschiedene Governance-Konzepte:

- Im Arbeitsfeld Kommunal- und Stadtentwicklung der GTZ finden sich Anleihen an die *Urban Governance*-Definition der Universität Birmingham: "Urban Governance is interpreted in the widest sense to include the full range of NGOs, community-based organisations and private actors, as well as central and local government. One of the key issues is the interplay between these various institutions, whether through formal political and administrative processes or through informal interactions".

- Im Entwurf einer fachlichen Leitlinie der GTZ zum Thema Dezentralisierung wird *Local Governance* wie folgt umschrieben: „bezogen auf das Verhältnis zwischen Staat, Markt und gemeinschaftlichem Sektor bedeutet Subsidiarität die Suche nach einer funktionsfähigen Ordnung von Staat, Markt und gemeinschaftlichem Sektor entsprechend ihrer komparativen Vorteile, d.h. ein Denken und Handeln in "institutionellen Arrangements", "institutionellem Pluralismus", Organisationslandschaften oder Netzwerken" (Steinich/ Fritz 2000).

- Auch in der Auseinandersetzung mit *Global Governance* spiegelt sich das beschriebene Netzwerk-Verständnis wider: Verwiesen wird auf die international besetzte und von Willy Brandt mitinitiierte „Commission on Global Governance", die in ihrem 1995 veröffentlichten Bericht „Nachbarn in einer Welt" Global Governance im wesentlichen als kooperative Arrangements zwischen Staaten sowie zwischen staatlichen und nichtstaatlichen Akteuren auf internationaler, nationaler und subnationaler Ebene zur Lösung globaler Probleme beschreibt. Zur Rolle des Staates heißt es: In der Global-Governance-Architektur kommt dem Nationalstaat eine neue, aber immer noch zentrale Rolle zu. Im Unterschied zum "etatistischen Planungs- und zum neoliberalen Minimalstaat" verwandelt er sich in einen "moderierenden, impulsgebenden, aktiven Staat, der Initiativ-, Orientierungs- und Kontrollfunktionen übernimmt, Steuerungspotentiale von der nationalen auf die regionale und kommunale Ebene delegiert und Problemlösungskapazitäten bündelt". Seine zentrale Rolle kommt ferner in der Tatsache zum Ausdruck, dass er Hauptakteur der internationalen Politik bleibt und eine "unverzichtbare Scharnierfunktion zwischen den verschiedenen Handlungsebenen", aber auch zwischen den sozialen Akteuren behält. Schließlich sind die nichtstaatlichen Akteure fester Bestandteil der Global Governance-Architektur. Die „Commission on Global Governance" betonte "die wachsende Bedeutung (...) nicht nur von global operierenden Unternehmen und Medienkonzernen, sondern auch von NGOs, die sich längst zu wichtigen Gesprächs- und Verhandlungspartnern und ‚Gegen-Experten' bei Weltkonferenzen entwickelt haben". Im Vergleich zum Staat übernehmen NRO innerhalb der jeweiligen Länder eine Vielzahl von Komplementär- und Ersatzfunktionen und tragen zur Herausbildung einer nationalen und internationalen Öffentlichkeit bei, welche Demokratisierungsprozesse durchaus unterstützen (Messner/Nuscheler in Gómez 2000).

Was folgt aus dem dargestellten Netzwerk-Governance-Verständnis für die (G)TZ? Neben der Bedeutung von alternativen Arrangements der Aufgabenerledigung (im Rahmen von Local und Urban Governance), lassen sich folgende Prinzipien des Projektdesigns ableiten (vgl. Stockmayer/ Steinich 2000):

Trägerpluralismus

Die Förderung von Governance bedeutet zunächst die Schaffung institutioneller Kapazitäten und verbietet die Errichtung von Parallelstrukturen; sie bedeutet zudem, dass für eine armutsbekämpfende und entwicklungsfördernde Gestaltung der Rahmenbedingungen in Entwicklungsländern die gesamte Sektorenlandschaft (d.h. Staat, Markt und gemeinschaftlichen Sektor) berücksichtigt werden muss.

*Verzicht auf **traditionelle** Trägerförderung*

Reformberatung muss heute darin bestehen, Strategien und Verfahren dafür zu entwickeln, auf welcher Weise, auf welcher Basis, mit welchen Mitteln und unter Beteiligung welcher Akteure die für notwendig erachteten Aufgaben wahrgenommen werden können. Gefragt sind (Spiel-)Regeln, Systemkonzepte, Reformmuster, weniger die Stärkung einzelner Organisationen. Gefragt ist die Unterstützung elementarer Funktionen; Trägerförderung nur insoweit, als sich hieraus die Notwendigkeit gezielter Organisations- und Personalentwicklungsprozesse ergibt. Damit tritt die Förderung der Träger von Aufgaben des öffentlichen Sektors hinter der Stärkung von Funktionen und Systemen zur Leistungs-erbringung und/oder -gewährleistung zurück.

Mehr-Ebenen-Ansatz

In Mehr-Ebenen-Projekten können lokale Erfahrungen in nationale Entscheidungsprozesse eingebracht werden; nationale Strategien können auf lokaler Ebene pilothaft getestet werden.

Neue Sichtweise der Zielgruppe

Früher herrschten eindimensionale Ansätze vor: die Bevölkerung war das Subjekt des staatlichen Gewaltmonopols, der Adressat staatlicher Regelungen, gekennzeichnet durch Hierarchie (das besondere Gewaltverhältnis) bzw. durch einfache Austauschverhältnisse (Leistungen gegen Abgaben). Aus heutiger Sichtweise ist der/die Bürger/-in mit der öffentlichen Hand in differenzierter Weise verbunden (als Glied der örtlichen sozialen und kulturellen Gemeinschaft, Träger von gemeinschaftlichen Aufgaben, aber auch als Kunde öffentlicher und konzessionierter Leistungen). Neben die Steuer treten preisähnliche Entgelte, neben der Unterordnung tritt die Gleich- (im dritten Sektor/NGOs) oder Überordnung (als Wähler, als Mitglied der Rats- und/oder Aufsichtskörperschaft oder als Protagonist von Referenda).

Für ein TZ-Betätigungsfeld *Global Governance* ergibt sich eine neue Perspektive (Gómez 2000): „In dieser Perspektive unterstützt die TZ die Verankerung globaler, regionaler und lokaler, leistungsfähiger und legitimierter Akteure in einer globalisierten Welt. Die EZ- Aufgabe, die auf dieses Ziel ausgerichtet ist, besteht in der Gestaltung und Steuerung von Institutionen hinsichtlich ihres Beitrags zu einer tragfähigen Ordnung und zu einem dauerhaften Frieden. Die Ausrichtung der gesamten EZ verändert sich in dieser Optik: Aufgabe der TZ ist dann nicht nur die Zurichtung nationaler Institutionen auf den globalen Wettbewerb (Perspektive 1) oder die Unterstützung flankierender Maßnahmen, um die Bedingungen eines Restes von Steuerung globaler Entwicklung durch Nationalstaaten herzustellen (Perspektive 2). Es geht in der dritten Perspektive um die Fähigkeit staatlicher, wirtschaftlicher und gesellschaftlicher Träger, in einem globalen Umfeld politisch legitimierte Positionen zu entwickeln und zu vertreten ..."

2.2 Governance als ordnungspolitischer Sammelbegriff: Gutes Regierungssystem

Governance wird als ordnungspolitischer Sammelbegriff vor allem im Good Governance-Konzept, aber auch in Verbindung mit Urban und Global Governance verwendet (vgl. Schaubild 3).

Hinweise auf die heute unter Good Governance subsumierten ordnungspolitischen Vorstellungen finden sich bereits im BMZ-Sektorkonzept Verwaltungsförderung von 1983. Hier wird von bürgernaher Verwaltung und Förderung demokratisch-partizipatorischer Ansätze gesprochen; Maßnahmen zugunsten der Lokal- und Regionalverwaltung sollen Vorrang vor solchen der Zentralverwaltung haben, usw. (vgl. BMZ 1983). Die entwicklungspolitische und -praktische Beschäftigung mit Fragen der Ordnungspolitik erhält zu Beginn der 90er Jahre allerdings eine unerwartete Dynamik:

- Nach Ende des Ost-West-Konflikts wird es für die Geber möglich, politisch-administrative Rahmenbedingungen in den Entwicklungsländern zu thematisieren, ohne Furcht davor haben zu müssen, dass das angesprochene Land in das gegnerische „Lager" überwechselt.

- Zu Beginn der 90er Jahre bildet sich unter den Gebern die gemeinsame Überzeugung heraus, dass eine elementare Voraussetzung für den Erfolg von Entwicklungsreformen die Stärkung von Kerninstitutionen des öffentlichen Sektors ist. Diese Überzeugung basierte in erster Linie auf Erfahrungen mit dem bestenfalls partiellen Erfolg der Strukturanpassungsprogramme vor allem in Sub-Sahara Afrika.

- Im bilateralen Bereich erlangte die Forderung nach Good Governance zum einen als Voraussetzung für die Zuteilung von Entwicklungshilfe (Konditionaliät) und zum anderen als Interventionsfeld erhebliche Bedeutung.

Good Governance gibt es nicht als Begriff der deutschen Umgangs- oder Fachsprache. An dessen Stelle traten – in seiner ordnungspolitischen Ausprägung - seit 1991 die "Neuen Kriterien der Entwicklungszusammenarbeit" des Bundesministeriums für Wirtschaftliche Zusammenarbeit und Entwicklung. Zu diesen Kriterien gehören

- Beachtung der Menschenrechte
- Beteiligung der Bevölkerung an politischen Entscheidungen
- Rechtsstaatlichkeit und Gewährleistung von Rechtssicherheit
- Marktwirtschaftlich- und sozial-orientierte Wirtschaftsordnung
- Entwicklungsorientierung staatlichen Handelns.

Seit ihrer Verkündung durch den BMZ stellten sie zunächst Rahmenbedingungen für die EZ dar, d.h. Voraussetzungen und gleichzeitig Gestaltungsmaximen für die TZ. Später, mit dem 10. Entwicklungspolitischen Bericht der Bundesregierung (1995), wurden aus diesen politischen Kriterien auch "Aktionsfelder" der EZ. Damit sind Projekte zur Veränderung der Rahmenbedingungen von Entwicklung, die sog. Positivprojekte, auch offiziell anerkannt worden.

Mit den politischen Kriterien erhebt die Bundesregierung einen wertorientierten Anspruch in ordnungspolitischen Fragen, der über die notwendigerweise technizistische Weltbank-Definition von Good Governance (vgl. World Bank 1992) hinaus geht. Folgende Tätigkeitsfelder oder Aktionsfelder haben sich hier für die TZ beispielhaft ergeben (vgl. Stockmayer/ Steinich 2000):

- *Erfüllung von Staatsaufgaben und ihre Reform*: Themen sind vor allem die Verankerung von subsidiären Strukturen der Aufgabenerfüllung und die Stärkung ihrer Legitimation durch nachhaltige Dienstleistung, durch effektivere Bürgerbeteiligung oder durch lokales Management von Interessenkonflikten. Es handelt sich also zum einen um die Dezentralisierung der öffentlichen Verwaltung und zum anderen um die Neubestimmung der Arbeitsteilung zwischen Staat, Wirtschaft und Gesellschaft bei gleichzeitiger Aufgabenkritik/Funktionalreform in Regierung und Verwaltung.

- *Leistungsfähigkeit der öffentlichen Verwaltung*: Hier geht es um Maßnahmen, die die öffentliche Verwaltung erst in die Lage versetzen, Politikvorgaben auszuführen. Es lassen sich exemplarisch nennen: Reform der Einnahmeverwaltung bzw. der Steuerpolitik; Modernisierung des staatlichen Ausgabenmanagements und Reform der öffentlichen Haushaltssysteme; Reform des öffentlichen Dienstes, Reform der Finanzkontrolle, etc. Als Querschnittsthema werden hier auch Maßnahmen der Korruptionsbekämpfung durchgeführt.

- *Recht*: Hierbei handelt es sich um die Förderung von Rechtsstaatlichkeit (berechenbares, nachprüfbares und rechtmäßiges Handeln), Rechtssicherheit (glaubhafter, bestandskräftiger und konsistent angewandter Rechtsrahmen) und die Förderung der Achtung der Menschenrechte. Projektkonzepte müssen der Rechtswirklichkeit mit ihrer Vielfalt nebeneinander existierender Werte- und Rechtssysteme (Rechtspluralismus) gerecht werden. Im Zentrum des Projektdesigns stehen also Rechtsuchende mit ihren Konfliktbewältigungsstrategien und nicht die "Judikative" oder die "Legislative".

- *Förderung politischer Teilhabe*: Diese umfasst die Unterstützung demokratiefördernder Institutionen (im Bereich Verfassungsgebung, Wahlen, Parlament) sowie die Unterstützung der Formierung und Anreicherung eines demokratisch-politischen Raumes (durch politische Bildung, Unterstützung der Zivilgesellschaft bei Interessenartikulation und Entscheidungsbeteiligung auf allen Ebenen).

- *Förderung sozialer Marktwirtschaft*: Aktivitäten in diesem Bereich zielen etwa auf den Schutz des Eigentums, realistische Wechselkurse oder die Einführung von Gewerbe- und Niederlassungsrecht ab.

Auch im Zusammenhang mit *Urban governance* werden ordnungspolitische Prinzipien vertreten. Im Rahmen der von Habitat initiierten „Global Campaign on Good Urban Governance" sollen vier Bereiche bearbeitet werden, die somit auch das Konzept von "Urban Governance" für die GTZ operationalisieren: „decentralisation and local participatory democracy (local autonomy, leadership for public participation and stakeholder involvement, building democratic culture, enablement), efficieny (transparent financial management, administration and service delivery, efficient investment in infrastructure), equity (resource allocation, empowerment) and security (environmental management, disaster preparedness, crime control and prevention)".

Global Governance wird in den Dokumenten der GTZ als Weltordnungspolitik verstanden (vgl. Gómez 2000): Entwicklungspolitik als Beitrag zur globalen Strukturpolitik soll dazu beitragen, den Globalisierungsprozess in den Rahmen einer sozialen und ökologischen Marktwirtschaft zu lenken, deren Prinzipien international zur Geltung gebracht werden sollen. Ohne die Liberalisierung des Welthandels und des Kapitalverkehrs grundsätzlich in Frage zu stellen, soll eine an den Grundprinzipien einer sozial-ökologischen Marktwirtschaft orientierte internationale Ordnungs- und Wirtschaftspolitik die Chancen der Globalisierung steigern und deren Risiken verringern, wirtschaftlichen und sozialen Fragmentierungsprozessen entgegenwirken, die Entwicklungsländer in die Lage versetzen, die sich aus der Globalisierung ergebenden Chancen zu ergreifen und einen sich beschleunigenden Strukturwandel und Anpassungsdruck standzuhalten, und das weltwirtschaftliche Wachstum mit der Erhaltung der natürlichen Lebensgrundlagen in Einklang bringen. Mögliche Instrumente sind "die Schaffung eines internationalen Wettbewerbsrechts, eines internationalen Insolvenzrechts (insbesondere im Hinblick auf die Auslandsverschuldung der Entwicklungsländer, aber nicht nur), eines internationalen Steuersystems ... sowie die Einführung von Sozial- und Umweltstandards im internationalen Handel und bei Investitionen" (Wahl in Gómez 2000).

Der Wissenschaftliche Beirat des BMZ hat in seiner Stellungnahme vom Juni 1999 empfohlen, die bisherige TZ durch eine stärkere Ausrichtung am globalen Wettbewerb zu reorientieren. "Letztlich", so formuliert er, "muss die EZ auf die Überwindung der Ursachen ausbleibender oder negativ wirkender Globalisierung ausgerichtet werden." Darunter versteht er u.a. die

Beratung bei der Verbesserung von Rahmenbedingungen, vor allem aber auch bei der Beseitigung von Hindernissen, die dem sog. Interventionsstaat zugeschrieben werden. Globalisierung und eine sie unterstützende TZ, die zur Verbesserung der Standortfaktoren im globalen Wettbewerb Beratungsleistungen erbringt, wird verstanden als eine Chance, diesen Typ des Staates endgültig zu überwinden (vgl. BMZ 1999). Die für diese Perspektive typischen TZ Leistungen sind: Beratung bei der Stärkung institutioneller Kapazitäten für eine effiziente Finanzverwaltung (Steuern, Zölle), für stabilitätsorientierte geldpolitische Institutionen oder für eine wirksame Bankenaufsicht; Beratung zur Bildung von Vertrauenskapital durch eine Stabilisierung (konsistente Anwendung) von Prinzipien der Rechtsstaatlichkeit und -sicherheit.

2.3 Governance als Fähigkeit zu entwicklungorientierter staatlicher Steuerung: Gute Regierungsführung

Auch dies ist ein bekanntes Konzept, das im Sektorkonzept von 1983 bereits seinen Niederschlag gefunden hatte: "Ziel der Verwaltungsförderung ist, die Fähigkeit der Verwaltung zu stärken, ihren Beitrag zur sozio-ökonomischen und politischen Entwicklung des betreffenden Entwicklungslandes zu leisten, insbesondere durch *Institutionenbildung, Verstärkung einer entwicklungsadäquaten Problemfindungs- und Lösungskapazität der Verwaltung ..."* (BMZ 1983, Hervorhebung d. d. Verf.)

Die Förderung von (Good – Urban -) Governance betrifft hier die Beratung bei der Formulierung kohärenter Politik (bzgl. Analysekapazität, Politikformulierung, Politikkoordinierung und Prioritätensetzung) und der Gestaltung einer reformorientierten Regierungsorganisation (vgl. Steinich/ Stockmayer 1998). Damit wird der prozessleitende Charakter des politischen Kriteriums "Entwicklungsorientierung des Staates" angesprochen, während die Inhalte eines entwicklungsorientierten Staates noch zu diskutieren sind. Entwicklungsorientierung in dieser Sicht indiziert die Ernsthaftigkeit eines Staates, mit der er bestimmte, von ihm proklamierte Entwicklungsziele verfolgt. Erst dann, wenn der Staat sich auch die Kapazitäten schafft, die Kompetenz aufbringt und die Effizienz sichert, die zur Organisation und Umsetzung der Politik notwendig sind, kann man davon ausgehen, dass er die Kriterien der EZ erfüllt. Insbesondere bei der Organisation, der Vorbereitung zur Umsetzung der Politik und im Vollzug kommen der Exekutive, d.h. Regierung und Verwaltung, eine herausragende Rolle zu. Dabei geht es freilich nicht um die Frage der allgemeinen Leistungsfähigkeit der Verwaltung im

Sinne einer technisch-fachlichen Fähigkeit des effektiven und effizienten Vollzugs (vgl. 2.2). Zur Verdeutlichung dient Schaubild 4, das sich auf alle Ebenen staatlichen Handelns bezieht und die Aspekte der Leistungsfähigkeit und Entwicklungsorientierung staatlichen Handelns exemplarisch voneinander abgrenzt.

Es geht hier auch darum, die Zivilgesellschaft und ihre Institutionen in Dienst für das Governance Thema zu nehmen. Voraussetzung hierfür ist ein günstiges Klima für bürgerliche Initiative. Das Thema wird aber erst ausgefüllt durch die Einübung von Verfahren konstruktiver Interaktion zwischen staatlichen und politischen Institutionen und der Zivilgesellschaft. Erst wenn hier eine neue Qualität erreicht ist, wird ein Potential für die Ausübung gesellschaftlicher Kontrolle und damit für eine Rationalisierung staatlicher und verfasster gesellschaftlicher Institutionen von unten entstehen. Zudem wird zivilgesellschaftlich vermitteltes Konfliktmanagement überall dort an die Stelle richterlicher Entscheidung treten, wo sich für Rechtsanwendung akzeptierte Kriterien erst bilden müssen.

Schaubild 4:

Bezogen auf alle Ebenen:	*Stärkung der Leistungsfähigkeit bzgl.:*	*Stärkung der Entwicklungsorientierung bzgl.:*
Politikformulierung/ -(grob) design	Datensammlung, -analyse, -bewertung	Einbeziehung von nichtstaatlichen Akteuren, Abstimmungs-/ Entscheidungsverfahren bzw. Verfahrensinstrumente (Befragungen, runde Tische etc.), Sicherstellung von Kohärenz
Organisation der Politikumsetzung/ -(fein)design	Umsetzungsplanung (Akteure, Zeit, Kosten), Sensibilitätsanalysen, Steuerung/MuE, Koordination (auch der Geber)	Gestaltung der Umsetzungsorganisation/Verwaltungs-(struktur)-politik, Aktivierung des "Dritten Sektors", Legitimationsstrategien (Vernetzung, Koalitionsbildung), Sicherstellung von Kohärenz
Politikvollzug	Gestaltung des Verwaltungsvollzugs: Normen, Aufbau-/ Ablauforganisation, Personal, Finanzen, Information/Kommunikation, Aufsicht	Transparente und nachprüfbare Methoden und Verfahren, z.B. "kooperatives" und ergebnisorientiertes Verwaltungshandeln; Abbau bürokratischer Hindernisse

Global Governace als Tätigkeitsfeld der GTZ bedeutet in diesem Zusammenhang die Verbesserung der Fähigkeit zur Gestaltung nachhaltiger Politikprozesse auf allen Ebenen, von lokal bis global und von Programmen in Zukunftsbereichen wie z.b. Technologie, Soziale Sicherung, nachhaltiger Umwelt- und Ressourcenbewirtschaftung. Die Herausforderung besteht hier in der zusätzlichen Qualität der Politiken, vor allem deren Konsistenz und Kohärenz sowie ihrer Attraktivität für andere Akteure in der Region. Es geht hierbei auch darum, einen "politischen, sozialen und ökologischen

Handlungsrahmen zu unterstützen, der die Steuerungsfähigkeit der (nationalen) Politikinstitutionen auch für die Entscheidungen auf der globalen Ebene gewährleistet" (*Wieczorek-Zeul*). Aufgabe für die TZ ist es dann beispielsweise, Entwicklungsländer darin zu unterstützen, als informierter und kompetenter Partner an den anstehenden WTO Verhandlungen teilnehmen zu können und ihre eingegangenen Verpflichtungen zu erfüllen (Gómez 2000).

2.4 Good Governance als Prädikat für die Politikinhalte einer entwicklungsorientierten Regierung: Gute Politik

Unter Good Governance wird schließlich – neben einem guten Regierungssystem und guter Regierungsführung – auch gute Politik verstanden. Als Beispiel sei hier folgender Textauszug angeführt: "In einem auf Zusammenarbeit ausgerichteten Umfeld ist für eine reformwillige Regierung entscheidend, unter Beweis zu stellen, inwiefern sie sich um gute Regierungsführung ("Good Governance") bemüht, ob sie z.B. Korruption bekämpft, zu hohe Militärausgaben abbaut oder positive Voraussetzungen schafft, die Kapitalflucht einzudämmen" (BMZ 1998).

Werden die regierungsamtlichen Indikatoren zur Messung des politischen Kriteriums „Entwicklungsorientierung staatlichen Handelns" herangezogen, so wird deutlich, dass das BMZ hierunter primär gute Politikinhalte versteht. Demnach bedeutet Entwicklungsorientierung staatlichen Handelns u.a.: Umweltbezogene und bevölkerungspolitische Maßnahmen werden begünstigt, Regierungspolitik verbessert vorrangig wirtschaftliche und soziale Lage der ärmeren Bevölkerungsteile und bemüht sich um ein effizientes und sozial ausgewogenes Steuersystem, Regierung ist bereit, mit IWF/Weltbank Reformprogramme durchzuführen, sie bekämpft die Korruption und bemüht sich um die Effizienz des öffentlichen Dienstes, niedrige Militärausgaben (BMZ 1996).

3. Governance Matters: Institutionenförderung als Aufgabe der GTZ

Wenn als Unternehmenszweck der GTZ die "Verbesserung der Leistungsfähigkeit von Menschen und Organisationen zur Erreichung einer eigenständigen und selbsttragenden Entwicklung" definiert wird, dann ist die Förderung von Institutionen gleichsam mitgedacht.

Eine allgemeingültige und anerkannte Definition des Begriffs "Institution" existiert allerdings nicht (vgl. hierzu ausführlich *Steinich* 1997: 30 ff.).

Neben politikwissenschaftlichen und ökonomischen Bestimmungsversuchen gibt es entsprechende soziologische und rechtswissenschaftliche Bemühungen. Insbesondere in der politikwissenschaftlichen und ökonomischen Diskussion finden Institutionen in jüngster Zeit unter dem Titel "New Institutionalism" bzw. "New Institutional Economics" große Beachtung. Frey erhebt das Institutionen-Konzept gar zum vereinheitlichenden Paradigma der Sozialwissenschaft (ders. 1990). Müller (1993) grenzt verallgemeinernd Institutionen und Organisationen voneinander ab, wenn er schreibt: "Eine Institution ist ein bestimmtes Verhaltensmuster oder eine Verhaltensregel, die bei sich wiederholenden Entscheidungssituationen sich insoweit herausbildet, als sie aufgrund gegenseitiger Erwartungen und Sanktionsmöglichkeiten Anerkennung in der Gesellschaft findet. Eine solche Regel kann informell bestehen, kann sich aber auch ... zu einer formal modifizierten Norm oder [zu einer] Organisationseinheit verdichten". Mit der stilistischen Prägnanz anglophoner Ökonomen gelingt folgende Differenzierung: "what must be clearly differentiated are the rules from the players. The purpose of the rules [d.h. der Institutionen; d.Verf.] is to define the way the game is played. But the objective of the team within that set of rules [d.h. der Organisationen; d.Verf.] is to win the game" (North 1990: 4-5).

Von Institution ist also die Rede, wenn die Förderung von Institutionen im oben definierten Sinne eines Regelwerks ("rule of the game") und/oder, wenn die Institutionalisierung, d.h. eine dauerhafte nach innen und außen wirksame Legitimitätssteigerung von Organisationen beabsichtigt wird. Genau darum muss es der TZ gehen, wenn sie einen signifikanten und nachhaltigen Beitrag zur Entwicklung leisten will; genau darum geht es bei (Good) Governance in den beschriebenen vier Dimensionen.

Governance-Förderung bedeutet also Institutionenförderung und hat, zusammengefasst, folgende Ausprägungen:

Schaubild 5:

---

1. Förderung von Leistungssystemen

➢ Governance als Prinzip des Projektdesigns (Mehr-Ebenen-Ansätze, Trägerpluralismus, mehrdimensionale Sichtweise der Zielgruppe, Systemförderung

➢ Governance als Prinzip der Erledigung von staatlichen Aufgaben

➢ Stärkung neuer Akteure in einer globalisierten Welt

---

2. Ordnungspolitische Unterstützung bei der Veränderung politisch-administrativer Rahmenbedingungen

➢ Politische Kriterien als Aktionsfeld

➢ Weltordnungspolitik

➢ Standortförderung in globalisierten Märkten

---

3. Stärkung entwicklungorientierter staatlicher Steuerung

➢ Förderung der Entwicklungsorientierung in Politikformulierung, Umsetzungsorganisation und Politikvollzug

---

4. Unterstützung der Politikinhalte einer entwicklungsorientierten Regierung

Z.B. Korruptionsbekämpfung, bevölkerungspolitische Maßnahmen, umweltbezogene Maßnahmen, Armutsbekämpfung, Gleichstellung der Geschlechter, effizientes und sozial ausgewogenes Steuersystem, Effizienz des öffentlichen Dienstes

Literaturverzeichnis

BMZ, 1983: Sektorpapier Verwaltungsförderung, Bonn.

BMZ, 1995: 10. Entwicklungspolitischer Bericht, Bonn.

BMZ, 1996: Indikatoren für die Berücksichtigung interner politischer, wirtschaftlicher und sozialer Rahmenbedingungen in der Rahmenplanung, Bonn: BMZ.

BMZ, 1998: Konzept für die Deutsche Entwicklungspolitische Zusammenarbeit mit den Ländern Afrikas südlich der Sahara, Bonn.

BMZ, 1999: Globalisierung und Entwicklungszusammenarbeit, Stellungnahme des Wissenschaftlichen Beirats, Bonn.

Bolay, Frieder W., 1995: Institutioneller Binnenpluralismus als Voraussetzung der Transformation eines Einparteienstaates in Afrika, in: Pitschas, Rainer/Sülzer, Rolf (Hrsg.): Neuer Institutionalismus in der Entwicklungspolitik. Perspektiven und Rahmenbedingungen der Verwaltungsentwicklung im Süden und Osten, Berlin, 95 –117.

Bolay, Frieder W./Sülzer, Rolf, 1992: Organisations- und Managementberatung in der technischen Zusammenarbeit: Begriffsklärungen, Eschborn: GTZ.

Fischer, Knut M./Horn, Lutz, 1990: Die Diskussion über Trägerförderung in der GTZ, Eschborn: GTZ.

Frey, Bruno S., 1990: Vergleichende Analyse von Institutionen: Die Sicht der politischen Ökonomie, in: Staatswirtschaft und Staatspraxis, (2), 158 – 175.

Gómez Ricardo, 2000: Globale Strukturpolitik und Entwicklungszusammenarbeit. Die neuen Herausforderungen für die Technische Zusammenarbeit, Eschborn: GTZ.

Habitat, 1999: The Global Campaign for Good Urban Governance, Draft 3, Nairobi.

Huppert, Walter/Urban, Klaus, 1998: Analysing Service Provision: Instruments for development cooperation illustrated by examples from irrigation, Wiesbaden: GTZ.

Mathauer, Inke, 2000: Zur Suche nach komparativen Vorteilen in Interaktionsbeziehungen auf lokaler Ebene am Beispiel des Subsidiaritätsförderungsvorhabens im Kamuli District, Uganda, in: Bodemer, Klaus (Hrsg.): Subsidiaritätsprinzip, Dezentralisierung und local government –

Konzeptionelle Fragen und Fallbeispiele aus drei Kontinenten, Hamburg, 29-53.

Müller, Nikolaus, 1993: Rechtsformenwahl bei der Erfüllung öffentlicher Aufgaben (Institutional Choice), Köln u.a.

North, Douglas C., 1990: Institutions, Institutional Change, and Economic Performance, Cambridge.

OECD/DAC, 1995: Participatory Development and Good Governance, Paris.

Reichard, Cristoph, 1992 (mit Rolf Sülzer): „Organisationslandschaft" in der technischen Zusammenarbeit, Eschborn: GTZ.

Roger, Karsten, 1991: Zusammenfassende Darstellung wesentlicher Ergebnisse der Tagung, in Grosskreutz, Helmut/Roger, Karsten (Hrsg.): Technische Zusammenarbeit zur Unterstützung von Strukturanpassung in Entwicklungsländern, Hamburg: GTZ, 243-260.

Simon, Klaus, 2000: Local Governance nach dem Subsidiaritätsprinzip in Entwicklungsländern, in: Bodemer, Klaus (Hrsg.): Subsidiaritätsprinzip, Dezentralisierung und local government – Konzeptionelle Fragen und Fallbeispiele aus drei Kontinenten, Hamburg, 9-28.

Simon, Klaus/Stockmayer, Albrecht/Fuhr, Harald, 1993 (Hrsg.): Subsidiarität in der Entwicklungszusammenarbeit: Dezentralisierung und Verwaltungsreformen zwischen Strukturanpassung und Selbsthilfe, Baden-Baden.

Steinich, Markus, 1997: „Erst wenn wir unseren Kopf in unsere eigenen Hände nehmen können" – Subsidiaritätsförderung als Beitrag zur Armutsbekämpfung in Entwicklungsländern, Münster.

Steinich, Markus/Fritz, Joachim, 2000: Fachliche Leitlinie – Dezentralisierung, Entwurf, Eschborn: GTZ.

Steinich, Markus/Stockmayer, Albrecht, 1998: Übersektorales Konzept Staats- und Verwaltungsreform – Entwurf, Eschborn: GTZ.

Stockmayer, Albrecht/Steinich, Markus, 2000: Good Governance, Eschborn: GTZ.

Sülzer, Rolf, 1991: Palastorganisation oder Zeltorganisation. Institutionelle Arrangements in der Technischen Zusammenarbeit, Eschborn: GTZ.

University of Birmingham, 1999: Urban Governance, Partnerships and Poverty Research: http://www.bham.ac.uk./IDD/urbgov.htm.

World Bank, 1992: Governance and Development, Washington D.C.

Perspektiven der Verwaltungszusammenarbeit im Kontext zukunftsfähiger Entwicklung

von *Hinrich Mercker*

Fresken im Palazzo Publico von Siena

Im Jahre 1338 erhielt Ambrogio Lorenzetti in Siena den Auftrag, Fresken in einem Saal des Palazzo Publico zu malen. Die später so genannten Fresken der „Guten" und der „Schlechten Regierung" und ihre Auswirkungen auf Stadt und Land sind heute weltberühmt. Das Bild des Bösen, der „Schlechten Regierung", wird dominiert von einer bedrohlichen, mit Hörnern und Teufelszähnen ausgestatteten *Tyrannia*. Darunter ist die gefesselte *Justitia* zu sehen. *Justitia* am Boden, die Waagschalen der Gerechtigkeit neben ihr. Neben *Justitia* einige Laster, die nach Lorenzetti kennzeichnend für schlechte Regierung sind. *Crudelitas*, als grausame Alte, die ein Kind erwürgt. *Proditio*, der Verrat hält ein Lamm mit einem giftigen Skorpionschwanz in der Hand. Betrug, *Fraus*, mit Fledermausflügeln und *Furor*, die Wut, dargestellt als ein Mischwesen zwischen Mensch und Tier. Dies sind für Lorenzetti zentrale Begriffe für die allegorische Darstellung schlechter Regierung. Am oberen Rand der Freske zur Abrundung Geiz, *Havaritia* als alte Frau mit Fledermausflügeln und Krallen, die einen Geldsack festhalten. Hochmut, *Superbia,* mit gezogenem Schwert und *Vanagloria*, die Eitelkeit, als Frau, die sich im Spiegel betrachtet.

In der allegorischen Darstellung der „Guten Regierung" stellt Lorenzetti die Weisheit, *Sapientia*, als Zentralmotiv in den Mittelpunkt. *Sapientia* hält die Waage in der Hand, deren Schalen von *Justitia*, der Gerechtigkeit im Gleichgewicht gehalten werden. Auf den Schaalen sprechen zwei Engel das ausgleichende (comutativo) und das austeilende (distributivo) Recht. Die distributive Gerechtigkeit wird durch die Truhe voll Geld, eine Lanze und einen Stab gekennzeichnet, vermutlich Symbole für die Verleihung von Ämtern. Auf der anderen Seite der Engel für die ausgleichende Gerechtigkeit, der hart straft, aber auch jemanden mit einer Krone belohnt. Symbole der Guten Regierung für Lorenzetti damals also: öffentliche Gelder gut verwalten, Ehre und Ämter verleihen sowie unbeugsam strafen. Die Zivilgesellschaft, die Bürger Sienas, versammeln sich neben *Concordia*, die das Band der Eintracht weiterreicht an die Bürger, die sich damit in Richtung Rathaus von Siena in Bewegung setzen.

Viele aktuelle Grundprobleme von Staat und Entwicklung finden sich in den Fresken des Palazzo Publico in Siena Anfang des 14. Jahrhunderts wieder. Über der *Justitia* steht der erste Vers des Buches der Weisheit: „Liebet die Gerechtigkeit, ihr, die ihr diese Welt regiert". Diese grundlegende Aufforderung ist konstitutiver Bestandteil allen Nachdenkens über Perspektiven der Verwaltungszusammenarbeit im Kontext nachhaltiger Entwicklung.

Konzept der Zentralstelle für öffentliche Verwaltung

Der folgende Beitrag skizziert die Arbeit der Zentralstelle für öffentliche Verwaltung (ZÖV) der Deutschen Stiftung für internationale Entwicklung (DSE) vor dem Hintergrund aktueller entwicklungspolitischer Herausforderungen. Die ZÖV ist eine zentrale Institution des entwicklungspolitischen Dialogs und der Fort- und Weiterbildung für Führungskräfte aus Entwicklungs- und Transformationsländern im Arbeitsfeld Verwaltungszusammenarbeit.

Im Auftrag des Bundesministeriums für wirtschaftliche Zusammenarbeit und Entwicklung (BMZ) und in Kooperation mit fachlichen Partnerinstitutionen im In- und Ausland unterstützen die von der ZÖV organisierten Seminare, Trainingskurse und internationale Tagungen Vorhaben, die der wirtschaftlichen, sozialen und ökologisch verträglichen Entwicklung dienen.

Das Ziel der Kooperation zwischen der ZÖV und ihren Partnerinstitutionen besteht im Aufbau demokratisch legitimierter, qualifizierter, effektiver und effizienter öffentlicher Verwaltungen auf nationaler, regionaler und lokaler Ebene. Als zentrale Entwicklungshemmnisse für wirtschaftliche und soziale sowie nachhaltige Entwicklung haben sich zentralistische Strukturen in Regierung und Verwaltung, ein personell überbesetzter öffentlicher Dienst sowie fehlende Ressourcen auf dezentraler, insbesondere lokaler Ebene erwiesen. Effektive und effiziente Verwaltungsstrukturen sind demnach eine entscheidende Voraussetzung für entwicklungsorientierte Entscheidungen und bürgernahe Verwaltungsabläufe. Dabei lässt sich die ZÖV von einem zeitgemäß erneuerten Verständnis der aktiven und zukunftsorientierten Rolle des Staates und der öffentlichen Verwaltung leiten.

Die ZÖV konzentriert ihre Dialog- und Trainingsprogramme auf die Arbeitsfelder Umweltverwaltung, Kommunalverwaltung, Regierungsverwaltung und Diplomatische Dienste.

Arbeitsfeld Umweltverwaltung

In den meisten Entwicklungsländern entstanden zentrale Umweltverwaltungen bzw. Umweltministerien erst in den 80er und 90er Jahren. Diese Verwaltungen sind mit einer Aufgabeninflation konfrontiert, die objektiv kaum zu bewältigen ist. Ihre Durchsetzungsfähigkeiten bei Umweltschutzmaßnahmen sind aufgrund etablierter, ökonomischer Partikularinteressen und kurzfristiger Strategien der Überlebenssicherung der armen Bevölkerungsschichten begrenzt. Das Ziel des Capacity Development in Environment (CDE) besteht in der Entwicklung von dauerhaften Kooperations- und Implementationsstrukturen zwischen verschiedenen Institutionen zur nachhaltigen Lösung von Umweltproblemen. Die Fortbildungsprogramme konzentrieren sich daher auf die Arbeitsschwerpunkte Grundsatzfragen der Umweltverwaltung, Umweltgesetzgebung, Umweltmanagement, Umweltkommunikation, Umweltplanung und Umweltinformation.

Arbeitsfeld Kommunalverwaltung

Der Grundgedanke der Gemeindeautonomie und der kommunalen Selbstverwaltung kommt in den Verfassungen und speziellen Gemeindegesetzen vieler Entwicklungsländer zum Ausdruck. Die Kommunen sollen das Recht haben, alle Angelegenheiten der örtlichen Gemeinschaft in eigener Verantwortung zu regeln, sofern nicht bestimmte Aufgaben anderer Verwaltungsebenen vom Staat übertragen wurden (Subsidiaritätsprinzip).

Der Mangel an qualifiziertem Personal ist eines der größten Probleme der Kommunalverwaltung in Entwicklungsländern. Bis auf wenige Ausnahmen haben Entwicklungsländer kein geschlossenes Personal- und Laufbahnsystem erarbeitet. Es fehlt meistens eine spezielle Ausbildung für Kommunalbeamte vor Eintritt in den kommunalen Dienst. Auch personalwirtschaftliche Elemente sind zu schwach entwickelt, um die Auswahl, Beförderung und Versetzung auf rationale und verbindliche Grundlagen stellen zu können.

Die Fortbildungsprogramme der ZÖV in diesem Arbeitsfeld födern Dezentralisierungsmaßnahmen, unterstützen Ansätze zur Verwaltungsreform und verdeutlichen die Vorteile interkommunaler Zusammenarbeit. Die wichtige Rolle kommunaler Spitzenverbände, die Notwendigkeit der Bürgerpartizipation sowie die Erarbeitung neuer Konzepte für eine Verbesserung des kommunalen Umweltschutzes im Sinne einer Lokalen AGENDA 21 werden thematisiert.

Arbeitsfeld Regierungsverwaltung und Diplomatie

Rechtsstaatlichkeit ist eine wesentliche Voraussetzung für nachhaltige Entwicklung und dementsprechend ein Eckpfeiler der Verwaltungszusammenarbeit. Eine zuverlässige demokratische Rechtsordnung gewährleistet als Instrument der Entwicklung von Staat und Gesellschaft sowohl den Schutz elementarer Menschenrechte gegen staatliche Willkür, als auch die Befriedigung elementarer materieller Grundbedürfnisse als Voraussetzung für ein menschenwürdiges Leben. Daher veranstaltet die ZÖV Programme, die sich mit Rechtssicherheit, Menschenrechten und Justizreform befassen.

Die diplomatischen Dienste sind die wichtigsten Mittler für die Vertiefung und Ausdehnung der internationalen Beziehungen. Deshalb müssen sie auch im Bereich Entwicklungszusammenarbeit einen wichtigen Beitrag leisten. Der Kooperations- bzw. Entwicklungspolitik und ebenso der Außenwirtschaftspolitik kommen daher in der auswärtigen Politik der Entwicklungs- und der Transformationsländer eine entscheidende Funktion zu. Die diplomatischen Dienste decken folglich neben den Aufgaben der "klassischen" Diplomatie zunehmend den Bereich der sogenannten "Entwicklungsdiplomatie" ab. Die ZÖV konzentriert ihre Fortbildungsprogramme im Arbeitsfeld Regierungsverwaltung und diplomatische Dienste auf die Arbeitsschwerpunkte, Staat und öffentlicher Dienst, Staat und Recht und Entwicklungsdiplomatie.

Staat und Entwicklung

Die weltpolitischen Rahmenbedingungen haben sich seit Anfang der 90er Jahre grundlegend verändert und zu einer neuen Diskussion über die Rolle und Funktion des Staates und der öffentlichen Verwaltung geführt. Diese Diskussion wurde vor allem durch sechs Entwicklungen angestoßen:

- ☆ das Ende des Ost-West-Konfliktes und den Transformationsprozess, in den ehemalige Planwirtschaften im Osten wie im Süden eintraten,
- ☆ die herausgehobene Rolle des Staates in den sogenannten "Tiger-Ökonomien" Ostasiens,
- ☆ durch den ökonomischen und sozialen Zusammenbruch von Staaten (z.B. Sierra Leone, Afghanistan),
- ☆ die Finanzkrise des Wohlfahrtsstaates in vielen Industrieländern,

☆ zunehmende staatliche Aufgaben in Bereichen mit globalen Auswirkungen, z.b. im Umweltschutz und

☆ die internationalen Bemühungen um nachhaltige Entwicklung, die der Erdgipfel in Rio 1992 angestoßen hat.

Die Weltbank hat den Weltentwicklungsbericht 2000/01 dem Thema „Attacking Poverty" gewidmet. Armutsbekämpfung wird wieder ein wichtiges Thema für die Weltbank. Im sechsten Kapitel des Berichtes „Making state-institutions more responsive to poor people", werden Konzepte und Themen, die in dem 97er Weltentwicklungsbericht „The State in a changing World" enthalten waren, wieder aufgenommen. Wie hängen Armut und Rechtsstaatlichkeit zusammen? Wie kann Dezentralisierung armutsfreundlicher gestaltet werden? Rechtsberatung, rechenschaftspflichtige Rechtssysteme, Bekämpfung von Korruption, Polizeireform, Einfluss örtlicher Eliten in Dezentralisierungsprojekten sind Themen, die ausführlich abgehandelt werden. Der 97er Weltentwicklungsbericht hat seine „Anschlussfähigkeit" bewiesen. Seine beiden Kernaussagen, Konzentration auf die Kernfunktionen nicht des minimalistischen, sondern des kompetenten Staates und Verbesserung der Leistungsfähigkeit des Staates finden sich in fortgeschriebener Form in dem aktuellen Weltentwicklungsbericht armutsbezogen wieder. Verwaltungszusammenarbeit muss diese Diskussion in Dialogveranstaltungen vertiefen.

Dialog statt Modelltransfer

Die ZÖV leistet keinen Modelltransfer. Dafür sind die meisten Partnerländer ohnehin viel zu selbstbewusst. Statt eines Modelltransfers soll am Lernstandort Deutschland eine kritische Auseinandersetzung mit Chancen und Risiken erprobter deutscher und europäischer Lösungswege ermöglicht und gefördert werden. Dafür muss die ZÖV aber in ihren Fortbildungsprogrammen in hohem Maße auskunfts- und dialogfähig sein. Das Internet ermöglicht immer mehr Teilnehmern an Programmen in Deutschland eine gründliche Vorbereitung, die sich in Auseinandersetzung und Fragen zum deutschlandspezifischen Kontext wiederspiegelt. Stipendiaten fragen, was es denn heißt, dass in Deutschland seit 1998 nicht mehr der schlanke Staat propagiert wird, sondern das Leitbild des aktivierenden Staates. Was bedeutet es für eine Gesellschaft, deren Sozialsystem umgebaut wird, wenn 150.000,- DM pro Minute im Rahmen der Staatsverschuldung an Zinsen gezahlt werden müssen? Wie ist die Debatte zwischen Old Labour und New Labour einzuschätzen? In welcher Gesellschaft wollt Ihr leben?, fragen Programmteilnehmer. Zu welchen Konsequenzen führt die Debatte über das teilnehmer. Zu welchen Konsequenzen führt die Debatte über das „Ende der Erwerbsgesellschaft", der Wandel der (bürgerlichen) Familie und welche Auswirkungen hat das auf die Bürger- und Zivilgesellschaft?

Diese, in Deutschland strittigen Fragen müssen übersetzt werden in Dialogmaßnahmen mit Partnerorganisationen, die zunehmend kritischer den deutschen und europäischen (Fortbildungs-)kontext hinterfragen. Im Kontext der EU wird nachgefragt: Was heißt das, wenn Joschka Fischer den „postnationalen Nationalstaat" ausruft, und damit versucht, den deutschen Staatsbegriff, den Verfassungsstaat, in die EU zu übertragen? Was heißt es, wenn sich immer mehr Ministerien als verlängerte Brückenköpfe von Brüssel verstehen und dies auch deutlich machen? Zu diesen Fragen muss die ZÖV dialogfähig sein in den Programmen, die sie durchführt. Hier wird die Übersetzungsarbeit intensiviert. Dialogprogramme mit Führungskräften aus Entwicklungs- und Transformationsländern am Lernstandort Deutschland werden den Erfahrungsaustausch auch über die (neue/n) Rolle/n des Staates im europäischen Kontext stärker thematisieren.

Darüber hinaus ist eine kritische Diskussion des Staatszerfalls z.B. in Afrika eine Herausforderung für die Verwaltungszusammenarbeit. 1648, dreihundert Jahre, nachdem Lorenzetti die Fresken in Siena gemalt hat, wurde in Osnabrück und Münster der Westfälische Frieden geschlossen. Der 30-jährige Krieg ging zu Ende. Dies war gleichzeitig der Beginn der Entstehung des Westfälischen Staatenmodells, das auf dem Territorialprinzip, dem Souveränitätsprinzip und dem Legalitätsprinzip basiert. Ulrich Menzel beschreibt den aktuellen Zerfall zahlreicher „Rentenstaaten" und konstatiert, die Nichtübertragbarkeit des Westfälischen Staatenmodells auf Entwicklungsländer. Im Grunde ist seit Ende der fünfziger Jahre nur die äußere Hülle des Westfälischen Staatenmodells in Afrika inszeniert worden. Was heißt dann aber Staatszerfall? In Afrika ist nur die Karrikatur des westlichen Staates zerfallen, nicht aber der Staat an sich, da es diesen in seiner funktionalen Bestimmung nie gegeben hat. Diese Unterscheidung ist für die Bevölkerung in den betreffenden afrikanischen Staaten von Bedeutung.

Trutz von Trotha behauptet, dass die Zukunft in Afrika liegt. Und dass Afrika durch Nichtstaatlichkeit gekennzeichnet ist. Geraten wird zu einem entspannten Umgang mit diesem Befund. Weltgeschichtlich sei die Vorstellung des Primats vom Allgemeinen im staatlichen Raum exotisch. Der Normalfall sei die „konzentrische Ordnung" mit dem Vorrang von primären klientelistischen Beziehungen. Absehbar ist eine zunehmende informelle Dezentralisierung und den Aufstieg neuer Herrschaftsformen, der sogenannten Para-Staatlichkeit, mit einer Zunahme von „Failing States".

Auch die ZÖV wird es zukünftig in zunehmender Weise mit zerfallenden Staaten zu tun haben. Das Phänomen der „Failing States" bedarf einer eingehenderen Analyse, um daraus Schlussfolgerungen zu ziehen und diese mit Partnerländern auch im Rahmen der Verwaltungszusammenarbeit zu diskutieren.

Regionale und sektorale Konzentration statt Gießkanne

Das BMZ beabsichtigt, die bilaterale Kooperation auf ca 70 Schwerpunkt- und Partnerländer zu fokussieren. In Schwerpunktländern wird künftig ein kohärentes deutsches EZ-Profil in drei Schwerpunktbereichen, in Partnerländern in einem Schwerpunktbereich angestrebt. An erster Stelle der 10 zukünftigen Schwerpunkte des BMZ steht „Demokratie, Zivilgesellschaft und öffentliche Verwaltung (Menschenrechte einschließlich ihrer besonderen Ausprägung in Frauen- und Kinderrechten, Justizreform, Dezentralisierung und Kommunalentwicklung)".

Die ZÖV hat diesen Prozess der regionalen und sektoralen Konzentration bereits seit Jahren durch die Planung und Durchführung von Programmpaketen eingeleitet. Hierbei wird – meistens in Kooperation mit einer nationalen Trainingsinstitution – über einen mehrjährigen Zeitraum das gesamte verfügbare DSE-Instrumentarium von Internationalen Tagungen bis hin zu Referentenentsendungen eingesetzt. Programmpakete haben eine hohe Erwartungsverlässlichkeit auch in Ländern mit schwacher Partnerstruktur. Der Schwerpunkt der Fortbildungsprogramme liegt derzeit in Afrika.

Neue Schwerpunktsetzung am Beispiel Krisenprävention

Die Bundesregierung hat die Themen Krisenprävention und Konfliktmanagement in den Mittelpunkt ihrer Entwicklungspolitik gerückt. Auch in der ZÖV wurde ein institutioneller Lernprozess angestoßen, um diese Themen stärker in der Programmarbeit zu verankern, wie an den folgenden beiden Beispielen gezeigt werden soll.

Der Begriff „Präventivdiplomatie" hat Eingang in das Vokabular des internationalen Konfliktmanagements gefunden. Die ZÖV hat angesichts langjähriger Erfahrung in der Fortbildung von Diplomaten ein mehrmonatiges Programm zum Thema „Verhandlungs- und Arbeitstechniken der Krisenprävention" konzipiert. Diplomaten, die von ihren Ministerien für den Einsatz in der (internationalen) Krisenprävention vorgesehen sind, sollen nach

Abschluss der Fortbildung in der Lage sein, Krisenindikatoren möglichst frühzeitig zu erkennen und Vorschläge für die Einrichtung von Frühwarn- und Präventionseinheiten, z.B. in Außenministerien, zu machen. Die Erfahrungen wichtiger Einrichtungen im Bereich Krisenprävention wie der Organisation für Sicherheit und Zusammenarbeit in Europa (OSZE) werden als Kursbausteine in das Curriculum eingebracht. Zentrale Inhalte des Programms und seine Zielregionen werden mit BMZ, Auswärtigem Amt und NROs abgestimmt, um einen wirkungsvollen Beitrag zu einer kohärenten Krisenprävention leisten zu können.

In Angola sind 2,5 Mio Menschen (bei 12 Mio Einwohnern) vor dem Bürgerkrieg auf der Flucht. Im Rahmen des GTZ-Projekts „Reintegrationsprogramm Angola" werden in Provinzen, die vom Bürgerkrieg nicht betroffen sind, Vertriebene und Exkombattanten angesiedelt. Gemeinsam mit der GTZ unterstützt die ZÖV die kommunalen Verwaltungen beim Aufbau der Infrastruktur und bei der Bereitstellung von Dienstleistungen, die benötigt werden, um mit dieser Belastung fertig zu werden. Mit ihrem Engagement in Angola leistet die ZÖV einen Beitrag zu einem TZ-Projekt der strukturbildenden Nothilfe in einem hochgradig konfliktiven Umfeld. Nach dem Ende der Kampfhandlungen in Angola wird ein umfangreiches Wiederaufbau- und Rehabilitationsprogramm erforderlich sein, das Jahrzehnte andauern wird. Daher ist es notwendig, durch Pilotprogramme in als sicher geltenden Provinzen bereits jetzt erste Erfahrungen zu sammeln.

Welche Zwischenergebnisse lassen sich aus beiden ZÖV-Ansätzen zur Krisenprävention ableiten? Aufgrund fehlender Außenstrukturen ist die ZÖV insbesondere bei Programmen in stark konfliktiven Ländern auf eine enge Kooperation mit vor Ort tätigen EZ-Organisationen angewiesen. Krisenprävention und Konfliktmanagement erfordern den abgestimmten Einsatz einer Vielzahl von Instrumenten. Eine einzige Strategie bzw. einen einheitlichen Förderansatz der ZÖV kann es angesichts unterschiedlicher Krisenursachen nicht geben. Wichtig sind vielmehr spezifische, an die jeweilige Konfliktsituation angepasste Fortbildungsbeiträge.

Institutionenförderung statt Projekte

Wenn es richtig ist, dass Institutionenförderung die Alternative zu Projekten ist und nicht Programme, und wenn es richtig ist, dass die Ursache von Armut nicht der Mangel, sondern der Zugang zu Ressourcen ist, dann muss sich die ZÖV in ihrer Arbeit daran messen lassen, ob das, was getan wird dazu beiträgt, Institutionen für die Armen direkt oder mittelbar zugänglicher zu machen. Dann muss sich die ZÖV fragen, ob und wie es ihr gelingen kann, einen Beitrag zu leisten, damit Arme befähigt werden, ihren Einfluss in lokalen Gremien wahrnehmen zu können und durch Dezentralisierung Raum für Teilhabe zu gewinnen. Armut bedeutet Machtlosigkeit. Daher ist der Aufbau von Interessenvertretungen so wichtig. Local Empowerment ist aber nur der Anfang. Erst wenn die Armen ihre Interessen auch auf der nationalen Ebene vertreten können, wird es eine armutsrelevante, eine armutsbezogene Politik geben können.

Ambrogio Lorenzetti hat auch Fresken über die Auswirkungen der „Guten Regierung" auf dem Land und in der Stadt gemalt. Die Details dieser Gemälde von einem ausgeglichenen Leben in der Stadt Siena und auf dem Land lassen sich wie eine Agenda auch für die Verwaltungszusammenarbeit im Kontext zukunftsfähiger Entwicklung anschauen.

Literaturverzeichnis

Anderson, Mary B: Do no harm: how aid can support peace – or war, Colorado 1999.

Ash, Timothy Garton: „Diktaturen gehen anders", in: Süddeutsche Zeitung, vom 22. September 2000.

Birnbaum, Michael: „Der böse Kontinent", in Süddeutsche Zeitung, vom 2. Juni 2000.

DSE/ZÖV, Verwaltungszusammenarbeit im Kontext nachhaltiger Entwicklung (policy paper), Bonn 1999.

Frugoni, Chiara: Pietro und Ambrogio Lorenzetti, Mailand 1995.

Heidbrink, Kathrin/Paulus, Stephan: „Nationale Planungsprozesse in der Entwicklungszusammenarbeit: Von der Konvergenz des Denkens zur Kohärenz des Handelns?", in: Forum Umwelt & Entwicklung, Rundbrief 2/2000.

Kampffmeyer, Thomas: Positionsbestimmung der künftigen Aus- und Fortbildung / Dialog in der deutschen Entwicklungszusammenarbeit und Auswirkungen auf die institutionellen Strukturen insbesondere von CDG und DSE, DIE Bonn 2000.

Kochendörfer-Lucius, Gudrun, van de Sand, Klemens: „Entwicklungshilfe von Kopf auf die Füße stellen – Institutionenförderung statt Projektförderung", in: E + Z, Jg. 41. 2000:4.

Laue, Jan-Erik: The public sector: concepts, models an approaches, London, Newbury Park, New Delhi 1995.

Menzel, Ulrich: „Zerfall der Rentenstaaten", in : epd Entwicklungspolitik 21/99.

Mercker, Hinrich: „Krisenprävention: Herausforderung für die öffentliche Verwaltung", in E + Z, Jg. 41. 2000:5.

Messner, Dirk (Hrsg.): Die Zukunft des Staates und der Politik, Bonn 1998.

Stiglitz, Joseph: „Staat und Entwicklung – Das neue Denken", in: E + Z, Jg. 39. 1998:4.

Tetzlaff, Rainer: „Failing states" in Afrika, in: Internationale Politik 7/2000.

Thedieck, Franz: „Verwaltungszusammenarbeit – ein Stiefkind der EZ?", in E + Z, 41. Jg. 2000:10.

Trotha, Trutz von: „Die Zukunft liegt in Afrika – Warum Staatszerfall und Rückkehr der „konzentrischen Ordnung" auch den Westen betreffen", in: DIE ZEIT Nr. 33, vom 10. August 2000.

Wamsley, Gary L./Wolf, James F. (Hrsg.): Refounding democratic public administration: modern paradoxes, postmodern challenges, Thousand Oaks, London, New Delhi 1996.

Zypries, Brigitte: „Moderner Staat – Moderne Verwaltung – Leitbild und Programm der Bundesregierung", in: Verwaltung und Fortbildung (VuF), 28, Jg. Nr. 2/2000.

Zur Steuerungs- und Werteproblematik

von *Klaus König*

Zum Schluss ist hervorzuheben, dass das Konzept von „Good Governance" den Vorzug hat, öffentliche Steuerungs- und Regelungsfragen nicht nur als sozialtechnologische, sondern auch als Werteprobleme explizit zu machen. In der Transformation realsozialistischer Staaten, Wirtschaften und Gesellschaften sind zwei Finalitäten prinzipiell akzeptiert, nämlich der Übergang vom parteigeleiteten Etatismus zur demokratischen Verwaltung und von der zentralen Plan- und Verwaltungswirtschaft zu Marktwirtschaft und Wirtschaftsverwaltung. Damit sind aber nur grobe Richtungen genannt. Weitere Operationalisierungen sind erforderlich. Dass die Transition in Mittel- und Osteuropa insoweit wohl noch keinen zufriedenstellenden Stand erreicht hat, zeigt sich bei der Erweiterung der Europäischen Union nach Osten. Wenn die „Europa-Tauglichkeit" von Beitrittskandidaten bezweifelt wird, so wird als ein Hauptgrund genannt, dass die Verwaltungen einiger Transformationsländer Mittel- und Osteuropas noch immer mit den alten Kadern besetzt seien. Aus den Prüfungsverfahren zur europäischen Integration lässt sich aber nicht nur etwas zum erreichten Leistungsstand sagen. Vielmehr wird einiges zur Finalität der Transformation deutlich. In der Europäischen Union geht man von der Konvergenz nationaler Verwaltungen der Mitgliedsstaaten aus und sieht so einen „European Administrative Space" vor sich. Die insoweit grundlegenden institutionellen Arrangements, Verfahrensweisen und Werte öffentlicher Verwaltung werden auch für die Erweiterung der Europäischen Union als maßgeblich angesehen. Schlüsselwerte wie Vorhersehbarkeit, Transparenz, Verantwortlichkeit, Effizienz und entsprechende Institutionen etwa der Kontrolle werden auch von den Beitrittskandidaten verlangt. Damit ist die Finalität der Transformation in Verwaltungsangelegenheiten zumindest für jene postsozialistischen Länder definiert, die die „Wiedervereinigung Europas" anstreben. Ihre Staatlichkeit muss in einer Weise modernisiert werden, dass die Standards des europäischen Verwaltungsraums erreicht werden.[1]

---

1   OECD/SIGMA, Preparing Public Administrations for the European Administrative Space. SIGMA Papers: No. 23, Paris 1998, CCNM/SIGMA/PUMA(98)39.

Jenseits dieses europäischen Sonderfalles muss man aber für die Entwicklungs- und Transformationspolitik weiter ausholen. Die Frage nach den als "gut" zu bewertenden Steuerungsinstitutionen von Staat und Verwaltung führt in der globalisierten Wertediskussion zuerst zum Spannungsfeld zwischen menschlicher Individualität und sozialer Organisation. Auf der einen Seite gilt die Erklärung von Menschenrechten als individuelle Rechte als die Errungenschaft des Völkerrechts unseres Jahrhunderts. Hier stellt sich die Frage, ob dem Rechtsstatus nicht ein entsprechender Pflichtenstatus gegenübergestellt werden müsse, dessen Adressat vom individualistischen Standpunkt her dann der einzelne Mensch sein müsste.[2] Auf der anderen Seite werden von vornherein solidarische Werte einer auf Organisation angewiesenen Gesellschaft in den Vordergrund gestellt. Für sozialistische Gesellschaften sind in diesem Sinne auch Menschenrechte nichts anderes als Kollektivrechte. Für nichtokzidentale Kulturen wird eine ganz andere Gemeinschaftsorientierung in Anspruch genommen, so wenn etwa für die konfuzianisch geprägten Länder von "asiatischen Werten" die Rede ist.[3] Von hier aus lässt sich der Bogen bis zu Legitimitätsproblemen spannen, wenn etwa die Frage nach der demokratischen Legitimation einer Regierung der nach ihrer sozioökonomischen Performanz nachgestellt wird. Schließlich wirken Solidaritätsvorstellungen auf die Staatenwelt zurück, wenn nämlich Anspruchsrechte gemeinschaftlicher Natur – Recht auf Entwicklung, Recht auf Frieden, Recht auf Umweltschutz, Recht der Nachwelt[4] – als internationale Solidarität eingefordert werden.[5]

Für Staat und Verwaltung nimmt die Wertethematik operativen Charakter an, wenn die internationale Kooperation von der Erfüllung einschlägiger Bedingungen, wenn insbesondere die Vergabe von Entwicklungs- und Transformationshilfeleistungen von der Einhaltung einschlägiger Kriterien

---

2 *Schmidt, Helmut*, Allgemeine Erklärung der Menschenpflichten, in: DIE ZEIT Nr. 41 v. 3.10.1997, S. 18.

3 *Pohl, Manfred*, Südostasien: Autoritärer Pluralismus. Konfuzianische Gesellschaftsideale contra westliches Wertesystem? in: E+Z, 1995, S. 40 ff.

4 *Böhret, Carl*, Nachweltschutz, Frankfurt a.M. 1991, u. *ders.*, Nachweltschutz – Was hinterlassen wir der nächsten Generation? in: Schutzgemeinschaft Deutscher Wald Landesverband Rheinland-Pfalz e.V. (Hrsg.), Nachweltschutz, Obermoschel 1992, S. 31 ff.

5 *Kühnhardt, Ludger*, Die Universalität der Menschenrechte. Studie zur ideengeschichtlichen Bestimmung eines politischen Schlüsselbegriffs, München 1987.

abhängig gemacht wird. Solche politische Konditionalität bewegt die Diskussion über die gute Governance in den internationalen Organisationen. Sie tritt genauer hervor, wenn die bilaterale Zusammenarbeit an einschlägige Merkmale geknüpft wird. Die Bundesrepublik Deutschland liefert dafür einen repräsentativen Anschauungsfall. In ihren Orientierungslinien der entwicklungspolitischen Zusammenarbeit sind fünf Kriterien positiv bewerteter institutioneller Steuerung genannt: Erstens die Beachtung der Menschenrechte; Indikatoren dafür sind: Freiheit von Folter, Rechte bei Festnahme und im Justizverfahren, "Keine Strafe ohne Gesetz", Religionsfreiheit und Minderheitenschutz; zweitens die Beteiligung der Bevölkerung an politischen Entscheidungen; Indikatoren dafür sind: demokratische Wahlpraxis, freie Äußerungsmöglichkeiten der politischen Opposition innerhalb und außerhalb des Parlaments, Vereinigungsfreiheit für Parteien, Gewerkschaften, Verbände, Selbsthilfeorganisationen u. a., Presse- und Informationsfreiheit; drittens Rechtsstaatlichkeit und Gewährleistung von Rechtssicherheit; Indikatoren dafür sind: Unabhängigkeit der Justiz, "Gleiches Recht für alle", Transparenz und Berechenbarkeit staatlichen Handelns; viertens marktwirtschaftlich orientierte und sozial orientierte Wirtschaftsordnung; Wirtschaftsindikatoren sind: Schutz des Eigentums, Art des Bodenrechts, Preisfindung durch Markt, realistische Wechselkurse, Gewerbe- und Niederlassungsrecht, Wettbewerb in allen wichtigen Wirtschaftsbereichen; Sozialindikatoren sind: Säuglingssterblichkeit, Einschulung an Grundschulen; fünftens die Entwicklungsorientierung staatlichen Handelns; Indikatoren dafür sind: Ausrichtung der Regierungspolitik auf die Verbesserung der wirtschaftlichen und sozialen Lage der ärmeren Bevölkerungsteile sowie auf den Schutz der natürlichen Lebensgrundlagen, Bevölkerungspolitik, Militärausgaben im Verhältnis zu Gesamtausgaben.[6]

Eine solche politische Konditionierung jenseits der ökonomischen Absicherung von Finanzhilfen oder des Schutzes von Helfern bei Personalhilfen wirft ihrerseits Wertprobleme auf, nämlich ob Länder anderer politischer Kultur derartigen okzidental geprägten Kriterien unterworfen, ob die Transformation von Staat und Verwaltung der Zweiten Welt und die Entwicklung von Staat und Verwaltung der Dritten Welt in diese Richtung gedrängt werden dürfen. Davor müssen sich aber die westlichen Geberländer selbst fragen lassen, wie sehr ihre öffentlichen Steuerungsinstitutionen an Werte gebunden sind, die für andere propagiert werden. Hier kommt jene Modernisierungsbewegung ins Spiel, die eine Managerialisierung und Ökonomisie-

---

6 Bundesministerium für wirtschaftliche Zusammenarbeit und Entwicklung, Zehnter Bericht zur Entwicklungspolitik der Bundesregierung, Bonn 1996, S. 48 f.

rung des Staates in der Weise betreibt, als bliebe am Ende der Verwaltungsgeschichte der Markt als einziges Band der Postmoderne übrig. Funktionierende Wettbewerbsmärkte und unternehmerisches Management auch in öffentlichen Angelegenheiten lassen sich aber nicht einfach auf den Wertgrundlagen aufbauen, wie sie für den westlichen Staat und seine Verwaltung gelten.[7]

Der moderne okzidentale Verwaltungsstaat beruht auf einer bürokratischen Leistungsordnung: den generell geordneten behördlichen Zuständigkeiten, der Amtshierarchie, dem Aktenbetrieb, der Regelgebundenheit der Amtsführung, dem Berufsbeamtentum usw..[8] Er hat zwei historische Ausprägungen erfahren, nämlich der Civic Culture-Administration des angloamerikanischen Bereichs und des klassischen Verwaltungssystems Kontinentaleuropas.[9] Erstere ist dadurch gekennzeichnet, dass die öffentliche Verwaltung von vornherein durch das politische Regime bestimmt worden ist, dessen historische Kontinuität sich bis auf den heutigen Tag fortgesetzt hat. Dieses Regime ermöglichte die öffentliche Verwaltung, setzte ihr Grenzen und festigte die Beziehung auf eine fortdauernde politische Ordnung, und zwar auf die demokratisch-partizipative Ordnung einer bürgerschaftlichen Kultur. Das klassische Verwaltungssystem zeichnet sich demgegenüber dadurch aus, dass es die mit der Moderne geschaffene bürokratische Leistungsordnung über vielfältige politische Regimewechsel, politische Instabilitäten und Veränderungen hinweg bis heute erhalten hat.[10] Es hat zunächst im Staat die regulative Idee gefunden, die über Regimewechsel hinweg einer funktionierenden öffentlichen Verwaltung Identität vermittelte. Diese identitätsstiftende Vorstellung wurde dann durch die Kategorie des Rechtsstaates ergänzt. Rechtsstaatlichkeit bedeutet nicht nur, dass eine für die öffentliche Verwaltung verpflichtende Rechtsordnung besteht. Die Verwaltung ist bestimmten Rechtsprinzipien unterworfen. Menschenrechte sind zu respektieren. Die Verwaltung ist an Gesetz und Recht gebunden. Die Verwaltung muss die Verhältnismäßigkeit von Mitteln und Zwecken achten. Der Rechtsschutz gegen Akte der öffentlichen Gewalt ist gewährleistet usw.

---

7 *König, Klaus/Beck, Joachim*, Modernisierung von Staat und Verwaltung: Zum neuen Öffentlichen Management, Baden-Baden 1997.

8 *Weber, Max*, Wirtschaft und Gesellschaft, 5. Aufl., Tübingen 1980, S. 565.

9 *Heady, Ferrel*, Public Administration. A comparative Perspective, 3. Aufl., New York/Basel 1984.

10 *Stillmann, Richard*, Preface to Public Administration: A Search for Themes and Direction, New York 1991.

Heute sind Demokratie und Rechtsstaatlichkeit gleichermaßen Wertgrundlagen des modernen westlichen Verwaltungsstaates. Nach wie vor gibt es kulturelle Differenzen zwischen der angelsächsischen Verwaltungsfamilie und Kontinentaleuropa. So mögen dann die legalistische Bürokratie und die demokratischen Defizite der Europäischen Union für die einen befremdlicher als die anderen sein. Aber bei allen managerialistischen Vorlieben ist es für die Verwaltung der Vereinigten Staaten von Amerika ohne Zweifel, dass sie auf dem Fundament des öffentlichen Rechts beruht.[11] Und bei allen Vorlieben für Legalismen in der deutschen öffentlichen Verwaltung besteht kein Zweifel, dass diese Verwaltung jetzt auf demokratischen Werten gegründet ist.

Demokratie und Rechtsstaatlichkeit sind aber nicht das primäre Anliegen jener aktuellen Modernisierungsbewegung, die unter Formeln wie "New Public Management", "Reinventing Government", "Neues Steuerungsmodell", "Schlanker Staat" ihren Ausgangspunkt im angelsächsischen Raum genommen und auch die klassischen Verwaltungsstaaten Kontinentaleuropas wie manches Schwellenland erreicht hat. Modernisierungsbewegungen haben ihre historischen Gründe. Beim Neuen Öffentlichen Management geht es nicht um Erfahrungen mit demokratischen und rechtsstaatlichen Defiziten. Vielmehr ist diese Bewegung in der Finanzierungskrise des verwalteten Wohlfahrtsstaates in den westlichen und verwestlichten Industrieländern begründet. Demgemäß geht es im Kern um eine ökonomische Modernisierung von Staat und Verwaltung, wobei man von einem neuen Managerialismus die ökonomische Rationalisierung der öffentlichen Verwaltung erwartet.[12]

Mancherorts in den Ländern der Dritten Welt und des Postsozialismus meint man, wenn es schon um Modernisierung im westlichen Sinne gehe, dann müsse auch sogleich das neueste Modell öffentlicher Verwaltung zum Zuge kommen. Der Gedanke, das Modell eines Neuen Öffentlichen Managements entsprechend zum Leitbild für Verwaltungstransformation und Verwaltungsentwicklung zu nehmen, stößt auf Bedenken von Experten, die mit den verschiedenen Welten öffentlicher Verwaltung vertraut sind. Darauf weisen Titel hin wie „Why most Developing Countries should not try New

---

11 *Moe, Ronald*, The "Reinventing Government" Exercise: Misinterpreting the Problem, Misjudging the Consequences, in: Public Administration Review, Vol. 54, No. 2, 1994, S. 111 ff.

12 *König, Klaus/Beck, Joachim*, Modernisierung von Staat und Verwaltung: Zum neuen Öffentlichen Management, Baden-Baden 1997.

Zealand's Reform"[13] oder „New Public Management: Pitfalls for Central and Eastern Europe"[14]. Insofern fällt es besonders auf, wenn in der deutschen Verwaltungsförderung von Entwicklungs- und Transformationsländern ein neuer öffentlicher Managerialismus propagiert wird. Denn die deutsche Verwaltung steht in der Tradition eines klassischen kontinentaleuropäischen Verwaltungssystems, welches in seinem Legalismus so leistungsfähig ist, dass es in Fragen von Effizienz und Effektivität von seinen internationalen Partnern wenig bezweifelt wird. Im übrigen hat sich bei der deutschen Wiedervereinigung sehr schnell gezeigt, dass das, was man damals in der westdeutschen Kommunalverwaltung als Neues Steuerungsmodell propagiert hat, nicht in die Transformation der Kaderverwaltung in der alten DDR passte.

Will man die Erfolgschancen einer ökonomischen Managerialisierung in Entwicklungs- und Transformationsländern einschätzen, empfiehlt es sich, wiederum auf Länder in Mittel- und Osteuropa zu sehen, die mit der Verwaltungstransformation schon weiter fortgeschritten sind. Mit dem Ziel der Institutionalisierung von Demokratie und Marktwirtschaft für das politische und ökonomische System realsozialistischer Staaten ist ein bestimmter Weg eingeschlagen worden. Daneben fällt es dem zentralistischen Verwaltungsstaat jedoch schwer, eine bestimmte Ordnungsidee als richtungsweisend für den Systemwechsel der Kaderverwaltung zu bezeichnen. Zwar lassen sich bereits bestimmte akzeptierte Prinzipien für die öffentliche Verwaltung erkennen, wonach sie dem Primat der Politik unterworfen sein soll, an Gesetze gebunden, professionell, effizient und effektiv arbeiten soll usw. Wie dies jedoch konkret umgesetzt werden soll, bleibt offen. Wenn man bedenkt, dass die Kaderverwaltung als Gegenmodernisierung im Hinblick auf die klassischen Staatsbürokratien Europas eingerichtet wurde, ist man geneigt, zumindest für eine erste Phase der Transformation die Bürokratisierung der postsozialistischen Staatsverwaltung zu fordern, auch wenn – hervorgerufen durch die Diskreditierung des Begriffs der Bürokratie – ein solches Unterfangen bei Beratern und Verwaltungspraktikern auf wenig Gegenliebe stoßen wird. Auch die Verwaltungswissenschaften entfernen sich von dem Gedanken der Bürokratie als einer staatsadministrativen Leistungsordnung zur Bearbeitung öffentlicher Angelegenheiten. Dabei wird es immer schwieriger, die spezifische Systemrationalität bürokratischer Verwaltung zu vermitteln.

---

13 *Schick, A.*, 1998, Why most Developing Countries should not try New Zealand's Reforms, in: The World Bank Research Observer, vol. 13, no. 1, 1998, S. 123-131.

14 *Allen, R.*, 1999, "New Public Management": Pitfalls for Central and Eastern Europe, in: SIGMA/Public Management Forum (PMF), Vol V, No. 1, 1999.

Und dies gilt besonders im Fall der Transformation einer Kaderverwaltung, deren autoritär zentralistische Erscheinungsform als bürokratischer Sozialismus bezeichnet und als Grund für das Scheitern des Marxismus-Leninismus bezeichnet worden ist.[15]

Doch gerade vor dem Hintergrund offensichtlicher Unzulänglichkeiten der öffentlichen Verwaltung in Transformationsländern scheint eine grundsätzliche Ablehnung einer Strategie der bürokratischen Leistungsordnung problematisch. So ergeben Felduntersuchungen in Ungarn, Bulgarien und der Slowakei, dass sich in diesen Ländern einige Kernprobleme identifizieren lassen, deren Überwindung notwendig ist, wenn die Qualität des öffentlichen Management tatsächlich verbessert werden soll. Dabei wurden für die zentralstaatliche Ebene in Ungarn, Bulgarien und die Slowakei folgende Hauptprobleme analysiert:[16] Unzulänglichkeiten bei Koordination und Kohärenz; Unzulänglichkeiten in Beständigkeit und Kontinuität; Unzulänglichkeit der politischen Handlungskapazität; Schwache managerialistische Kapazitäten; Schwache Zuständigkeitsordnung.

Trotz grundsätzlicher Unterschiede in der Verwaltungstradition, der wirtschaftlichen Reformstrategien und der politischen Kultur leiden alle drei Länder mehr oder weniger an denselben Unzulänglichkeiten. Dabei fällt vor allem die Problematik des Personals im öffentlichen Dienst ins Auge. Die öffentlichen Verwaltungen in Mittel- und Osteuropa zeigen ihre Schwächen hier insbesondere hinsichtlich zweier Aspekte: der politischen Handlungsfähigkeit und des Management. Dies ist vor allem Ergebnis der Stellung der öffentlichen Verwaltung unter dem vorherigen Regime. Die Gewährleistung der politischen Handlungsfähigkeit fiel hier traditionell dem Apparat der kommunistischen Partei zu und nicht der allgemeinen Verwaltung. Hinzu kommt, dass viele hohe Beamte auch nach 1989 noch immer nach politischen und nicht nach professionellen Qualifikationen ernannt wurden, was kaum dazu beiträgt, eine permanente Kernmannschaft mit Handlungsfähigkeit und Managementkompetenz in den Ministerien zu etablieren.[17] Kommen

---

15 *König, Klaus/Beck, Joachim*, Modernisierung von Staat und Verwaltung: Zum neuen Öffentlichen Management, Baden-Baden 1997.

16 *Verheijen, Tony*, NPM Reforms and other Western Reform Strategies: The Wrong Medicine for Central and Eastern Europe?, in: Verheijen, T./Coombes, D. (eds.), Innovations in Public Management. Perspectives from East and West Europe, Cheltenham u.a. 1998, S. 407 ff.

17 *Derlien, Hans-Ulrich*, Integration der Staatsfunktionäre der DDR in das Berufsbeamtentum: Professionalisierung und Säuberung, in: Seibel, Wolfgang et al.

noch Schwierigkeiten im System der Zuständigkeiten und der Verantwortlichkeit hinzu, ist zu verstehen, wenn bei der Einführung von Modellkomponenten des Neuen Öffentlichen Managements vor disfunktionalen Konsequenzen gewarnt wird.[18]

Achtet man darauf, welche zentrale Stellung die Staatsexekutive im Transformationsprozess einnimmt und dass sie zum Engpassfaktor einer positiven Entwicklung werden kann, ist der dienende Charakter der öffentlichen Verwaltung zu betonen. Bei einer staatszentrierten Transformation kann es geschehen, dass die postsozialistische Verwaltung weder den Einflüssen der Politik noch denen der Wirtschaft so unterliegt, wie es westlichen Prinzipien entspricht. Allerdings muss andererseits berücksichtigt werden, dass die öffentliche Verwaltung ein eigenständiges Funktionssystem sein muss, wenn sie in der gesellschaftlichen Arbeitsteilung einen spezifischen Leistungsbeitrag erbringen soll. Das heißt, dass sie auch auf der Grundlage einer eigenen Ordnung funktionieren muss.[19] Die Balance zwischen Umweltsteuerung und Ordnungsbildung ist vielerorts noch nicht gewährleistet.

So ist verständlich, dass auch aus Expertenkreisen der OECD und des SIGMA-Programms Warnungen vor einer vorschnellen Anwendung des Neuen Öffentlichen Management in Mittel- und Osteuropa zu hören sind. Am Beispiel des „New Zealand Model" werden einige Gefahren erläutert, die bei einer Anwendung für Transformations- und Entwicklungsländer entstehen können. Dabei wird vor allem das Hauptcharakteristikum des „New Zealand Model", die vertragliche Vereinbarung von Leistungen der öffentlichen Verwaltung in Form eines Kontraktmanagements herangezogen. Dabei sieht man in einer Übernahme des Modells selbst in Ländern mit einer hoch entwickelten Marktwirtschaft eine Gefahr, auch wenn dort eine Reihe von Vorbedingungen für die Implementierung eines solchen Modells bereits gegeben sind. Dabei werden eine ganze Reihe von Argumenten ins Feld ge-

---

(Hrsg.), Verwaltungsreform und Verwaltungspolitik im Prozess der deutschen Einigung, Baden-Baden 1993, S. 190 ff.

18 *Verheijen, Tony*, NPM Reforms and other Western Reform Strategies: The Wrong Medicine for Central and Eastern Europe?, in: Verheijen, T./Coombes, D. (eds.), Innovations in Public Management. Perspectives from East and West Europe, Cheltenham u.a. 1998, S. 407 ff.

19 *König, Klaus*, Verwaltungsstaat im Übergang: Transformation, Entwicklung, Modernisierung, Baden-Baden 1999 u. OECD/SIGMA, Preparing Public Administrations for the European Administrative Space. SIGMA Papers: No. 23, Paris 1998, CCNM/SIGMA/PUMA(98)39.

führt:[20] Ein großer Teil der Kontrakte, auf die sich Regierungen unter einem „New Zealand Model" einlassen, sind keine echten Kontrakte im kommerziellen Sinne, das heißt sie werden nicht durch eine distanzierte Beziehung zwischen Auftraggeber und Auftragnehmer gesteuert und sie geben dem Bezieher der Leistungen keine Möglichkeit, die Vertragserfüllung zu terminieren oder auf Ersatz zu klagen, falls der Anbieter seine Leistung nicht liefert. Verträge bei denen der Minister als Käufer eine Leistung bezieht und Beamte eines Ministeriums oder einer Behörde als Verkäufer agieren, sind in diesem Sinne unrealistisch; Eine intensive Nutzung von Kontraktmanagement wie in Neuseeland, kann die traditionellen Werte eines öffentlichen Dienstes, persönliche Verantwortlichkeit und Professionalität, schwächen. Die Anwendung eines Kontraktmanagement in Mittel- und Osteuropa macht es sehr schwierig, ein modernes Funktionssystem öffentlicher Verwaltung aufzubauen, welches grundlegende Qualitäten und ethische Standards nach westlichem Muster enthält; das Verhandeln und die Umsetzung von Kontrakten führt zu hohen Transaktionskosten; viele Einwicklungs- und Transformationsländer verfügen, anders als Neuseeland, weder über einen vollständig funktionstüchtigen privatwirtschaftlichen Sektor mit dem die Regierung erfolgversprechende Verträge abschließen kann, noch über bereits vorhandene rechtliche Verfahren zur Überwachung solcher Verträge.[21]

Solche Probleme bestehen insbesondere in Ländern, die nicht die selben rechtlichen und kulturellen Charakteristiken vorweisen, die dem „New Zealand Model" zugrunde liegen. Dies gilt selbst für kontinentaleuropäische Staaten wie Deutschland und Frankreich. Länder mit zentral institutionalisierten Mechanismen zur Kontrolle des Finanzmanagements von Regierungsministerien und Behörden haben überdies große Probleme rechtlicher und praktischer Natur, Verantwortlichkeiten in die einzelnen Fachministerien zu transferieren, auch wenn dies ein Bestandteil des Dezentralisierungskonzeptes für das Ressourcenmanagement ist.

Die zentralen Ideen des Neuen Öffentlichen Management können selbst in modernen westlichen Industriestaaten mit einer langen Tradition im öf-

---

20 *Schick, Allen*, Why most Developing Countries should not try New Zealand's Reforms, in: The World Bank Research Observer, vol. 13, no. 1, 1998, S. 123-131 u. Allen, Richard, "New Public Management": Pitfalls for Central and Eastern Europe, in: SIGMA/Public Management Forum (PMF), Vol. V, No. 1, 1999.

21 *König, Klaus/Adam, Markus*, Neuer öffentlicher Managerialismus in der Transformationspolitik – der Fall der Mongolei, in: Schröter, Eckhard (Hrsg.), Empirische Policy- und Verwaltungsforschung: Lokale, Nationale und Internationale Perspektiven, Opladen 2001 (im Erscheinen).

fentlichen Dienst nur mit Vorsicht umgesetzt werden und nur unter hohen einheitlichen Standards, ausgereiften Zuständigkeitsmechanismen und einem offenen Informationsfluss. Diese Beschreibung passt auf Entwicklungs- und Transformationsländer kaum. Aus diesen Gründen verlangen neuerdings auch internationale Berater und Experten eine schrittweise Reform der öffentlichen Verwaltung selbst in fortgeschrittenen Transformationsländern. Mittel- und osteuropäische Staaten haben noch immer weitaus größere Probleme als Kapazitätsengpässe oder unterentwickelte Mechanismen für ein effizientes Budgetmanagement. Viele Länder haben die Institution der Gewaltenteilung, wie sie zu den Prinzipien westlicher Staaten gehört, noch längst nicht vollständig implementiert. Politische, administrative und juristische Macht ist oftmals noch immer miteinander verknüpft und an rein ökonomischen Eigeninteressen ausgerichtet. Und auch die ehemals sozialistische Nomenklatura verfügt weiterhin über großen Einfluss. So müssen die meisten osteuropäischen Transformationsstaaten die Institutionen und Strukturen erst noch implementieren, die für ein effizientes Polit- und Ressourcenmanagement notwendig sind, um von einer Leistungsverwaltung westlichen Standards zu sprechen. Erst wenn ein gut ausgebildeter öffentlicher Dienst mit den Grundwerten einer Verwaltungsethik vorhanden ist und ein System klarer Zuständigkeiten vorherrscht, so dass Maßnahmen für eine gute öffentliche Performanz definiert werden können und deren Kosten transparent sind, sind Voraussetzungen für die Entscheidung geschaffen, in welche Richtung ein Reformprozess genauer laufen soll.

Die Bewertung der Steuerungsinstitutionen von Staat und Verwaltung im Sinne von „Good Governance" wird noch schwieriger, wenn nicht nur die Sozialisationsfolgen einer Kaderverwaltung zu überwinden sind, sondern etwa ein konfuzianisches Kulturerbe in öffentlichen Angelegenheiten zu berücksichtigen ist. Wirtschaftlichkeit als westlicher Wert ist nicht immer ein ethisches Prinzip. Anders ist es in Staat und Verwaltung. Politiker und Beamte verfügen nicht über selbstgeschaffene Ressourcen, sondern über „Tax payers money". In solchen Treuhandschaftsverhältnissen besteht eine ethische Verpflichtung zur Wirtschaftlichkeit. Es ist deswegen verständlich, dass die westlichen Geberländer einen effizienten Umgang mit ihren Hilfsmitteln erwarten, welche kulturellen Voraussetzungen vor Ort auch immer bestehen. Aber das hat nicht zur Folge, dass ein Neues Öffentliches Management in die Verwaltung eingebaut werden muss, das den „entrepreneurial spirit" in den Staat bringt. Es kann nach den Gegebenheiten vor Ort wichtiger sein, durch eine feste Zuständigkeitsordnung Rechtssicherheit zu schaffen als durch simulierten Wettbewerb zwischen Behörden Rationalisierungsreserven auszuschöpfen. Ein Governance-Konzept, das über sozialtechnologische Steuerungs- und Regelungsprobleme hinaus Fragen der Güterabwägung von Humanität, Demokratie, Rechtsstaatlichkeit, Wirtschaftlichkeit mitumfasst, ist dem Grunde nach für ein entwicklungs- und auch transformationspolitisches Konzept geeignet. Freilich muss über die Operationalisierung eines solchen Ansatzes nach jeweiligen kulturellen Bedingungen gesprochen werden.[22]

---

22 *Simon, Klaus*, Local Governance und Verwaltungskultur in Entwicklungsländern, Beitrag in diesem Band.

Programm

Donnerstag, 28.9.2000

ab 19.30 Uhr Informelles Treffen des Arbeitskreises "Entwicklung und Verwaltung"

Ort: Feuerbachhaus, Allerheiligenstr. 9, Speyer

Treffpunkt: 19.00 Uhr Eingang Gästehaus der Deutschen Hochschule für Verwaltungswissenschaften Speyer

Freitag, 29.9.2000

10.00 Uhr **Begrüßung und Einführung in das Tagungsthema**
Univ.-Prof. Dr. Dr. *Klaus König*, Forschungsinstitut für öffentliche Verwaltung bei der Deutschen Hochschule für Verwaltungswissenschaften Speyer

10.15 Uhr **Begrüßung durch den Arbeitskreis "Entwicklung und Verwaltung"**
Reinhard Koppe, Diakonisches Werk der EKD, Stuttgart

10.30 Uhr **Governance als Ansatz der Vereinten Nationen**
Markus Adam, M.A., Forschungsinstitut für öffentliche Verwaltung bei der Deutschen Hochschule für Verwaltungswissenschaften Speyer

10.45 Uhr **Governance als Ansatz der Weltbank**
Dr. *Christian Theobald*, Kanzlei Becker, Büttner, Held, Berlin

11.00 Uhr **Das SIGMA-Programm der OECD: Ein Governance-Ansatz für MOE's?**
Benedikt Speer, M.A., Mag. rer. publ., Deutsche Hochschule für Verwaltungswissenschaften Speyer

11.15 Uhr Kaffeepause

11.45 Uhr **Diskussion**

12.30 Uhr Mittagspause

14.00 Uhr	**Rechtsstaatliche Verwaltung und Demokratie, Chancen und Risiken der entwicklungspolitischen Partnerschaft der HSST im Maghreb**
	Dr. *Jürgen Theres*, Hans-Seidel-Stiftung, Rabat/Marokko
14.30 Uhr	**Verwaltungskultur und Local Government**
	Univ.-Prof. Dr. *Klaus Simon*, Lehrstuhl für Kommunalpolitik, Universität Konstanz
15.00 Uhr	**Diskussion**
15.30 Uhr	Kaffeepause
16.00 Uhr	**Erfahrungen mit Dezentralisierungsprojekten**
	Prof. Dr. *Jörn Altmann*, School of Business and Information Science, University of Economics and Technology, Reutlingen
16.30 Uhr	**Governance und Nicht-Mitglieder in der OECD**
	Dr. *Albrecht Stockmayer*, Public Management Service OECD, Paris
17.00 Uhr	**Diskussion**
18.00 Uhr	Abendessen

Samstag, 30.9.2000

9.15 Uhr	**Governance als Ansatz der GTZ**
	Dr. *Markus Steinich*, Abt. 42, Reform von Staat, Wirtschaft und Gesellschaft, Deutsche Gesellschaft für Technische Zusammenarbeit, Eschborn
9.45 Uhr	**Staat und öffentliche Verwaltung im Programm der DSE**
	Hinrich Mercker, Leiter der Zentralstelle für öffentliche Verwaltung, Deutsche Stiftung für internationale Entwicklung, Bonn/Berlin
10.15 Uhr	Kaffeepause
10.45 Uhr	**Abschlussdiskussion**
12.00 Uhr	**Schlusswort**
	Univ.-Prof. Dr. Dr. *Klaus König*

Ende ca. 12.15 – 12.30 Uhr

Teilnehmerliste

1. *Adam, Markus*   M.A., Forschungsreferent, Forschungsinstitut für öffentliche Verwaltung bei der Deutschen Hochschule für Verwaltungswissenschaften Speyer

2. *Dr. Altmann, Jörn*   Professor, School of Business and Information Science, University of Economics and Technology, Reutlingen

3. *Dr. Bolay, Friedrich W.*   Professor, Lehrer, Fachhochschule öffentliche Verwaltung Wiesbaden, Schwalbach

4. *Eckstein, Gerd*   Dipl.-Pol., Mag.rer.publ., Forschungsreferent, Forschungsinstitut für öffentliche Verwaltung bei der Deutschen Hochschule für Verwaltungswissenschaften Speyer

5. *Dr. Eisenberg, Ewald*   Professor, Direktor, EURO-Institut, Kehl

6. *Fritz, Joachim*   Dipl.-Verw.wiss., Fachplaner im Arbeitsfeld Kommunal- und Stadtentwicklung, Gesellschaft für Technische Zusammenarbeit, Eschborn

7. *Dr. Gebauer, Klaus-Eckart*   Ministerialdirigent, Professor, Leiter der Abteilung Regierungsplanung und Ressortkoordination, Staatskanzlei Rheinland-Pfalz, Mainz

8. *Gieger, Rolf*   Consultant, Oberreute

9. Grütjen, Klaus — Assessor, Doktorand, Regierungsberater, Deutsche Gesellschaft für Technische Zusammenarbeit (GTZ), Eschborn

10. Dr. Hessing, Franz-Josef — Ministerialdirigent a.D., Hilden

11. Dr. Hildebrandt, Ariane — Regierungsdirektorin, Referentin, Bundesministerium für wirtschaftliche Zusammenarbeit und Entwicklung, Bonn

12. Jakobs, Silke — Universität Konstanz, Radolfzell

13. Dr. Dr. König, Klaus — Universitätsprofessor, Deutsche Hochschule für Verwaltungswissenschaften Speyer

14. Koppe, Reinhard — Diakonisches Werk der EKD, Stuttgart

15. Dr. Kübler, Hartmut — Professor, Leiter der KommunalBeratung Kehl, KommunalBeratung Kehl

16. Lautenbacher, Udo — Vorsteher, Finanzamt Waldsassen

17. Lutter, Nina — Referentin, Bundesministerium für wirtschaftliche Zusammenarbeit und Entwicklung, Bonn

18. Maehrlein, Ingo — Gesellschaft Für Technische Zusammenarbeit (GTZ), Mainz

19. Mercker, Hinrich — Leiter der Zentralstelle für öffentliche Verwaltung, Deutsche Stiftung für internationale Entwicklung, Bonn/Berlin

20. Meyer, Wolfgang — Fraktionsangestellter, Arbeitsgemeinschaft Kommunalpolitik, CDU/CSU-Fraktion im Deutschen Bundestag, Berlin

21. Paetz, Tom — Projekt Manager, Addis Abeba/Äthiopien

22. Dr. Schirmer, Wilhelm — Fachbereichsleiter, Deutsche Stiftung für internationale Entwicklung/Zentralstelle für öffentliche Verwaltung, Berlin

23. Schlüter, Paul — Programmreferent, Deutsche Stiftung für internationale Entwicklung, Bonn

24. Schmidt-Delavant, Gerhard — Ministerialrat, Ministerium für Wirtschaft des Saarlandes, Saarbrücken

25. Schwalb, Kathrin — Dipl.-Verw. Wiss. Lic.oec.int., Referentin für das Ausländer-(Aufbau-)-Studium, Deutsche Hochschule für Verwaltungswissenschaften Speyer

26. Dr. Simon, Klaus — Universitätsprofessor, Universität Konstanz

27. Speer, Benedikt — M.A., Mag.rer.publ., Wissenschaftlicher Mitarbeiter, Deutsche Hochschule für Verwaltungswissenschaften Speyer

28. Dr. Springorum, Ulrich — Gesellschaft für Technische Zusammenarbeit (GTZ), Eschborn

29. Dr. Steinich, Markus — Fachplaner "Staatsreform und Zivilgesellschaft", Gesellschaft für Technische Zusammenarbeit GmbH (GTZ), Eschborn im Taunus

30. Dr. Stockmayer, Albrecht — Public Management Service OECD, Paris

31. Dr. Thedieck, Franz — Professor, Euro-Institut, Fachhochschule für öffentliche Verwaltung, Kehl

32. Dr. Theobald, Christian — Rechtsanwalt, Mag.rer.publ., Rechtsanwaltskanzlei Becker, Büttner Held, Berlin

33. Dr. Theres, Jürgen — Projektleiter, Hans-Seidel-Stiftung, Rabat/Marokko

34. Dr. Theuerkauf, Georg	Ministerialrat, Regierungsberater Jemen, Kelkheim
35. Dr. Thiel, Reinold E.	Chefredakteur, E + Z Entwicklung und Zusammenarbeit, Frankfurt
36. Tilkorn, Erich	Abteilungsdirektor, Bezirksregierung Münster
37. Trakies, Arnold	Regierungsdirektor, Multilaterale Entwicklungsbanken, Bundesministerium der Finanzen, Berlin
38. Dr. Urban, Klaus	Organisationsberater, Wiesbaden
39. Wehrmann, Babette	Dipl.-Geologin, Gutachterin, Frankfurt
40. Winter, Andrea	Referentin, Deutscher Entwicklungsdienst (DED), Berlin
41. Wörner, Hans Joachim	Regierungspräsidium Freiburg
42. Dr. Yakob, Mussie	Public Administration Expert, Addis Abeba/Äthiopien
43. Zygoura, Olga	Richterin im Staatsrat Athen/Oberstes Verwaltungsgericht Griechenlands, z.Zt. Gastforscherin am Forschungsinstitut für öffentliche Verwaltung bei der Deutschen Hochschule für Verwaltungswissenschaften Speyer

I. SPEYERER FORSCHUNGSBERICHTE

(institutseigene Reihe, über das Institut zu beziehen)

Nr. 193 *Helmut Klages/Thomas Gensicke,* Wertewandel und bürgerschaftliches Engagement an der Schwelle zum 21. Jahrhundert, Januar 1999.

Nr. 194 *Olaf Schaefer,* Energiewirtschaftliche Betätigung der Kommunen. Eine Literaturstudie zur Stellung der Kommunen in einem liberalisierten Energiemarkt, März 1999.

Nr. 195 *Willi Blümel* (Hrsg.), Umweltgesetzbuch - Klagebefugnis, März 1999.

Nr. 196 *Klaus König/Natascha Füchtner* (Hrsg.), Verwaltungsmodernisierung im Bund - Schwerpunkte der 13. Legislaturperiode, April 1999.

Nr. 197 *Klaus König/R. Scott Fosler* (Hrsg.), Regionalization below State-Level in Germany and the United States, Juni 1999.

Nr. 198 *Birte Englich/Rudolf Fisch,* Projektgruppen in der öffentlichen Verwaltung - Aktuelle Verbreitung, Chancen, Modernisierungsaspekte, September 1999; 2., unveränderte Aufl. Dezember 1999.

Nr. 199 *Michael Harold Stierle,* Die Entwicklung der Wirtschaftsbeziehungen Deutschlands mit Südostasien im internationalen Vergleich: Eine empirische Analyse, Juli 1999.

Nr. 200 *Willi Blümel/Hans-Jürgen Kühlwetter/Ralf Schweinsberg* (Hrsg.), Aktuelle Probleme des Eisenbahnrechts IV, Oktober 2000.

Nr. 201 *Gisela Färber/Silvia Stiller/Wolfgang Schaft,* Zur Einstellungspräferenz von BeamtInnen und Angestellten unter besonderer Berücksichtigung des Schulbereichs, Gutachten im Auftrag der Behörde für Schule, Jugend und Berufsbildung der Freien und Hansestadt Hamburg, August 1999.

Nr. 202 *Jurij Starilow,* Gerichtliche Verwaltungskontrolle im System des russischen Staats- und Verwaltungsrechts, Oktober 1999.

Nr. 203 *Willi Blümel,* Fragen der Entwidmung von Eisenbahnbetriebsanlagen, Januar 2000.

Nr. 204 *Thomas Gensicke,* Deutschland im Übergang – Lebensgefühl, Wertorientierungen, Bürgerengagement, März 2000.

Nr. 205 *Heinrich Reinermann/Jörn von Lucke* (Hrsg.), Portale in der öffentlichen Verwaltung, Internet • Call Center • Bürgerbüro, Februar 2000; 2., erweiterte Aufl. Juli 2000.

Nr. 206 *Heinrich Reinermann,* Der öffentliche Sektor im Internet – Veränderungen der Muster öffentlicher Verwaltungen –, Mai 2000; 2., unveränderte Aufl. September 2000.

Nr. 207 *Klaus König/Elke Löffler* (Eds.), Accountability Management in Intergovernmental Partnerships, März 2000.

Nr. 208 *Carsten Nemitz,* Erfolgsfaktoren für eine Reform politischer Systeme, April 2000.

Nr. 209 *Klaus König,* Zur Managerialisierung und Ökonomisierung der öffentlichen Verwaltung, Juni 2000.

Nr. 210 *Götz Konzendorf* (Hrsg.), Neuorganisation der Mittelinstanzen – Konzeptionen und Umsetzung, August 2000.

Nr. 211 *Klaus König* (Hrsg.), Verwaltung und Verwaltungsforschung – Deutsche Verwaltung an der Wende zum 21. Jahrhundert, August 2000.

Nr. 212 *Klaus Lüder,* Entwicklung und Stand der Reform des Haushalts- und Rechnungswesens in Australien, August 2000.

Nr. 213 *Giovanna Landi,* Industrial Permitting and Inspections in Italy. Legal framework, procedures, environmental impact assessment and major accident prevention at the national level, in Emilia Romagna and in Lombardy (in Vorbereitung).

Nr. 214 *Gisela Färber,* Theorie und Praxis kommunaler Gebührenkalkulation, Dezember 2000.

Nr. 215 *Jan Ziekow* (Hrsg.), Das Widerspruchsverfahren in Rheinland-Pfalz – Bestandsaufnahme, Probleme, Perspektiven –, Februar 2001.

Nr. 216 *Alexandra Unkelbach,* Vorbereitung und Übernahme staatlicher Entscheidungen durch plural zusammengesetzte Gremien – Empirische und rechtliche Eckdaten des deutschen Gremienwesens auf Bundesebene – (in Vorbereitung).

Nr. 217 *Ulrike Haerendel,* Die Anfänge der gesetzlichen Rentenversicherung in Deutschland. Die Invaliditäts- und Altersversicherung von 1889 im Spannungsfeld von Reichsverwaltung, Bundesrat und Parlament, Februar 2001.

Nr. 218 *Hans Herbert von Arnim/Stefan Brink,* Methodik der Rechtsbildung unter dem Grundgesetz. Grundlagen einer verfassungsorientierten Rechtsmethodik, Februar 2001.

Nr. 219 *Klaus König/Markus Adam* (Hrsg.), Governance als entwicklungspolitischer Ansatz, März 2001.

II. Selbständige Verlagspublikationen

(nur im Buchhandel erhältlich)

141. *Klaus Lüder*, Konzeptionelle Grundlagen des Neuen Kommunalen Haushaltswesens, Schriftenreihe des Innenministeriums Baden-Württemberg zum kommunalen Haushalts- und Rechnungswesen, Heft 5, Stuttgart 1998.

142. *Hans Herbert von Arnim*, Diener vieler Herren. Die Doppel- und Dreifachversorgung von Politikern, München 1998.

143. *Bernd Pfeifer*, Probleme des spanischen Föderalismus, Schriften zum Europäischen Recht, Bd. 51, Berlin 1998.

144. *Thomas Gensicke*, Die neuen Bundesbürger - Eine Transformation ohne Integration, Studien zur Sozialwissenschaft, Bd. 207, Opladen/Wiesbaden 1998.

145. *Elke Löffler*, Verwaltungsmodernisierung im internationalen Vergleich - Meßkriterien und Implementationsstrategien in Deutschland, Großbritannien und den USA, Stuttgart/Berlin/Bonn/Budapest/Düsseldorf/Heidelberg/Prag/Sofia/Warschau/Wien/Zürich 1998.

146. *Detlef Barth*, Brasiliens Verfassung und die Agrarreform: Agrarstruktur und Entwicklung. Die Agrarreform in Brasilien im Prozeß der Transformation unter besonderer Berücksichtigung der Verfassunggebung von 1987/88, Mettingen 1998.

147. *Heike Amos*, Die Westpolitik der SED 1948/49 - 1961. „Arbeit nach Westdeutschland" durch die Nationale Front, das Ministerium für Auswärtige Angelegenheiten und das Ministerium für Staatssicherheit, Berlin 1999.

148. *Rainer Pitschas* (Hrsg.), Die Reform der Verwaltungsgerichtsbarkeit, Schriftenreihe der Hochschule Speyer, Bd. 129, Berlin 1999.

149. *Christine Ahlgrimm*, Neugestaltung des öffentlichen Haushaltswesens auf der Grundlage des Ressourcenverbrauchs, Nomos Universitätsschriften: Recht, Bd. 317, Baden-Baden 1999.

150. *Klaus König*, Verwaltungsstaat im Übergang. Transformation, Entwicklung, Modernisierung, Schriftenreihe Verwaltungsorganisation, Staatsaufgaben und Öffentlicher Dienst, Bd. 41, Baden-Baden 1999.

151. *Klaus Lüder*, Konzeptionelle Grundlagen des Neuen Kommunalen Rechnungswesens (Speyerer Verfahren), 2., überarbeitete und ergänzte Auflage, Schriftenreihe des Innenministeriums Baden-Württemberg zum kommunalen Haushalts- und Rechnungswesen, Heft 6, Stuttgart 1999.

152. *Hans-Christof Kraus*, Theodor Anton Heinrich Schmalz (1760-1831), Jurisprudenz, Universitätspolitik und Publizistik im Spannungsfeld von Revolution und Restauration, Studien zur Europäischen Rechtsgeschichte: Ius Commune, Bd. 124, Frankfurt am Main 1999.

153. *Wito Schwanengel*, Die Wiedereinführung des Berufsbeamtentums in den neuen Ländern, Beiträge zum Beamtenrecht, Bd. 6, Berlin 1999.

154. *Klaus Lüder*, Konzeptionelle Grundlagen des Neuen Kommunalen Rechnungswesens (Speyerer Verfahren), Tokyo 1999 (in japanischer Sprache; deutsche Fassung siehe „Selbständige Verlagspublikationen", Nr. 119).

155. *Alexander Willand*, Besoldungs- und Versorgungsstrukturen des Ministeramtes. Eine Untersuchung zu den Ministergesetzen in Bund und Ländern, Berlin 2000.

156. *Michael Harold Stierle*, Globalisierungsdefizite Deutschlands in den Wirtschaftsbeziehungen mit Südostasien. Ein internationaler Vergleich, Berlin 2000.

157. *Hellmut Wagner* (Hrsg.), Rechtliche Rahmenbedingungen für Wissenschaft und Forschung – Forschungsfreiheit und staatliche Regulierung –, Bd. 1: Freiheit von Wissenschaft und Forschung, Bd. 2: Allgemeine forschungsrelevante Regelungen, Bd. 3: Forschungsbereiche, Bd. 4: Ergebnisse und Materialien, Baden-Baden 2000.

158. *Hermann Hill/Hagen Hof* (Hrsg.), Wirkungsforschung zum Recht II – Verwaltung als Adressat und Akteur, Schriftenreihe Interdisziplinäre Studien zu Recht und Staat, Bd. 15, Baden-Baden 2000.

159. *Ilja Mieck/Pierre Guillen* (Hrsg.), Deutschland – Frankreich – Rußland, Begegnungen und Konfrontationen, La France et l'Allemagne face à la Russie, München 2000.

160. *Klaus König/Natascha Füchtner*, „Schlanker Staat" – eine Agenda der Verwaltungsmodernisierung im Bund, Schriftenreihe Verwaltungsorganisation, Staatsaufgaben und Öffentlicher Dienst, Bd. 45, Baden-Baden 2000.

161. *Klaus König/Klaus-Dieter Schnapauff* (Hrsg.), Die Deutsche Verwaltung unter 50 Jahren Grundgesetz. Europa – Bund – Länder – Kommunen, Forschungstagung des Forschungsinstituts für öffentliche Verwaltung bei der Deutschen Hochschule für Verwaltungswissenschaften Speyer in Verbindung mit der Deutschen Sektion des Internationalen Instituts für Verwaltungswissenschaften und dem Bundesministerium des Innern vom 13. bis 15. Oktober 1999 in Speyer, Schriftenreihe der Deutschen Sektion des Internationalen Instituts für Verwaltungswissenschaften, Bd. 26, Baden-Baden 2000.

162. *Stefan Fisch/Ulrike Haerendel* (Hrsg.), Geschichte und Gegenwart der Rentenversicherung in Deutschland, Beiträge zur Entstehung, Entwicklung und vergleichenden Einordnung der Alterssicherung im Sozialstaat, Schriftenreihe der Hochschule Speyer, Bd. 141, Berlin 2000.